小额信贷实务

主　编　何红梅　王惠凌
副主编　叶　乔　邓亚昊
参　编　李玉竹　廖飙霏　苏玲娴

北京理工大学出版社
BEIJING INSTITUTE OF TECHNOLOGY PRESS

版权专有　侵权必究

图书在版编目（CIP）数据

小额信贷实务/何红梅，王惠凌主编．—北京：北京理工大学出版社，2018.1（2022.7重印）

ISBN 978-7-5682-4482-4

Ⅰ.①小… Ⅱ.①何…②王… Ⅲ.①信贷业务–高等学校–教材 Ⅳ.①F830.5

中国版本图书馆 CIP 数据核字（2017）第 182387 号

出版发行 / 北京理工大学出版社有限责任公司
社　　址 / 北京市海淀区中关村南大街 5 号
邮　　编 / 100081
电　　话 / (010) 68914775（总编室）
　　　　　 (010) 82562903（教材售后服务热线）
　　　　　 (010) 68944723（其他图书服务热线）
网　　址 / http://www.bitpress.com.cn
经　　销 / 全国各地新华书店
印　　刷 / 涿州市新华印刷有限公司
开　　本 / 787 毫米 × 1092 毫米　1/16
印　　张 / 12.5　　　　　　　　　　　　　　　　　　　　　　责任编辑 / 申玉琴
字　　数 / 305 千字　　　　　　　　　　　　　　　　　　　　文案编辑 / 申玉琴
版　　次 / 2018 年 1 月第 1 版　2022 年 7 月第 4 次印刷　　　责任校对 / 周瑞红
定　　价 / 35.00 元　　　　　　　　　　　　　　　　　　　　责任印制 / 李志强

图书出现印装质量问题，请拨打售后服务热线，本社负责调换

前　言

小额信贷是一种以城乡低收入阶层为服务对象的小规模的金融服务方式。小额信贷旨在通过金融服务为贫困农户或微型企业提供获得自我就业和自我发展的机会，促进其走向自我生存和发展，是一种金融服务的创新。

小额信贷是向低收入群体和微型企业提供的额度较小的持续性信贷服务。小额信贷通过提供小额贷款，发挥金融的激励约束机制，改变了传统的财政转移支付方式，是一种有效的金融扶贫方式。作为一种新金融模式，需要大量的专业人才，这对小额信贷的教育、科研和人才培养提出了一定的要求。而目前针对小额信贷实务的高职高专方面的教材非常少，为此我们组织编写了《小额信贷实务》。

本书将小额信贷全部内容分成认知小额信贷、认识小额信贷产品、认知小额信贷对象主体、掌握小额信贷业务规范、认识小额信贷的风险管理、认识小额信贷企业的组织管理、认知小额信贷监管七个项目进行阐述。

本书结构新颖、严密，层次分明，切合实际，并注重在内容和形式上的创新。在本书编写过程中，编者广泛吸收了其他教材成果的优点，在编写过程中力求突出以下几方面的特色。

1. 工学结合。本书的定位是培养具有较强操作能力的金融专业人才，因此在力求完整地反映小额信贷课程知识体系的同时，工学结合式地以解决小额信贷实务中的实际问题为己任，对在校学生的学习有针对性地提供了许多可操作的具体方法，具有很强的实用性。

2. 体例新颖。本书在章节的设计上打破了过去传统的章节体例，从学生的学习习惯出发，以项目和任务进行新知识的呈现。设计了引言、项目学习目标、案例引入、延伸阅读等板块，目的是循序渐进、生动有趣地把新知识介绍给学生，开阔视野，启发思考，加深理解，提高技能。

3. 理论性和可操作性相结合。小额信贷实务的内容极其丰富，本书在编写过程中力求避免以空洞的理论进行说教，在内容设计和编排上避免枯燥空洞的理论堆砌，从实际出发，从日常工作出发，着眼于帮助读者学会和掌握小额信贷实务的程序与技能，从而使其更好地服务于我国金融领域的实践。

本教材由何红梅、王惠凌任主编，叶乔、邓亚昊任副主编，李玉竹、廖飘霏、苏玲娴参与编写。具体编写分工如下：重庆商务职业学院何红梅编写项目一，重庆城市管理职业学院叶乔编写项目二，重庆城市管理职业学院廖飘霏编写项目三，重庆商务职业学院苏玲娴编写项目四，重庆商务职业学院李玉竹编写项目五，重庆商务职业学院邓亚昊编写项目六，重庆城市管理职业学院王惠凌编写项目七。全书由何红梅、王惠凌总纂定稿。本书在编写过程中，同时得到了北京恒昌惠诚信息咨询有限公司渝贵大区总监杨大勇、彭瑶两位老师的指导性意见并采纳修订。

本教材在编写过程中参考和借鉴了许多前人的研究成果、教材、著作和网络文献，由于编写时间比较紧加之部分网络文献作者来源不详，导致未能列出这些成果出处，在此一并深表谢意！由于本教材涉及面广、内容层次多，加之编者水平有限，书中错漏、不足之处敬请使用本书的师生与读者批评指正，以便修订时改进。

编　者

目 录

项目一　认知小额信贷 ……………………………………………………… (1)
　任务一　认识小额信贷 …………………………………………………… (1)
　　活动一　熟悉小额信贷内涵 …………………………………………… (2)
　　活动二　比较小额信贷类型 …………………………………………… (3)
　　活动三　了解小额信贷的目标与基本特征 …………………………… (4)
　　活动四　掌握小额信贷的运作模式 …………………………………… (5)
　任务二　了解小额信贷起源与发展 ……………………………………… (9)
　　活动一　了解国际小额信贷发展 ……………………………………… (10)
　　活动二　了解国内小额信贷发展 ……………………………………… (14)
　　活动三　探究小额信贷创新发展趋势 ………………………………… (16)

项目二　认识小额信贷产品 ………………………………………………… (23)
　任务一　认识小额信贷产品 ……………………………………………… (23)
　　活动一　掌握小额信贷产品基础知识 ………………………………… (24)
　　活动二　了解小额信贷产品的主要内容 ……………………………… (28)
　任务二　掌握小额信贷市场调研 ………………………………………… (31)
　　活动一　了解市场调研的目的及作用 ………………………………… (32)
　　活动二　把握市场调研的内容 ………………………………………… (33)
　　活动三　了解市场调研的步骤 ………………………………………… (34)
　　活动四　注意市场调研的若干问题 …………………………………… (36)
　任务三　掌握小额信贷产品设计与开发 ………………………………… (39)
　　活动一　了解小额信贷产品设计原则 ………………………………… (40)
　　活动二　把握小额信贷产品设计流程 ………………………………… (41)
　　活动三　明确小额信贷产品开发的程序和步骤 ……………………… (48)
　　活动四　分析小额信贷产品开发案例 ………………………………… (49)
　任务四　学会小额信贷产品营销 ………………………………………… (53)

  活动一 了解小额信贷产品营销基础 ·················· (54)
  活动二 掌握小额信贷产品营销策略 ·················· (56)

项目三 认知小额信贷对象主体 ·················· (66)
 任务一 认知农户小额信贷 ·················· (66)
  活动一 认识农户 ·················· (67)
  活动二 熟悉农户小额信贷管理 ·················· (69)
 任务二 认知个体工商户信贷 ·················· (75)
  活动一 认识个体工商户 ·················· (76)
  活动二 熟悉个体工商户信贷管理 ·················· (77)
 任务三 认知小企业信贷 ·················· (88)
  活动一 认识小企业 ·················· (90)
  活动二 熟悉小企业信贷管理 ·················· (91)

项目四 掌握小额信贷业务规范 ·················· (99)
 任务一 熟悉小额信贷贷款方式和贷款额度的确定 ·················· (99)
  活动一 了解贷款方式的选择 ·················· (100)
  活动二 熟悉贷款额度确定的依据及方法 ·················· (101)
 任务二 掌握小额信贷业务基本流程 ·················· (107)
  活动一 熟悉小额信贷贷款审批 ·················· (108)
  活动二 掌握小额信贷的贷后管理 ·················· (110)
  活动三 掌握小额信贷的不良贷款处理 ·················· (112)
  活动四 了解小额信贷的信息管理系统 ·················· (114)

项目五 认识小额信贷的风险管理 ·················· (121)
 任务一 认识小额信贷的风险 ·················· (121)
  活动一 掌握小额信贷的风险 ·················· (122)
  活动二 了解小额信贷的风险成因 ·················· (125)
 任务二 探索小额信贷的风险管理办法 ·················· (129)
  活动一 认识小额信贷的风险监控 ·················· (129)
  活动二 熟悉预防性控制措施 ·················· (131)
  活动三 了解小额信贷不良贷款催收 ·················· (132)
  活动四 认识小额信贷风险管理 ·················· (135)

项目六 认识小额信贷企业的组织管理 ·················· (143)
 任务一 认识小额信贷企业的组织结构 ·················· (143)
  活动一 熟悉小额信贷企业的组织架构 ·················· (144)
  活动二 掌握小额信贷企业的企业文化 ·················· (147)
 任务二 了解小额信贷企业人力资源管理 ·················· (150)
  活动一 了解小额信贷企业人力资源管理 ·················· (151)
  活动二 认识小额信贷员工岗位规范 ·················· (153)

活动三　掌握小额信贷员工职业发展与绩效管理 ……………………… (156)
项目七　认知小额信贷监管 ……………………………………………… (160)
任务一　了解小额信贷监管的基本原理 …………………………………… (160)
　　活动一　熟悉小额信贷监管的必要性 ……………………………………… (161)
　　活动二　掌握小额信贷的监管方式 ………………………………………… (163)
　　活动三　了解小额信贷监管原则 …………………………………………… (166)
任务二　掌握我国小额信贷监管的基本情况 ……………………………… (177)
　　活动一　掌握我国小额信贷市场现状 ……………………………………… (178)
　　活动二　明确我国小额信贷监管框架 ……………………………………… (181)
参考文献 ……………………………………………………………………… (190)

认知小额信贷

引 言

小额信贷作为"三农"经济最有效的扶贫武器,可以帮助弱势群体增加收入、积聚资产,从而带动脱贫致富,带动更广大的弱势群体走向富裕,是发展中国家脱离贫困、促进创业与就业的一种有效模式,受到了全世界的广泛关注。小额信贷也是近年来金融领域重要的制度创新与技术创新。认知小额信贷,首先必须从小额信贷的概述、起源与发展说起。

项目学习目标

知识目标

掌握小额信贷的概念、特征。

明确小额信贷的类型。

了解国际与国内小额信贷的产生和发展。

技能目标

熟悉小额信贷的运作模式。

分析小额信贷未来的发展趋势。

任务一 认识小额信贷

案例引入

激发小贷普惠活力 力拓信贷市场蓝海

当下,随着移动互联网、大数据、云计算等技术的发展,金融服务于普通大众的可能性大大增加,激发小额信贷行业在普惠金融领域的活力,将有助于小额信贷进一步开拓我国信贷市场蓝海。

小额信贷天生具有普惠金融的基因。自 2005 年世界银行小额信贷年提出了普惠金融的概念,十多年来,在国际组织和各类金融组织的努力下,以小额信贷为主的普惠金融,在提高金融服务可得性、助推扶贫事业上取得了有目共睹的成绩。

据中国银行业协会发布的《2016中国小额信贷行业发展报告》显示，在经济转型的当下，致力于普惠金融，针对缺乏抵押担保的创业群体、弱势群体开展小额信贷金融服务的金融机构和组织，能够表现出较强的可持续发展能力，实现较好的财务绩效和社会绩效。

"目前来讲，小额信贷应该是中国信贷市场的蓝海。"日前，中国农业大学经济管理学院教授何广文在中国小额信贷国际峰会上表示。

资料来源：金融时报

请思考：你了解小额信贷吗？

活动一　熟悉小额信贷内涵

一、概念

小额信贷是向低收入群体和微型企业提供的额度较小的持续性信贷服务。小额信贷通过为低收入群体和微型企业提供小额贷款，发挥金融的激励约束作用，改变了传统的财政转移支付方式，是一种有效的金融扶贫方式，也是一种金融服务的创新。

小额信用贷款是以个人或家庭为核心的经营类贷款，其主要的服务对象为广大工商个体户、小作坊、小业主、中小微型企业主。贷款的金额一般为1 000元以上、10万元以下。小额信用贷款是微小贷款在技术和实际应用上的延伸。借款人不需要提供担保。其特征是债务人无须提供抵押品或第三方担保，仅凭自己的信誉就能取得贷款，并以借款人信用程度作为还款保证。由于这种贷款方式风险较大，一般要对借款方的经济效益、经营管理水平、发展前景等情况进行详细的考察，以降低风险。

二、小额信贷的基本原则

小额信贷运行制度的基本原则涉及三大方面：一是放款、收贷款；二是把农户组织起来；三是小额信贷机构自身的管理。这里着重阐述涉及前两个方面的原则，一共有以下六项。

（一）小额短期原则

小额度贷款是保证不偏离扶贫宗旨的有效方法之一，和小额度贷款项目相应的是贷款期限不能太长，通常指一年期或一个生产周期的时间，因为贫困农户通常没有经营长期项目的经验和能力，而小额度贷款也不足以支撑期限长的项目。

（二）分期还贷原则

一次贷款分多次还贷，即"整借零还"。这一原则对农户来说有利于降低还贷压力；能实现零存整取效应；有利于培养农户的还贷意识。对于贷款机构来说，能降低还贷风险；能扩大贷款本金，吸引更多客户；资金周转快，能增加利息收入。

（三）连续贷款原则

连续贷款就是贷款客户在还清前一次贷款后，接着可以获得下一次贷款，只要客户需要就可以连续不断贷下去。这一原则既可弥补小额短期贷款的不足又可化解借贷双方的风险。

对客户来说，可以有一个长远计划；对贷款机构来说，由于客户的信息已经全部掌握，从而降低了成本也降低了风险。

（四）小组联保原则

其主要功能是把贫困农户组织起来，让分散的、无人过问的贫困人群有了团队感，为扶贫活动的统一、规范创造了基础性条件。

（五）中心会议原则

中心会议的设计功能是：第一，集中放款；第二，集中还款；第三，进行集体活动，包括知识和技术的培训。这三条都体现了公开性和团队精神，中心会议为农户提供了交流平台，尤其起到了相互了解和监督的作用。

（六）妇女为主原则

重视妇女的作用一方面有利于提高妇女的经济社会地位，更主要的是小额信贷这种产品更适合妇女参与。小额度贷款便于开展家庭副业，发挥妇女的专长，有助于充分利用家庭闲散劳动资源。另一方面，妇女善于持家、节俭、细心，所以妇女的还贷率高于男子。

三、小额信贷的适应条件

小额信贷有其特定的适应条件，既要有适宜其发展的外部条件，也要有适宜其发展的内部条件。

（一）外部条件

外部条件最主要的是满足三方面的环境要求：第一，要有宽松的政策环境；第二，要有适度发育的市场环境；第三，要有适宜的自然环境。

（二）内部条件

除了外部条件，还需要具备必要的内部条件，第一，要有稳定的资金来源；第二，要有懂金融、懂农村工作的专业人才；第三，要有适应小额信贷发展的治理结构、完善的规章制度和监督制度的管理体制。

活动二　比较小额信贷类型

一、小额信贷的两大基本分类：福利主义和制度主义

根据机构的理念、目标以及是否享受补贴等方面的不同，小额信贷大体可分为两大类：福利主义和制度主义小额信贷。

福利主义小额信贷是一种传统的模式，要求项目或者机构的贷款资金有效地直接借贷给穷人，而不是间接，只要求对穷人有正面的效益，并不追求机构自身的自负盈亏和可持续发展，带有的补贴慈善性质更多一点。20世纪六七十年代小额信贷国际发展主体是福利主义，但是20世纪80年代更强调制度主义，并逐渐成为当今世界的主流，以孟加拉乡村银行为代表。

制度主义小额信贷是当今世界的主流观点，它要求实现两个目标：较大规模地服务于目标客户群体；同时，实现服务机构自身在组织和财务上的可持续发展，即实行商业市场化的

运作和自负盈亏。制度主义小额信贷又可以分为两个分支：公益性和商业性。公益性制度主义小额信贷以服务于穷人为宗旨，将其视为目标客户；商业性制度主义小额信贷则服务于更宽泛的目标群体，包括企业在内，而且以追求利润为主要目标，以印度尼西亚人民银行为代表。

二、我国小额信贷的类型

如果将小额信贷定义为不需要抵押的贷款，那么我国小额信贷可以有以下几种分类。

（一）按机构分

（1）政府开办的小额信贷，如政府扶贫贴息贷款，城市就业与再就业小额信贷担保基金等。

（2）非政府组织的小额信贷，约有300家，主要依靠国际援助和社会捐赠开办。

（3）金融机构自主开办的小额信贷，如信用社、城市商业银行、新建小额贷款公司和个别信托投资公司开办的小额信贷业务。

（二）按服务对象分

（1）公益性小额信贷：不以营利为目的，以扶贫和就业为主要内容，既有信贷的金融职能，即向客户提供贷款和其他金融性服务，也有为穷人提供多种非金融服务的社会职能，主要是政府和非政府组织的小额信贷。

（2）营利性小额信贷：服务对象是小型企业，完全市场化运作，以营利为目的，与传统的银行贷款区别不大，其主要是金融机构开办。

（三）按是否可持续分

（1）可持续小额信贷：以财务自负盈亏为标准。

（2）阶段性小额信贷：不追求自负盈亏，主要依靠补贴和捐助。

以上各种分类可以交叉组合成各种不同类型的小额信贷机构，比如有可持续的公益性小额信贷机构、商业可持续的小额信贷机构等。

活动三 了解小额信贷的目标与基本特征

一、小额信贷的目标

2000年，世界银行对小额信贷目标的阐述为：小额信贷机构作为发展机构，其目标是为没有服务或服务水平低下的市场的金融需求提供服务，并将其作为一种实现目标的方法。这些目标通常为下列一个或多个：减少贫困、增强妇女或其他脆弱群体的能力、创造就业、帮助现有经营活动发展或搞多样化经营、鼓励新行业的发展。20世纪90年代，小额信贷被引进到我国后，各种小额信贷机构也是将上述目标作为实现可持续性发展的目标，这主要体现在由中国人民银行小额信贷专题组编写的《小额贷款公司指导手册》一书的"政策篇"中。

二、小额信贷的基本特征

小额信贷是一种信贷机制，从本质上说，小额信贷是一项将金融创新的信贷活动与消除贫困的社会需求有机结合的制度创新。这一制度创新使小额信贷具有区别于传统商业信贷和传统项目扶贫的特征。一般认为，小额信贷具有以下特征。

（一）组织制度创新

小额信贷按照市场机制进行运作，结合了合作组织和民间互助组织的各自优势。一方面，小额信贷在不需要担保的情况下，通过严格管理和精密组织，向低收入人群提供信贷服务，减少和避免了一般非正规信贷的高风险问题，具备了正规金融机构管理的严密性和规范性等优点；另一方面，小额信贷具备一般非正规信贷形式的优点，通过建立与用户的紧密关系等方式，增强用户的信任感，降低交易费用和管理成本。

（二）贷款额度较小

小额信贷的额度较小，一般不超过当地的人均国民生产总值。基于农业的行业发展所需资金的可持续、小额等特点，以及农民承受风险的能力限度，小额信贷机构为农户所提供的贷款额度一般较小。另外，考虑到农户所能提供的担保有限，一般的农户小额信贷不需要担保抵押物，且手续简单方便，实行短期贷款和分期还款的还贷方式。这在减轻农户还款压力从而降低还贷风险的同时，还有助于培养其理财意识，鼓励他们参与到信贷项目的全部程序。

（三）面向低收入者

小额贷款的基本目标是面向社会低收入者。主要服务对象是城市和农村地区的中低收入人群。这类人群的特点是：他们中大多数以家庭生产以及小生意营生，并希望通过自己的努力而改善现有的经济状况。

（四）贷款双重目标

小额信贷具有扶贫和可持续性发展的双重目标。扶贫作为小额信贷的主要目标，非常强调对低收入者的不断教育培训和持续的技术支持；与此同时，小额信贷作为商业化运作的金融服务，要遵循市场经济的一般规则，以达到追求小额信贷机构经济和操作上可持续发展的目的。扶贫和可持续性发展的目标之间既相互联系又相互矛盾，在联系和矛盾中构成了完整的小额信贷要素体系。

活动四　掌握小额信贷的运作模式

小额信贷的构成要素具有多样化的特点，同时，随着小额信贷在国内外各方面的实践和探索，小额信贷具有了更加丰富及多样化的运作模式。以下主要从小额信贷运作模式的基本要素和主要类型两方面分析。

一、基本要素

小额信贷运作模式具有以下四个方面的基本要素：信贷运作模式、非金融服务、服务目标群体和地域特征、风险控制机制。

（一）信贷运作模式

信贷运作模式包括具体的信贷产品和机构主体类别。

其中，信贷产品是指小额信贷产品的具体内容，如贷款额度、贷款条件、贷款偿还方式、贷款期限、利率水平等金融产品的基本组成部分。小额信贷的偿还方式、贷款条件、利率水平等与一般的金融产品有很大差异。其中利率水平和贷款条件的设定通常直接关系到小额信贷的客户瞄准机制。

（二）非金融服务

提供小额信贷服务的机构向贷款者提供除金融以外的其他服务。这些服务包括市场推广服务、培训和教育服务、信贷服务等。国外许多成功的小额信贷机构所关注的一个重要内容就是非金融服务。

（三）服务目标群体和地域特征

一般来说，小额信贷在低收入人群中以及贫困落后地区的覆盖面和覆盖深度直接影响小额信贷的利率水平、信用额度等其他重要内容。

（四）风险控制机制

风险控制机制是小额信贷模式的重要组成部分，其中最主要的风险控制机制是信贷配给，即在贷款数量方面的控制。客户类型控制、偿还方式控制、贷款偿还激励也在不同程度上对风险控制起到重要作用。

二、主要类型

为了适应不同国家和地区的经济发展水平、社会文化背景、自然地理特征等多样化的特点，以适应当地客户的组织形式，为不同程度、不同需求的低收入群体提供有效的金融服务和社会服务，同时实现小额信贷机构的财务自负盈亏和可持续发展，出现了多种多样的小额信贷运作模式。没有单一的模式能够描述小额信贷的所有情形，调整组织机构和信贷运作以适应当地情况，意味着小额信贷模式的多样化和模式创新。根据小额信贷模式的基本要素的不同，可以分为不同的模式类型。

（一）根据小额信贷机构划分

目前从事小额信贷的机构越来越多，根据不同的机构主体可以分为：信贷联盟运作模式、非政府组织运作模式、小额贷款公司运作模式、银行运作模式等。

（二）根据服务目标群体和地域特征划分

根据服务目标群体的贫困程度可以分为两种模式：为核心贫困阶层服务的小额信贷模式和为中低收入阶层服务的小额信贷模式，即扶贫模式与非扶贫模式。根据服务目标群体的性别特征可以分为：以妇女为目标群体的模式（即以低收入妇女为目标群体的模式和目标群体不强调性别差异的模式）。

根据地域特征可以分为：以农村低收入者为目标群体的模式、以农村中低收入阶层为目标群体的模式、以城市低收入阶层为目标群体的模式、不强调地区差异为整个城市和农村提供金融服务的模式。

（三）根据小额信贷可持续划分

可持续性特征是小额信贷成功与否的重要标志，它反映了金融运作能力。根据小额信贷项目或者机构的财务状况分为依靠外部补助模式、经营自负盈亏模式和财务自负盈亏的可持续性模式。

(四) 根据信贷要素划分

根据贷款的偿还频率特征分为：分期还款和一次性还款。分期还款又可以分为每周还款、两周还款、每月还款等不同期限。

根据贷款期限分为：以客户需求确定的灵活贷款期限模式和以信贷纪律确定的固定期限贷款模式等。小额信贷的对象很多是农业生产经营者，农业生产存在周期性，因此一些小额信贷项目的贷款一般根据生产周期灵活确定。根据客观生产经营活动的周期，贷款期限可以为1~3年，也可以为1~3个月。

根据贷款的条件分为：需要财产或资产抵押担保模式、根据贷款额度决定担保形式的模式、不需要财产抵押和担保人的模式、小组联保模式、小组联保和有形资产抵押担保相结合模式。小额信贷原则上不需要抵押或者采取灵活多样的抵押形式，小组联保就是对抵押最常用的替代。

【延伸阅读】

中国小额信贷联盟简介

中国小额信贷联盟，简称联盟，英文名称：China Association of Microfinance (CAM)，其前身是"中国小额信贷发展促进网络"，是中国小额信贷领域最早的全国性会员制协会组织。其引进并推动的普惠金融理念已经写入十八届三中全会决议，并成为国务院在金融改革领域的重点工作。联盟坚持农村金融领域实践，支持公益小额信贷机构发展，得到各方面的赞赏。联盟率先在国内成立互联网P2P行业自律委员会，在普惠金融和小额信贷领域具有广泛影响力。

小额信贷作为一种有效的扶贫方式和一种金融创新，在中国经历了十多年的实验、示范和推广过程。众所周知，作为最初一批从事小额信贷实验的国内小额信贷机构大部分是依靠国际组织援助或当地政府支持建立起来的一些非政府、非营利的组织，它们为中国小额信贷的发展起了积极的推动作用，为扶贫事业做出了很大贡献。但是由于政策及法律方面的限制、小额信贷机构自身体制和能力的局限以及资金来源不足等，这些机构很难可持续发展。我们认为，作为一种有效扶贫手段的小额信贷，只有纳入我国金融改革和发展的整体框架，才能可持续发展，也才能有长效的作用。

在2000年初期国内有关小额信贷的研讨会上，小额信贷的研究者和实践者们多次提出成立行业协会（或网络）的建议，尤其在2003年9月于北京召开的小额信贷国际研讨会上此呼声更高，并得到了国内有关部门和有关国际机构的重视。在联合国开发计划署（UNDP）资助的人民银行完成的小额信贷政策研究报告中就提出了成立小额信贷行业协会的监管政策，建议由小额信贷行业协会实行行业自律，政府提供一定的政策引导。2003年年底，为适应小额信贷发展的需要，参考人民银行政策研究报告的建议，作为最早开展小额信贷实验示范及研究的中国社会科学院农村发展研究所和管理着国内规模最大的外援小额信贷项目的商务部中国国际经济技术交流中心决定发起成立中国小额信贷行业协会（或网络），后又得到全国妇联发展部的大力支持。经征求民政部意见，2005年11月在花旗基金会的资金支持下，中国社会科学院农村发展研究所、商务部中国国际经济技术交流中心和全国妇联妇女发展部联合发起成立了"中国小额信贷发展促进网络"。

在2010年9月17日召开的中国小额信贷发展促进网络的年会上，经出席会员代表大会的全体会员机构代表一致通过，将"中国小额信贷发展促进网络"正式更名为"中国小额信贷联盟"。联盟成立初期,会员主要由公益性质的扶贫小额信贷组织构成,随着中国小额信贷行业的发展,联盟逐渐吸收了从事小额信贷业务的商业银行和小额贷款公司等机构作为其会员。截止到2014年12月31日,联盟的正式会员机构为193家,覆盖全国29个省市。

自联盟成立以来,联盟与人民银行和银监会等政策和监管部门保持着密切的联系与合作,在政策倡导、行业自律、培训与技术支持、信息交流和筹资服务等领域开展了大量工作,为会员提供了卓有成效的服务。在花旗网络能力建设项目的支持下,联盟自身的治理结构和服务水平也得到了改善和提高。每年举办的年会和花旗微型创业奖已成为中国小额信贷领域备受关注的重大活动,也是联盟的品牌性活动。

在全球化背景下,联盟参考国际小额信贷发展状况和规律,将小额信贷定义成为贫困、低收入人群和微型企业提供的信贷服务,并进而将小额信贷服务拓展到包括储蓄、汇款和保险在内的微型金融领域。在关注低端人群金融服务的同时,联盟也积极促进为所有阶层提供全方位金融服务的普惠金融体系的建设,并努力将微型金融纳入普惠金融体系。

资料来源:http://www.chinamfi.net/WebPage/about.htm

中国小额贷款公司协会简介

中国小额贷款公司协会(China Micro-credit Companies Association,CMCA)成立于2015年4月,是经民政部批准成立,并在民政部登记注册的全国性、行业性、非营利性社会团体。中国小额贷款公司协会的业务主管部门是中国银监会,同时接受中国人民银行和民政部的工作指导与监督管理。依法设立的小额贷款公司、小额贷款公司母公司、地方小额贷款公司自律组织以及为小额贷款公司提供服务的机构均可申请加入中国小额贷款公司协会成为会员。

中国小额贷款公司协会的宗旨是:遵守国家宪法、法律、法规和经济金融方针政策,依法履行行业自律、维权、服务、协调职能;搭建沟通桥梁,为政府和会员服务;维护小额贷款公司的合法权益,维护市场公平竞争;面向小额贷款公司,提供专业服务;参与法规建设,促进全国小额贷款公司健康发展。

中国小额贷款公司协会围绕自身职能开展以下工作:

维权方面,组织会员制定维权公约;组织开展区域信用环境评级,发布诚实守信客户或违约客户名单,实施行业联合制裁等措施,制止各种侵权行为;参与有关小额贷款公司改革发展以及与行业权益相关的决策论证,提出有关小额贷款公司政策、立法和行业规划等方面的建议和意见;组织会员开展行业维权调查,促进会员加强债权维护和风险管理;接受会员委托向有关部门反映情况和诉求;组织制定行业标准和业务规范,统一规范小额贷款公司各项业务单证要素及格式;向公众宣传普及小额贷款知识、小额贷款理念,提升公众对于小额贷款产品和小额贷款公司的认识;建立会员间信息沟通机制,组织开展会员间的业务、技术、信息等方面的交流与合作,为会员提供信息服务;推动建立小贷公司资产转让、兼并重组等工作。

自律方面,倡导和组织会员学习国家金融政策,执行金融监管规定,遵守法律、法规,督促会员依法诚信合规经营；组织制定同业公约和自律制度；组织执行自律性行业标准和业务规范，提高行业规范程度；组织小额贷款公司执行企业会计准则；组织制定从业人员道德和行为准则，对小额贷款从业人员进行自律管理；探索建立小额贷款机构和从业人员信用信息体系，加强监督，协助推进小额贷款行业自律管理体系建设；建立行业惩戒制度，监督检查会员的行为，督促会员依法合规经营。

服务方面，建立小额贷款行业联网运行的业务管理和信息数据系统；建立及维护行业基础信息库，组织小额贷款公司开展信息化建设工作；制定统一的统计报送规则，分析行业数据信息，定期向有关部门报送行业的发展情况；编辑、出版、发行协会刊物；引进国外先进管理经验、风险控制机制、小额贷款经营模式和小额贷款品种；组织推动行业发展研究工作；制定并实施全国小额贷款公司人才培训规划；建立全国小额贷款公司从业人员培训体系；组织小额贷款公司从业人员境内外培训工作；建立培训人员管理数据库、档案管理系统、网络培训系统；承办有关小额贷款公司学术会议和展览活动；组织小额贷款公司出国业务考察交流活动，参加国际学术会议。

协调方面，与协会主管部门保持沟通联络，做好上传下达和信息反馈工作；促进会员单位与监管部门及相关部门的沟通与联系，推广先进经验和创新成果；组织开展业务竞技活动，培育健康向上的行业文化；建设与管理协会网站，并加强与外部新闻媒体的联系沟通，制订协会宣传工作的计划及编辑协会宣传信息资料；发挥行业整体宣传功能，组织会员共同开展新业务、新政策的宣传和咨询活动，大力普及金融知识，提高公众的金融意识；加强与银行业、证券业、保险业、信托业等相关行业协会的沟通和协调；组织开展与境内外小额贷款公司以及行业协会间的交流与合作；组织协调小额贷款公司经营管理法律相关问题研究；按照《征信业管理条例》和信用评级监管部门的监管要求，组织推动小额贷款公司参加第三方外部信用评级。

资料来源：http：//www.china-cmca.org/gyxh/xhjj/

任务二　了解小额信贷起源与发展

案例引入

管中窥豹，可见一斑

2016年10月18日，重庆银监局发布的《重庆银行业金融机构统计指标》显示，截止到2016年9月末，重庆地区银行业金融机构的不良贷款余额为261.81亿元，同比增长26.32%，2016年1—9月，重庆地区银行业金融机构的税后净利润为398.59亿元，同比下降12.26%。

2016年10月25日,中国人民银行发布《2016年三季度小额贷款公司统计数据报告》显示,截至2016年9月末,重庆地区的小额贷款公司数量为255家,较2015年年末增加2家,贷款余额为955.4亿元,较2015年年末增加113.06亿元。

黄桷树财经注意到,2016年前三季度,重庆地区小额贷款公司的经营数据保持着稳定增长,而银行业金融机构的经营数据却有所下滑。

2016年前三季度,全国共有小额贷款公司8 741家,较上年年末减少169家,贷款余额为9 292.8亿元,较上年年末减少118.71亿元。

值得注意的是,全国小额贷款公司的数量和贷款余额正在出现"双降",但重庆小额贷款公司却出现逆势增长。

人民银行披露的数据显示:2011年年末、2012年年末、2013年年末、2014年年末、2015年年末、2016年9月末,重庆的小额贷款公司数量分别为110家、157家、207家、246家、253家、255家,从业人员分别为2 164人、3 500人、5 008人、5 736人、6 023人、6 011人,实收资本分别为127.10亿元、247.11亿元、407.25亿元、549.25亿元、598.40亿元、616.9亿元,贷款余额分别为139.29亿元、302.05亿元、508.10亿元、743.13亿元、842.34亿元、955.4亿元。

黄桷树财经注意到,最近几年,阿里巴巴、苏宁、百度、乐视、京东、小米等一大批国内互联网巨头纷纷在重庆设立了互联网小额贷款公司,虽然这些互联网小额贷款公司的经营团队大部分不在重庆,但经营业绩却是红红火火。

最近两年,重庆地区银行业的日子并不好过。

2016年前三季度,重庆地区银行业金融机构的资产和负债规模依然保持着稳定增长,截止到9月末,重庆地区银行业金融机构的总资产为4.287 7万亿元,同比增长10.71%,总负债为4.129 7万亿元,同比增长10.69%。

但有一个指标尤其关键,那就是不良贷款余额。

2015年以来的七个季度,重庆地区银行业金融机构的不良贷款余额分别为107.41亿元、139.88亿元、171.98亿元、207.26亿元、250.13亿元、241.67亿元、261.81亿元。

黄桷树财经注意到,由于缺乏贷款余额的准确数据,暂不能推断银行信贷资产的质量情况,但仅从盈利能力来看,重庆地区银行业金融机构正在出现明显的下滑:2015年前三季度,重庆地区银行业金融机构的净利润为454.31亿元,同比下降2.42%,2016年前三季度,重庆地区银行业金融机构的净利润为398.59亿元,同比下降12.26%。

资料来源:黄桷树财经

请思考:此报道反映出小额信贷怎样的行业现状?

活动一 了解国际小额信贷发展

一、国际上定义的小额信贷

在国际上,产生于20世纪70年代的小额信贷是专门为那些很难从正规金融机构获得贷款服务的低收入人群设计的贷款产品,其目的是为低收入人群或微型企业提供获得自我就业和自我发展的机会,促使其走向可持续发展,从而改善生计、消除贫困、促进社会公平。

根据国际小额信贷信息交流平台的定义，小额信贷的贷款额度不超过当地人均国民收入的 2.5 倍。"小额信贷"已经成为一个具有特定的服务对象、贷款额度、运行规范的专有名词，不符合这些特征的不属于小额信贷。

国际上的小额信贷强调的是公益性的瞄准与商业性运营相结合，在提高效率的同时，追求为低收入人群提供可持续的金融服务。它既是一种金融服务的创新，又是一种增强经济与社会包容性的重要手段。小额信贷与其他金融服务不同的是，它不仅要追求能经受住市场竞争考验的可持续的财务目标，又要追求服务于低收入人群的社会目标。

二、国际小额信贷的发展历史

20 世纪 50 年代，国际上出现一些发展类项目，开始推广补贴性的小额信贷，但鲜有成功。

20 世纪 70 年代初，现代小额信贷诞生了。一些实验项目向贫困妇女提供小额信贷开展微型生产经营活动。这些先驱者包括孟加拉乡村银行、拉美的行动国际和印度的自我就业妇女协会银行。2006 年，尤努斯教授荣获 2006 年诺贝尔和平奖，他本人也被大家誉为"小额信贷之父""穷人银行家"。

20 世纪 70 年代至 80 年代，国际上一些机构开始实施小额信贷项目，主要是各类金融机构和非政府组织，创造了 100 多种不同的信贷模式。

20 世纪 80 年代，全球小额信贷项目在不断改进创新，掀起了小额信贷的高潮。但由捐赠者支持、目标定位为扶贫的信贷模式不断受到批评，强调逐步扩大服务规模，并把注意力转向财务上的自立和持续发展以及减少对捐助者的依赖；从而形成制度主义和福利主义小额信贷两大阵营。

20 世纪 90 年代初，小额信贷快速发展，其服务内容也从单一的资金借贷扩展到了保险、汇款、信托等金融范畴，"小额信贷"开始被"微型金融"所取代。微金融领域的创新发展是金融脱媒的一种趋势，近年来投资银行、养老基金、私募股权基金等机构纷纷将投资触角伸向微金融行业，加快微金融行业发展的同时也进一步促进了金融脱媒化。

1995 年 6 月，世界银行"扶贫协商小组"成立，推动了世界小额信贷运动进入了一个新时期，推动了小额信贷走向国际化、规范化。原来一些在"扶贫协商小组"工作过的专家，还组建了咨询公司，参与小额信贷事业。

2005 年，联合国正式提出"普惠金融体系"这一概念。普惠金融，即在总结小额信贷和微金融发展经验的基础上，将原本零散的小额信贷产品和服务进行整合，使之能够面向更多的客户并提供更为丰富的金融服务，让那些传统金融不能覆盖的客户享受更广泛的金融服务。

现在，传统小额信贷和较大规模的金融体系的边界开始模糊，一些国家，一些商业机构也正在进行小额信贷经营。人们越来越强调应建立为穷人服务的普惠型金融体系。

三、国际小额信贷发展的三个阶段

国际小额信贷以孟加拉乡村银行为开端。根据小额信贷先行走过的路程，小额信贷的发展历程大致可以分为三个阶段。

(一) 强调为穷人提供贷款资金和以穷人偿还能力为中心目标的阶段

在这一阶段，小额信贷的发展无论在服务对象还是技术手段上都明显区别于正规金融机构。在服务对象上，这一阶段的小额信贷作为一种实验性项目首先在农民间开展。在技术手段上，针对农民的职业特性，创造性地采用小额度贷款、重复贷款、小组联保等方式吸引农民，促成交易并最大限度地保证还款率。而在风险评估方面更是将还款意愿作为主要的风险评估指标。在这一阶段，小额信贷的运行情况很好，还款率稳定维持在95%以上，其他贷款产品望尘莫及。

(二) 收取高利息以弥补借款成本的阶段

虽然第一阶段的实验取得了一定成果，可一旦政府撤销利率补贴，微薄的收益便难以覆盖这些提供小额信贷机构的成本。为了持续地为农民提供小额信贷支持，机构必须寻求财务的可持续性。因此，提高利率便成为唯一选择。在这个阶段，印度尼西亚人民银行成为创新先驱，在1984年停止了政府救济项目后，印度尼西亚人民银行将原有的村级机构转变为乡村银行，向原救济项目的客户提供无优惠利率的信用贷款。这一转变取得了巨大的成功，到1996年，印度尼西亚人民银行的绝大部分利润都是由乡村银行体系创造的。

(三) 小额信贷机构吸引商业渠道资金，实现金融持续性，进而逐渐达到正规化的阶段

小额信贷行业在社会层面和金融层面的巨大成功给行业发展带来了巨大动力，然而非政府组织、非金融机构的尴尬角色却给小额信贷机构的融资带来困难，从而严重制约了行业的发展。事实上，孟加拉乡村银行和印度尼西亚人民银行在小额信贷业务上的成功依托于其正规金融机构的身份，而大部分其他小额信贷机构则处于监管的真空带，发展环境中充满不稳定因素。加之越来越多的正规金融机构纷纷重视小额信贷这片它们曾忽视的蓝海，面对日益激烈的竞争，小额信贷机构必须走上"正规化"道路，寻求明确的角色定位，才能有效应对竞争，保证自身可持续性发展。

四、国际小额信贷机构

(一) 孟加拉乡村银行

孟加拉乡村银行最早起源于孟加拉国。1974年，穆罕默德·尤努斯在孟加拉创立小额贷款，1983年，正式成立孟加拉乡村银行——格莱珉银行。孟加拉乡村银行模式是一种利用社会压力和连带责任而建立起来的组织形式，是当今世界规模最大、效益最好、运作最成功的小额贷款金融机构，在国际上被大多数发展中国家模仿或借鉴。2006年10月，尤努斯因其成功创办孟加拉乡村银行，荣获诺贝尔和平奖。它作为一种成熟的扶贫金融模式，主要特点为：瞄准最贫困的农户，并以贫困家庭中的妇女作为主要目标客户；提供小额短期贷款，按周期还款，整贷零还，这是模式的关键；无须抵押和担保人，以五人小组联保代替担保，相互监督，形成内部约束机制；按照一定比例的贷款额收取小组基金和强制储蓄作为风险基金；执行小组会议和中心会议制度，检查项目落实和资金使用情况，办理放、还、存款手续，同时还交流致富信息，传播科技知识，提高贷款人的经营和发展能力。它向贫穷的农村妇女提供担保面额较小的贷款（即微型贷款），作为非政府组织支持其生活。此系统是基于一个观点，即贫穷的人都有未开发的技术。银行同时也接受存款和其他服务，也进行发展导向的经营，包括纺织品、电信和能源公司。

(二) 玻利维亚阳光银行

20世纪80年代，玻利维亚经历了经济和政治的转型，这一转型给国家经济带来增长的同时也造成了大量失业和城市移民。这些失业人群大部分需要以自雇形式维持生计，这就创造了大量资金需求，玻利维亚阳光银行应运而生。阳光银行的前身是美国拉美行动国际和美国国际开发署在玻利维亚成立的名为普鲁德姆的非政府组织。1992年，为满足日益扩大的信贷需求，普鲁德姆把商业化运作的部分单独分离出来成立了现在的阳光银行。阳光银行的运行机制并没有摆脱小组联保的形式，但在目标客户上已经由贫困农户转向了城市小微企业主。阳光银行的贷款模式是3~8个人为一小组进行联合担保。信用贷款从100~5 000美元不等，利率为47%，每两周或每一周结算一次。风险控制方面，阳光银行也有一定的创新之处。根据规定，任何小组成员的拖欠行为都会使小组丧失贷款资格，强制要求每位借款人最低存款额为20美元，借款超过5 000美元者需提交抵押物。

(三) 印度尼西亚人民银行

印度尼西亚人民银行是印尼主要的国有商业银行之一，已经有100多年的历史。印度尼西亚人民银行从1996年开始在全国建立3 600个村行，20世纪80年代以后，印度尼西亚人民银行的村行由过去以发放贴息贷款为主，逐步被改造成按照商业规则运行的小额信贷机构。其后逐渐摆脱困境，并与玻利维亚的阳光银行一起，成为制度主义小额信贷的典范，在有效地向低收入人口提供信贷服务的同时，也获得了巨大的商业成功。

印度尼西亚人民银行的村行建立在乡镇并高度自治，村行经理拥有贷款决定权。村行对自然村派出工作站，工作站负责吸收储蓄和回收贷款，但是不发放贷款。村行要向支行提交报告，支行负有监督和监测职能，并帮助村行处理问题，支行经理对村行提供的报告负责。这体现了印度尼西亚人民银行权力下放的制度特征。印度尼西亚人民银行的分行除了对支行具有领导检查权外，也充当支行和总部之间的信息中介。而印度尼西亚人民银行总部的村行发展部负责开发、运行和控制村行系统。印度尼西亚人民银行分行以上机构的员工只占工作人员总数的不到1.1%，而从事业务和行政管理工作的只占0.6%，这反映了村行系统的权力下放和一线业务人员的首要地位。

印度尼西亚人民银行的村行系统的核心业务是按照商业化原则运行的小额信贷，其员工激励计划不以贷款户的增加为基数，而是以盈利为基础。印度尼西亚人民银行的存款和贷款产品都围绕客户需要，其显著特征是简单易行并实行标准化管理，业务操作高度透明。

(四) 乌干达国际社区资助基金会乡村银行

乌干达国际社区资助基金会乡村银行是约翰·哈奇于1985年在拉丁美洲成立的，这是一种利用乡村银行帮助妇女通过自己经营来摆脱贫困的模式。该模式类似孟加拉格莱珉银行的小组联保，乡村银行以社区信用和储蓄协会为基础成立非政府组织，无须注册，一般由20~50个低收入妇女组成，这些妇女再以5~7人凑成连带责任小组。这些妇女对该组织拥有管理和决策权，通过每周或每两周的例会来确定借款人、借款金额、利率和期限等指标。乌干达国际社区资助基金会乡村银行的首次出借资金来源于非政府组织的捐献，每笔借款不超过50美元，期限不超过4个月。此后，乌干达国际社区资助基金会乡村银行会通过将储蓄与贷款挂钩的形式控制贷款安全。乌干达国际社区资助基金会乡村银行的运作非常灵活，其中最特别的就是当借款人在借款满9轮并且贷款额达到300美元后，可成为自我投资、自我管理的经营者。

活动二　了解国内小额信贷发展

一、我国小额信贷的发展历史

从古至今，普通民众、小农工商业主为了满足生活、生产需要，通过小额借贷筹集资金是非常普遍的现象。根据文字记载，早在周朝就存在借贷活动，"债台高筑"说的是周赧王借债无力偿还，走到高台上逃避债主的故事。秦汉统一中国以后，国内外贸易都得到快速发展，借贷行为也随之更加普遍。这一时期的放贷者不仅仅是商人、贵族和官员，而且出现了专门以从事放债谋利的"子钱家"。到唐朝，金融信贷业迅速发展，这归因于唐朝经济的空前繁盛。当时长安有东西两市，市上聚集着各种商店，其中还有波斯商人开设的。这些商铺兼营存款和放款、兑换等业务，形成中国初期的金融市场。自唐朝之后，历经数百年，虽然有所发展，但很缓慢，没有明显的变革。

1949 年后，我国小额贷款活动兴起于一些国际援助项目，如 1981 年国际农业发展基金在内蒙古开展了北方草原与畜牧发展项目，但小额贷款形式仅被作为国际援助机构扶贫项目的组成部分或特殊的资金使用方式，项目的活动地域和覆盖面窄，影响也有限。1994 年，在孟加拉乡村银行和福特基金会的资金和技术支持下，中国社会科学院农村发展研究所开始进行小额联保信贷的试点。社科院首先在河北易县成立扶贫社，1994 年 5 月开始向农户贷款，到 2001 年 12 月末，贷款余额已经达到 956 万元。参加扶贫社的农户数上升到了 6 860 户。

2005 年，在中国人民银行的主导下，进行了小额贷款公司的试点，银监会也出台政策放宽了农村金融机构的准入门槛，鼓励各方力量成立村镇银行，支持"三农"建设，开启了中国小额贷款事业发展的新历程。小额贷款已经发展成为了一个可盈利的产业，众多的金融机构、小额贷款公司开始关注小额贷款业务，重庆的好借好还公司就是其中之一。

我国小额信贷也有十多年的试验和探索。最早是一些国际组织和非政府组织在我国的扶贫或者农村发展项目中已有小额信贷的内容。农业银行和农业发展银行也均开办有小额信贷业务或者小额信贷扶贫业务。

二、我国小额信贷的发展阶段

根据中国政府扶贫政策和扶持"三农"政策的变化和要求，到目前为止，当今中国小额信贷的发展大体可分为以下阶段。

第一阶段：1981 年到 1993 年，完全的项目小额信贷试验阶段。在此阶段，小额信贷只是作为国际援助机构扶贫项目的一个组成部分或者一种特殊的资金使用方式，在较小的范围内试验。

第二阶段：1993 年年底到 1996 年 10 月，项目小额信贷与非政府组织小额信贷共同试验阶段。在此阶段，小额信贷开始从项目小额信贷向机构小额信贷转变，试验的范围进一步扩大。其主要发展模式为，国际援助机构提供运作资金和技术，由国内的非政府组织进行操作，以非政府组织形式开始运行。日后由政府部门和正规金融机构开展的小额信贷项目均在很大程度上吸取了非政府组织小额信贷的经验。

第三阶段：1996年10月至2000年，政策性小额信贷扶贫项目阶段。为实现千年扶贫计划和21世纪扶贫任务，我国政府机构和中国农业银行主导的"政策性小额信贷扶贫项目"开始发展起来。其主要借鉴非政府组织小额信贷的技术和经验，以国家财政资金和扶贫贴息贷款为资金来源，以扶贫贴息贷款的形式直接发放到户，主要分布在农村地区。

第四阶段：2000年至2005年6月，正规农村金融机构小额信贷阶段。在促进"三农"发展的战略背景下，我国正规农村金融机构开始大规模介入小额信贷领域，小额信贷的目标也从"扶贫"领域扩展到"为一般农户以及微小企业服务"的广阔空间。我国农村合作金融机构（农村信用社、农村商业银行和农村合作银行）在人民银行支农再贷款的支持下，开始发放"小额信用贷款"和"农户联保贷款"。

第五阶段：2005年6月以后，探索商业性小额信贷阶段。在促进农村金融市场开发和改革的背景下，由私人资本投资的商业性信贷机构即小额贷款公司开始在试点地区出现。同时，为促进小企业发展、增加就业机会，许多商业银行也开始通过专门的信贷窗口推行小企业贷款。在国家金融管理部门的推动下，由商业性资本或正规商业银行投入和经营，我国小额信贷试图于"政策性目标和商业性资本"之间，走出一条新路。

三、我国的小额信贷组织体系

目前，可以按照是否追求财务可持续性将中国的小额信贷机构分成四类。

第一类，政府部门统筹下的小额信贷机构。这类小额信贷机构的作用是政府将用于扶贫的财政资金以农业银行或农村信用社为媒介，以贴息的形式发放给有资金需求的人。这类贷款通常为政策性贷款，只有满足一定资质的借款人才能获得，例如政府出资担保的未解决城市下岗失业人员就业问题的小额担保贷款等。第二类，非政府、非营利性小额信贷机构。这类小额信贷机构是中国小额信贷的最初且最重要的力量，这些机构的资金多来源于捐赠，以福利主义为原则，通常不追求商业可持续性。机构的资金通常以项目的形式投放，多用于农村建设、环保项目和妇女帮扶项目，比较知名的有中国社会科学院扶贫社、中国计划生育协会等运作的幸福工程项目等。第三类，传统金融机构参与的小额信贷机构。在中国，能够最广泛开展各类金融业务的就是传统金融机构，所以它们也成为中国普惠金融体系中最重要的参与者，这其中以银行最为典型。目前，全国性银行、部分城市商业银行和一些外资银行都已涉足小额信贷领域，且参与机构众多，所以业务形式也比较多样。第四类，民间资本融入的小额信贷机构。这类小额信贷机构是以传统的民间借贷为基础发展而来的，如今的民间借贷不但在风险控制技术上有了很大的进步，形式也从单纯的小额信贷机构发展到了P2P借款机构、网贷机构等形式。小额信贷机构是从事民间小额信贷的主要机构，客户包括传统金融机构小额信贷产品不能覆盖的人群。P2P借款机构作为中介寻找有资金需求和有投资需求的客户，撮合双方达成借贷协议并提供信用审核、催款等服务。网贷机构则是以互联网为媒介的一种小额信贷服务中介。中国民间小额信贷机构的迅猛发展，是中国小额信贷行业的重要补充。

四类机构的财务目标不同，因此业务特点也会有差异。

活动三　探究小额信贷创新发展趋势

一、我国小额信贷行业现状

从 2008 年央行、银监会两部委联合发布《关于小额贷款公司试点的指导意见》至今，小额贷款公司数量及贷款余额呈现爆发式增长。截至 2015 年年末，全国共有小额贷款公司 8 910 家，贷款余额 9 412 亿元，2015 年人民币贷款减少 20 亿元。据中国人民银行网站消息，截至 2016 年 6 月末，全国共有小额贷款公司 8 810 家，贷款余额 9 364 亿元，上半年人民币贷款减少 40 亿元。

二、我国小额信贷发展趋势

虽然我国小额信贷行业还依然存在种种问题，但随着社会环境的变化、体制保障的逐步健全、专业信贷机构和服务的涌现，小额信贷也迎来了创新发展的机遇。提到小额信贷的创新发展，P2P 借贷无疑是最重要的一项。随着国外 P2P 的逐渐流行，国内 P2P 行业也蓬勃发展了起来，并出现了 P2P 借贷模式的安全性增强版——P2C 模式。

"P2P" 即 "个人对个人"，是一种与互联网、小额信贷等创新技术、创新金融模式紧密相关的新生代民间借贷形式，它最大限度地为熟悉或陌生的个人提供了透明、公开、直接、安全的小额信用交易的可能。

"P2C" 即 "个人对公司"，是传统 P2P 借贷模式的安全性增强版。提供给投资者一个风险真实可控而收益有竞争力的新型投资渠道，在借款来源一端被严格限制为有着良好实体经营、能提供固定资产抵押的有借款需求的中小微企业。

自 2009 年 P2P 在国内兴起以来，整个行业的发展得到了高速的发展，并逐渐形成了具有中国特色的各类 P2P 企业。市场上 P2P 模式企业大致分为三种类型。

（1）线上线下结合的模式，诺诺镑客就属于这种模式，诺诺镑客已获得了权威机构的认证以及银行资金托管，是行业内较为领先的企业。

（2）纯线下业务，这种属于比较传统的做法，这类公司一般做个简单的网站进行业务展示，真正的业务是靠派大量业务员去线下拓展，宜信便是这种企业，有一定风险。

（3）类似拍拍贷，便是属于纯线上的模式，所有借款标都由客户自己判断风险性。

国内的 P2C 模式发展还未成熟，爱投资是国内第一家以 P2C 模式运营的互联网小微金融平台。

三、小额信贷发展的政策环境

近年来，监管部门对小额信贷业务的关注越来越多，陆续出台的政策不仅规范和指导了行业的发展，同时也鼓励了民间资本的介入。

2007 年，中国银监会发布了《村镇银行管理暂行规定》（银监发〔2007〕5 号），文件对村镇银行的性质、经营原则和经营范围进行了明确的规定；还陆续发布了《贷款公司管理暂行规定》（银监发〔2007〕6 号）、《农村资金互助社管理暂行规定》（银监发〔2007〕7 号）、《关于银行业金融机构大力发展农村小额贷款业务的指导意见》（银监发〔2007〕67

号)。

2008年,中国人民银行、中国银监会联合发布了《关于小额贷款公司试点的指导意见》(银监发〔2008〕23号),文件给出了小额信贷公司的定义,明确了小额信贷公司"小额、分散"的放贷原则;《关于银行建立小企业金融服务专营机构的指导意见》(银发〔2008〕82号)、《关于村镇银行、贷款公司、农村资金互助社、小额贷款公司有关政策的通知》(银发〔2008〕137号),对村镇银行的存款准备金管理、存贷款利率管理、支付清算管理、会计管理、金融统计和监管报表征信管理、现金管理、风险监管等方面的管理进行了细化规定。

2009年,国务院发布了《关于进一步促进中小企业发展的若干意见》(国发〔2009〕36号);中国银监会印发《小额贷款公司改制设立村镇银行暂行规定》的通知(银监发〔2009〕48号),明确小额贷款公司改制为村镇银行的具体准入条件、程序和监管要求。

2010年,国务院发布了《关于鼓励和引导民间投资健康发展的若干意见》(国发〔2010〕13号),鼓励民间资本进入金融领域,发展小额信贷,扩大对中小企业的金融支持;中国人民银行、银监会、证监会、保监会发布《关于进一步做好中小企业金融服务工作的若干意见》(银发〔2010〕193号);《关于全面推进农村金融产品和服务方式创新的指导意见》(银发〔2010〕198号)。

2011年,中国银监会发布《关于支持商业银行进一步改进小企业金融服务的通知》(银监发〔2011〕59号)。

纵观关系小额信贷行业发展的政策环境,可以看出监管部门与市场之间仍然保持着一定的良性互动,虽然大规模、高强度的支持鼓励政策尚未出台,但监管部门一直给予行业摸索与发展的空间,这种开放的环境无疑是有利于行业发展和创新的。

【延伸阅读】

立足小额贷款　助推普惠金融发展
小额贷款公司发展现状及路径展望

小额信贷这一微型金融模式,近年来在中国包括其他发展中国家都获得了快速发展,已逐渐成为金融市场的有益补充,助推普惠金融发展的有力手段。

中国人民银行副行长陈雨露8月25日在2016中国普惠金融国际论坛分论坛——"中国—拉美微型金融高峰论坛"上指出,中国人民银行将进一步推动微型金融和普惠金融的发展,让金融改革的成果更多惠及普通民众。

现状:高速增长到明显放缓

中国小额贷款公司协会专职副会长兼秘书长白雪梅在论坛上表示,2008年至今,中国小额贷款公司经历了高速增长到明显放缓的发展过程。

自2008年《关于小额贷款公司试点的指导意见》出台之后,小额贷款公司在地方政府的推动下迅速发展。到2013年,小额贷款公司数量增长已近15倍。据中国人民银行发布的2016年上半年小额贷款公司最新统计数据显示,截至2016年6月末,全国共有小额贷款公司8810家,实收资本8380亿元,平均每家0.95亿元,贷款余额为9364亿元。

2013年以后,小额贷款公司增速减慢。2015年的小额贷款机构数仅比2014年增长了1.4%,2016年6月,机构数、实收资本、贷款余额比2015年年末都下降了1%左右。这表明小额贷款行业增长规模明显放缓。对此，中国人民大学中国普惠金融研究院院长贝多广表示，小额贷款公司成立的前几年，赶上了中国经济正高速发展的好时机，但近两年来随着经济下行压力增大，市场竞争加剧，小额贷款公司的经营环境较前几年更为严峻，部分小额贷款公司因经营难以为继，陆续退出了市场。

白雪梅表示，小额贷款公司经过10年的发展，即将步入成熟期。从我国小额贷款机构的存在情况来看，小额贷款公司的发展具有社会贡献大、风险外溢小的特点。自2005年中央一号文件提出探索建立小额信贷组织，10年来小额贷款公司做出了较大的社会贡献，基本符合"小额、分散"的行业定位，已经成为中国传统金融的有效补充，在改善农村金融、促进小微企业发展、促进就业等方面都发挥了积极作用。此外，由于小额贷款公司放贷资金主要来自股东出资，不吸收公众存款且对外融资少，行业风险对外溢出较小，极少发生重大风险事件。

困境：内部问题与外部挑战并存

小额贷款公司发展仍面临诸多问题和挑战。随着经济下行压力加大，问题暴露越发集中。就内部问题而言，公司治理不规范、风险内控能力不完善、商业模式不成熟影响着我国小额贷款公司的健康发展。贝多广直言，本质上，我国小额贷款公司的商业模式是严重依赖于银行"生物链"的，一定程度上吃了银行的"残羹剩饭"，随着经济下行压力加大，银行提高了对小额贷款公司放贷门槛，融资难上加难，部分小额贷款公司生存压力凸显。

针对小额贷款行业发展过程中存在的种种问题，白雪梅表示，立法及政策等外部环境的不利因素造成了当下小额贷款公司的发展困境。首先，行业立法存在滞后性。目前，全国性层面上指导小额贷款行业发展的文件，仍只有《关于小额贷款公司试点的指导意见》文件，这已难以满足和适应整个小额贷款行业发展的实际情况。其次，现有政策的严格限制加剧小额贷款公司对外融资难的困局，造成行业缺乏稳定的外源性的、低成本的资金支持。最后，和农村金融机构相比，小额贷款公司的税负较重。和农村金融机构开展相同业务的小额贷款公司难以享受税收减免、增量奖励等优惠政策，从而加大了小额贷款行业进军农村金融的税负压力。

路径：政策与技术双驱动

针对当下小额贷款行业面临的发展问题和生存困境，贝多广认为，中国小额贷款行业未来的发展路径需要政策支持。首先，应将小额信贷机构纳入正规的普惠金融体系，允许其负债经营，改善商业模式。其次，政府应该建立配套的机制支持小额贷款公司这类微型金融机构，借鉴国外小额贷款机构发展相对成熟国家的经验，比如，建立全国性或地方性的担保基金，以信用资金的支持促使形成良好的金融生态系统。

近年来，随着我国互联网金融的快速发展，传统的小额贷款公司借助互联网技术来创新金融服务和产品，也是开辟小额贷款行业发展的新方向。中国东方资产管理股份有限公司党委委员、副总裁陈建雄提出，当下，小额贷款行业应该利用新技术实现两个转变。其一，将劳动密集型企业向技术密集型企业转变，运用互联网金融解决线下业务劳动力不足的问题，也可大大降低劳动力成本。其二，将资金密集型企业向资本密集型企业转变，即通过互联网金融平台解决融资难的问题，同时建立更加透明、公开的监管机制。

中国社会科学院学部委员、国家金融与发展实验室理事长李扬表示，利用移动互联、大数据云计算以及非常细密的数值计算方法这三大利器，可有效地解决微型金融实践中的成本问题、信用问题和风险可控问题。小额信贷是普惠金融理念实践的有效途径，未来以移动互联等新技术促进小额贷款公司的健康发展，将进一步促进我国普惠金融体系的建设和完善。

资料来源：http：//www.china-cmca.org/hyyj/bjzm/20160907/743.html

中国银行业监督管理委员会中国人民银行
关于小额贷款公司试点的指导意见

银监发〔2008〕23号

各银监局，中国人民银行上海总部、各分行、营业管理部，各省会（首府）城市中心支行、副省级城市中心支行：

为全面落实科学发展观，有效配置金融资源，引导资金流向农村和欠发达地区，改善农村地区金融服务，促进农业、农民和农村经济发展，支持社会主义新农村建设，现就小额贷款公司试点事项提出如下指导意见。

一、小额贷款公司的性质

小额贷款公司是由自然人、企业法人与其他社会组织投资设立，不吸收公众存款，经营小额贷款业务的有限责任公司或股份有限公司。

小额贷款公司是企业法人，有独立的法人财产，享有法人财产权，以全部财产对其债务承担民事责任。小额贷款公司股东依法享有资产收益、参与重大决策和选择管理者等权利，以其认缴的出资额或认购的股份为限对公司承担责任。

小额贷款公司应执行国家金融方针和政策，在法律、法规规定的范围内开展业务，自主经营，自负盈亏，自我约束，自担风险，其合法的经营活动受法律保护，不受任何单位和个人的干涉。

二、小额贷款公司的设立

小额贷款公司的名称应由行政区划、字号、行业、组织形式依次组成，其中行政区划指县级行政区划的名称，组织形式为有限责任公司或股份有限公司。

小额贷款公司的股东需符合法定人数规定。有限责任公司应由50个以下股东出资设立；股份有限公司应有2~200名发起人，其中须有半数以上的发起人在中国境内有住所。

小额贷款公司的注册资本来源应真实合法，全部为实收货币资本，由出资人或发起人一次足额缴纳。有限责任公司的注册资本不得低于500万元，股份有限公司的注册资本不得低于1 000万元。单一自然人、企业法人、其他社会组织及其关联方持有的股份，不得超过小额贷款公司注册资本总额的10%。

申请设立小额贷款公司,应向省级政府主管部门提出正式申请,经批准后,到当地工商行政管理部门申请办理注册登记手续并领取营业执照。此外,还应在五个工作日内向当地公安机关、中国银行业监督管理委员会派出机构和中国人民银行分支机构报送相关资料。

小额贷款公司应有符合规定的章程和管理制度,应有必要的营业场所、组织机构、具备相应专业知识和从业经验的工作人员。

出资设立小额贷款公司的自然人、企业法人和其他社会组织,拟任小额贷款公司董事、监事和高级管理人员的自然人,应无犯罪记录和不良信用记录。

小额贷款公司在当地税务部门办理税务登记,并依法缴纳各类税费。

三、小额贷款公司的资金来源

小额贷款公司的主要资金来源为股东缴纳的资本金、捐赠资金,以及来自不超过两个银行业金融机构的融入资金。

在法律、法规规定的范围内,小额贷款公司从银行业金融机构获得融入资金的余额,不得超过资本净额的50%。融入资金的利率、期限由小额贷款公司与相应银行业金融机构自主协商确定,利率以同期"上海银行间同业拆放利率"为基准加点确定。

小额贷款公司应向注册地中国人民银行分支机构申领贷款卡。向小额贷款公司提供融资的银行业金融机构,应将融资信息及时报送所在地中国人民银行分支机构和中国银行业监督管理委员会派出机构,并应跟踪监督小额贷款公司融资的使用情况。

四、小额贷款公司的资金运用

小额贷款公司在坚持为农民、农业和农村经济发展服务的原则下自主选择贷款对象。小额贷款公司发放贷款,应坚持"小额、分散"的原则,鼓励小额贷款公司面向农户和微型企业提供信贷服务,着力扩大客户数量和服务覆盖面。同一借款人的贷款余额不得超过小额贷款公司资本净额的5%。在此标准内,可以参考小额贷款公司所在地经济状况和人均GDP水平,制定最高贷款额度限制。

小额贷款公司按照市场化原则进行经营,贷款利率上限放开,但不得超过司法部门规定的上限,下限为人民银行公布的贷款基准利率的0.9倍,具体浮动幅度按照市场原则自主确定。有关贷款期限和贷款偿还条款等合同内容,均由借贷双方在公平自愿的原则下依法协商确定。

五、小额贷款公司的监督管理

凡是省级政府能明确一个主管部门(金融办或相关机构)负责对小额贷款公司的监督管理,并愿意承担小额贷款公司风险处置责任的,方可在本省(区、市)的县域内开展组建小额贷款公司试点。

小额贷款公司应建立发起人承诺制度,公司股东应与小额贷款公司签订承诺书,承诺自觉遵守公司章程,参与管理并承担风险。

小额贷款公司应按照《公司法》要求建立健全公司治理结构,明确股东、董事、监事和经理之间的权责关系,制定稳健有效的议事规则、决策程序和内审制度,提高公司治理的有效性。小额贷款公司应建立健全贷款管理制度,明确贷前调查、贷时审查和贷后检查业务流程和操作规范,切实加强贷款管理。小额贷款公司应加强内部控制,按照国家有关规定建立健全企业财务会计制度，真实记录和全面反映其业务活动和财务活动。

小额贷款公司应按照有关规定，建立审慎规范的资产分类制度和拨备制度，准确进行资产分类，充分计提呆账准备金，确保资产损失准备充足率始终保持在100%以上，全面覆盖风险。

小额贷款公司应建立信息披露制度，按要求向公司股东、主管部门、向其提供融资的银行业金融机构、有关捐赠机构披露经中介机构审计的财务报表和年度业务经营情况、融资情况、重大事项等信息，必要时应向社会披露。

小额贷款公司应接受社会监督，不得进行任何形式的非法集资。从事非法集资活动的，按照国务院有关规定，由省级人民政府负责处置。对于跨省份非法集资活动的处置，需要由处置非法集资部际联席会议协调的，可由省级人民政府请求处置非法集资部际联席会议协调处置。其他违反国家法律、法规的行为，由当地主管部门依据有关法律、法规实施处罚；构成犯罪的，依法追究刑事责任。

中国人民银行对小额贷款公司的利率、资金流向进行跟踪监测，并将小额贷款公司纳入信贷征信系统。小额贷款公司应定期向信贷征信系统提供借款人、贷款金额、贷款担保和贷款偿还等业务信息。

六、小额贷款公司的终止

小额贷款公司法人资格的终止包括解散和破产两种情况。

小额贷款公司可因下列原因解散：

（一）公司章程规定的解散事由出现。

（二）股东大会决议解散。

（三）因公司合并或者分立需要解散。

（四）依法被吊销营业执照、责令关闭或者被撤销。

（五）人民法院依法宣布公司解散。

小额贷款公司解散，依照《公司法》进行清算和注销。

小额贷款公司被依法宣告破产的，依照有关企业破产的法律实施破产清算。

小额贷款公司依法合规经营，没有不良信用记录的，可在股东自愿的基础上，按照《村镇银行组建审批指引》和《村镇银行管理暂行规定》规范改造为村镇银行。

七、其他

中国银行业监督管理委员会派出机构和中国人民银行分支机构，要密切配合当地政府，创造性地开展工作，加大对小额贷款公司工作的政策宣传。同时，积极开展小额贷款培训工作，有针对性地对小额贷款公司及其客户进行相关培训。

本指导意见未尽事宜，按照《中华人民共和国公司法》《中华人民共和国合同法》等法律、法规执行。

本指导意见由中国银行业监督管理委员会和中国人民银行负责解释。

请各银监局和人民银行上海总部、各分行、营业管理部，各省会（首府）城市中心支行、副省级城市中心支行联合将本指导意见转发至银监分局、人民银行地市中心支行、县（市）支行和相关单位。

中国银行业监督管理委员会　中国人民银行
二〇〇八年五月四日

资料来源：http://www.cbrc.gov.cn/chinese/home/docDOC_ReadView/2008050844C6FDE83536CF44FFF6E85E5BC32C00.html

项目小结

基本认知
- 小额信贷的内涵
  - 基本概述：概念、基本原则、适应条件
  - 类型：两大基本分类、我国小额信贷类型
  - 目标与基本特征：目标、基本特征
  - 运作模式：基本要素、主要类型
- 小额信贷的起源与发展
  - 国际小额信贷发展：定义、发展历史、阶段、主要机构
  - 国内小额信贷发展：发展历史、发展阶段、组织体系
  - 创新发展趋势：行业现状、发展趋势、政策环境

任务实战演练

1. 分析我国目前提供小额信贷的机构。
2. 结合实际，分析小额信贷的创新发展趋势。
3. 认知小额信贷，对所在地小额信贷机构开展调研，撰写调研报告。

认识小额信贷产品

引言

小额信贷机构的发展离不开对信贷产品的设计、开发与优化,作为小额信贷机构获取利益的最主要来源,合适的小额信贷产品设计能满足客户群体多元化、多层次的信贷需求,产品设计的好坏直接关系到小额信贷目标的实现与可持续性发展。通过市场调研、设计出适合目标客户的产品,并采用有效的营销策略将产品销售出去,从而获取收益,对小额信贷机构具有重要意义。

项目学习目标

知识目标

掌握小额信贷产品的概念、种类、主要内容。
明确小额信贷的市场调研内容及步骤。
掌握小额信贷产品的设计与开发。
把握小额信贷产品的营销策略。

技能目标

能够编制市场调研报告。
能根据市场情况设计小额信贷产品。
针对小额信贷产品制定有效的营销策略。

任务一 认识小额信贷产品

案例引入

平遥日升隆:"微贷"模式开启普惠金融新探索

作为全国第一家成立的商业小额贷款公司,平遥日升隆小额贷款公司自 2005 年 12 月成立以来,在大浪淘沙的小额贷款行业里经营依然稳健,历经十多年探索出的"微贷"模式,不仅滋润了本土小微企业,也吸引着各地的同行前来"取经"。

草根金融"蓝海"试水

2015年以来,经济下行压力加大,煤炭资源大省山西省经济增速也大幅下滑,煤价一跌再跌,很多小微企业也面临着生存考验。

经济下行对平遥日升隆有影响,但不大,贷款不良率控制在1%左右。公司之所以未受太大冲击,是因为坚持了做"微贷"的初衷。

一组数据印证了平遥日升隆在"微贷"领域的深耕。截至2015年年底,累计发放贷款29.6亿元,支持小微客户1.5万户,户均贷款控制在15万元左右。

平遥日升隆的客户主要是"三农"领域的小微企业,包括个体工商户、种养殖户、运输户等,这类零散客户普遍有着资金需求,但因缺乏正规的财务和信用报告,或者还未与银行发生信贷关系,因而无法从正规银行获得贷款,但却成为小额贷款公司开拓市场的"蓝海"。

拾遗补阙助小微

小微企业一直被比作金融业务的"蓝海",然而与传统信贷不同,开拓这一"蓝海",需要打造出契合小微企业特点的草根金融规则以及"微贷"发展模式。

不像农村金融机构,随着企业的成长,金融产品覆盖企业全周期,平遥日升隆的每笔信贷规模始终控制在小微,不仅灵活分散,而且便捷高效,信用良好的客户从提起申请到拿到贷款最长不超过3个工作日,在县域微贷市场显示出生命力。

段村镇七洞村养殖户冀宝羊就是在微贷的支持下走上了致富路的。早在2006年他就从平遥日升隆贷款3万元,2016年继续贷款5万元。从最初的几只散养猪,到如今能圈养200头猪的猪舍,他的养殖规模越来越大,还有20头母猪自繁自养。在对平遥日升隆的感激之余,他感觉到,微贷给他的最大帮助是,期限灵活,可以随贷随还。在平遥古城开家庭旅馆的王伟谈论到,相对于许多银行的贷款门槛高、手续繁多,灵活快捷的微贷,屡屡解了他的燃眉之急。

平遥日升隆服务的客户大多是正规金融机构覆盖不到的,所以成为农村金融的有益补充。不仅适应了小微企业短期、周转的融资需求,而且风险控制和资产质量较好。另外,由于微贷公司主要用资本金放贷,并不吸收存款,所以风险外溢性比较低。正是因为选准了市场定位,并有清晰的微贷市场边界,平遥日升隆才获得了可持续发展的能力。

不仅如此,平遥日升隆还在公益性项目上进行探索,推出了"医保贷"产品。"这一产品主要是针对那些长期大病的农村客户,客户贷款后用于交医药费,相当于押金,当报销完毕后再直接从医保卡将还款划到公司。"目前办理"医保贷"的农户已有70多户。

资料来源:http://www.china-cmca.org/xyzx/snfzkxd/20160607/576.html

请思考:1. 什么是小额信贷产品?
2. 小额信贷产品有哪些种类?

活动一 掌握小额信贷产品基础知识

一、小额信贷产品的定义

信贷产品由"信贷"和"产品"两个词组合而成,信贷是指债权人贷出货币,债务人按期偿还并支付一定利息的信用活动。产品则是指能够提供给市场,被人们使用和消费,并能满足人们某种需求的东西,包括实体商品、服务、体验、事件、人物、场地、财产、组织、信息和创意等。结合具体的信贷产品,可以给信贷产品作如下定义:小额信贷机构为满足目标客户的特定经济业务需要而制定的标准化组合,在客户符合所规定的条件并承诺到期偿还信贷资金或者履行约定的前提下,小额信贷机构向客户提供信用资金支持的金融服务。

信贷产品作为金融产品中最重要的一个类别,目前我国大多数小额信贷机构都以提供小额信贷产品为主,但是信贷产品具有很强的同质性,都以资金为载体,在一个信贷产品推出并展开营销之后,好的信贷产品很有可能被复制。因此,小额信贷机构要想获得经济效益,要对市场进行准确定位,针对目标客户群不断更新信贷产品。

小额信贷的重要特征和核心原则是通过一整套严密的制度和规范的操作来确保较高的资金入户率、项目成功率和还贷率。此外,小额信贷通常还具有短期还款、分期还款、不需抵押等特点,担保形式灵活多样。

二、小额信贷产品的分类

信贷产品可以根据多种方式进行分类,如表2-1所示。

表2-1 信贷产品类别

序号	划分标准	产品
1	区域	农村贷款
		城市贷款
2	组织方式	个人贷款
		小组贷款
		自助小组连接贷款
3	生产活动性质	生产经营贷款(农业贷款、工业贷款、商业贷款等)
		住房贷款
		消费贷款
4	资金周转特点	固定资产贷款
		流动资产贷款
5	客户类别	农户贷款
		个体工商户贷款
		小微企业贷款
6	贷款期限	短期贷款
		中期贷款
		长期贷款
7	担保方式	信用贷款
		保证贷款
		抵押贷款
8	还款方式	整贷整还产品
		整贷零还产品

但是,最常见的是根据不同用途将小额信贷产品大体分为以下几种类型,如图 2-1 所示。

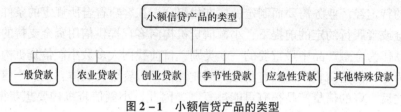

图 2-1 小额信贷产品的类型

(一)一般贷款

一般贷款是非政府组织小额信贷机构为其目标人群提供的最常见的一种贷款,用来支持小规模的经济活动,从而为家庭中闲散的劳动力创造就业机会并提高家庭收入,如表 2-2 所示。在孟加拉,非政府组织小额信贷机构绝大部分的贷款资产组合(70%~80%)是由一般贷款组成的。一般贷款是为特别贫困人群设计的。

表 2-2 ××小额贷款公司一般贷款

产品类别	特点
一般贷款	1. 一般贷款必须用于小规模的经济活动而不能用于其他用途
	2. 借款人必须是由非政府组织小额信贷机构组建的小组成员
	3. 小组提出贷款申请并且得到信贷员的推荐
	4. 无须任何抵押,但是小组需确保借款人偿还贷款
	5. 贷款期限通常为一年
	6. 贷款额度为 300~2 000 元人民币
	7. 贷款额度随借款人的借款次数而增加
	8. 贷款利率通常是 12%~16% 的统一利率
	9. 一定金额的储蓄(通常 5%~25%)是取得贷款的前提条件
	10. 借款者需每周分期偿还贷款
	11. 在分期还款时有 10~15 天的宽限期
	12. 成员在未清偿贷款的情况下不能申请第二笔贷款

(二)农业贷款

农业贷款专为支持边缘地区农户开展各种形式的农业活动而设计的,其中包括谷物耕作、蔬菜种植、渔业养殖、牲畜饲养、农业器具购买等,如表 2-3 所示。边缘地区农户是该类贷款的主要目标人群。

表 2-3 ××小额贷款公司农业贷款

产品类别	特点
农业贷款	1. 农业贷款必须只用于农业活动
	2. 只有边缘地区农户才有资格申请

续表

产品类别	特点
农业贷款	3. 贷款期限为 6~12 个月
	4. 贷款额度为 200~1 500 元人民币
	5. 贷款额度根据农业活动的种类和性质决定
	6. 贷款利率通常为 12%~16% 的统一利率
	7. 贷前储蓄具有灵活性。有一些小额信贷机构需要贷前储蓄，有些则不需要
	8. 借款人须每周或每月分期还款
	9. 在分期还款时有 2~3 个月的宽限期

（三）创业贷款

创业贷款是为支持非政府组织小额信贷机构目标客户中的创业人群而设计的，以制造加工业为主，如编织、木工、木材加工、食品加工、烘焙、制糖、制鞋、皮革生产、竹木家具、焊接、珠宝制作、书籍装订和包装等，如表 2-4 所示。

表 2-4　××小额贷款公司创业贷款

产品类别	特点
创业贷款	1. 创业人群有资格申请
	2. 贷款额度为 3 000~20 000 元
	3. 贷款额度根据企业的类型和性质决定
	4. 贷款期限为 1~3 年
	5. 贷款利率为 8%~15% 的统一利率
	6. 允许在开始分期付款之前有 3~6 个月的宽限期
	7. 每月分期还款
	8. 须提供抵押
	9. 同时需要个人担保人
	10. 在批准创业贷款之前，必须进行可行性分析

（四）季节性贷款

季节性贷款是为支持从事短期季节性商贸活动的目标人群而设计的。每年特定时间的社会和宗教节日等创造了很多新增的商业机会。如果贷款可提供给具有商业头脑的目标人群，他们可以在短时间内创造更多收入。季节性贷款也被推广到农户中支持他们的季节性农业活动，例如早期的蔬菜栽培等，如表 2-5 所示。

表 2-5　××小额贷款公司季节性贷款

产品类别	特点
季节性贷款	1. 短期贷款,贷款期限为 2~6 个月
	2. 贷款额度为 200~3 000 元人民币
	3. 贷款月利率为 2%~4%,采用余额递减法计算月利率
	4. 每月分期偿还贷款
	5. 无宽限期
	6. 不需要提前储蓄

（五）应急性贷款

应急性贷款是为帮助目标人群在收入和财务紧张的情况下，为应对家庭紧急情况而设计的，如表 2-6 所示。贫困人群经常会面对一些无法预见的家庭开销，比如食品和日用品的价格上涨、长期疾病、家庭成员去世、葬礼、灾害侵袭、商业亏损和子女成婚等。

表 2-6　××小额贷款公司应急性贷款

产品类别	特点
应急性贷款	1. 贷款额度相对较小:50~500 元人民币
	2. 贷款期限为 3~12 个月
	3. 贷款年利率为 0~5% 的统一利率
	4. 每周分期还款
	5. 无须提前储蓄
	6. 无须抵押
	7. 有未偿贷款的借款人也可以获得应急性贷款
	8. 每个成员每三年只可获得一次应急性贷款

（六）其他特殊贷款

非政府组织小额信贷机构也向不同目标人群提供其他类型的贷款。贷款有不同的用途，如房屋修缮、子女教育、卫生与饮水安全以及消费等。特殊贷款的种类取决于该非政府组织小额信贷机构提供贷款的目的和资金实力，主要有消费贷款、健康贷款、灾害贷款、婚庆贷款、教育贷款、住房贷款、资产积累贷款、卫生贷款等种类。

由于各小额信贷机构自身情况有所不同，贷款规模、还款期限、利率以及特殊贷款的其他条件也有很大差异。

活动二　了解小额信贷产品的主要内容

对于不同的小额信贷公司或银行金融机构来说，小额信贷产品的具体种类及特点各有不同，但其主要内容都包括以下几项。

一、贷款对象

贷款对象即为小额信贷机构拟提供信贷服务的对象。通常小额信贷的贷款对象为中低收入群体。各小额贷款机构在实际操作中，通过市场调研，在这一群体中确定目标客户群。以确定的目标客户群为贷款对象，设计相应的信贷产品。

二、贷款用途

贷款用途是借款人在申请贷款时所保证的资金用途。小额信贷产品通过规定贷款用途，可避免贷款人将资金用于高危行业或投机行业，可在一定程度上保证资金安全。在贷前调查中需要知悉借款人的贷款用途，同时在贷后管理中也应该监督借款的资金用途，降低不良贷款率的发生。

三、贷款数额

贷款数额是指小额信贷机构对每一笔贷款规定的额度。这个额度应综合考虑借款人的需要额度、借款人的还款能力以及贷款机构自身的资金情况来确定，并非单纯的越高越好或者越低越好。在现实中，一个借款人可能会有多笔贷款，在多笔贷款中，只要有一笔数额巨大的贷款，就可能由于无法偿还进而拖累小额信贷机构，因此小额贷款机构要充分考虑各方面的因素，确定合理的贷款额度。

四、贷款利率

小额贷款的利率一般都比较高。在确定贷款利率的时候，首先要考虑符合国家法律、法规的规定，其次要综合借款人的实际承受能力及成本收益评估、竞争对手定价、市场竞争的激烈程度确定。在利率的确定上不必仿照银行等金融机构制定固定利率，可以灵活规定，不同信贷产品实行不同利率，在不同阶段，根据借款人的还款意愿、还款能力适时作出调整。

五、贷款期限

贷款期限是指从贷款发放到约定的还款时间之间的期限。一般来说，贷款期限越短贷款资金越安全，但从小额信贷机构的营利性来说，并不意味着任何贷款都是期限越短越好。小额贷款的期限一般都在一年以下，具体可以根据借款人的生产经营、资金周转特点以及借款人的融资能力确定。

六、还款方式

一般来说，小额贷款的还款方式有整贷整还和整贷零还两种。整贷整还可以按期付息到期还本，也可以到期一次性还本付息。整贷零还是指按照一定的期限或者频率偿还本息。实践中，很多小额信贷机构采取灵活的随借随还的还款方式。借款人可以随时全部或者部分还款，部分还款按照剩余本金交纳利息。这种还款方式更适合没有长期规划、用款期限短、用款和还款时间不能确定的个体工商户和小微企业。

七、担保方式

担保分为人保、物保和混合担保。以保证人形式担保的，要注意多人担保的情形；物保要注意办理抵质押登记手续以保证物保权利的实现；混合担保要注意担保权利实现的顺序。在产品设计时，可考虑多种担保方式同时采用来保证贷款资金的安全。

【延伸阅读】 **中国邮政储蓄银行——小额贷款业务介绍**

邮政储蓄小额贷款业务是中国邮政储蓄银行面向农户和商户（小企业主）推出的贷款产品。农户小额贷款是指向农户发放的用于满足其农业种植、养殖或生产经营需要的短期贷款。商户小额贷款是指向城乡地区从事生产、贸易等部门的私营企业主（包括个人独资企业主、合伙企业合伙人、有限责任公司个人股东等）、个体工商户和城镇个体经营者等小企业主发放的用于满足其生产经营资金需求的贷款。

这是邮政储蓄银行重点推出的一项新的信贷业务，无须任何抵押或质押，手续简便，能充分满足农户和小企业主对小额、短期流动资金的需求。目前已经在全国29个省市的部分地区开办业务，并逐渐在全国范围内向更多的地区进行推广，更好地为广大农户、个体经营者和小企业主提供优质的金融服务。

业务品种

农户联保贷款：指三到五名农户组成一个联保小组，不再需要其他担保，就可以向邮政储蓄银行申请贷款。每个农户的最高贷款额暂为5万元。

农户保证贷款：指农户，只需有一位或两位（人数依据其贷款金额而定）有固定职业和稳定收入的人做其贷款担保人，就可以向邮政储蓄银行申请贷款，每个农户的最高贷款额暂为5万元。

商户联保贷款：指三名持营业执照的个体工商户或个人独资企业主组成一个联保小组，不再需要其他担保，就可以向邮政储蓄银行申请贷款，每个商户的最高贷款额暂为10万元（部分地区为20万元）。

商户保证贷款：指持有营业执照的个体工商户或个人独资企业主，只需有一位或两位（人数依据其贷款金额而定）有固定职业和稳定收入的人做其贷款担保人，就可以向邮政储蓄银行申请贷款，每个商户的最高贷款额暂为10万元（部分地区为20万元）。

办理流程

只需要借款人组成联保小组或找到担保人，携带身份证，如是商户还需要携带营业执照，一同到开办小额贷款的网点提出申请并接受调查，审批通过，签订完合同后，就可以拿到贷款，最快3天就可以拿到贷款。

还款方式

一次还本付息。
等额本息还款法。

阶段性还款法（在宽限期内只还利息，超过宽限期后按等额本息还款法偿还贷款）。

借款人在贷款本息到期日前，需在发放贷款的邮政储蓄账户中预存足够的资金，由计算机系统自动扣除。

资料来源：中国邮政储蓄银行 http://www.psbc.com/cn/tab/ThreeAgrPro/ThreeAgrPer/1231.html

任务二　掌握小额信贷市场调研

案例引入

P2P 小额信贷市场发展报告分析

据《2007—2015 年中国 P2P 个人无抵押小额信贷市场发展报告》显示，"90 后"群体超前消费意识强，借贷需求增长强劲，同时，"90 后"投资需求增长最快。舍得花钱，敢于尝试新事物的"90 后"在资本市场表现得格外抢眼。

调查分析发现，2011—2015 年 P2P 个人无抵押小额信贷市场借款需求出现了近 20 倍的增长，投资需求也累计增长 15 倍。从借款需求来看，30~40 岁高偿债群体借款需求保持高速增长趋势，是目前 P2P 个人无抵押小额信贷的最主力人群。P2P 个人无抵押小额信用借款年龄层主要集中在 25~40 岁，50 岁以上年龄层借款者最少，男性借款人数是女性的 6 倍多，远大于女性。尽管高偿债能力人群成为借贷主力，但"90 后"群体在 2014 年借贷需求增长强劲。

2015 年，"90 后"群体的借款需求同比猛增 768%，在互联网时代，"90 后"人群因超前消费意识及对新兴互联网金融的快速接纳，成为 P2P 个人无抵押小额信贷市场中高速增长的力量，这也为中国 P2P 个人无抵押小额信贷市场提供了持续发展的动力。

从投资群体的特征看，2011—2014 年，最热衷 P2P 个人无抵押小额信贷市场的投资群体仍是对借贷需求旺盛的 30~40 岁群体。虽然"90 后"群体投资量最小，只占 15.88%。但从需求增速上看，"90 后"群体需求增速最快，4 年来投资增长达到 31 倍。

不要小瞧"90 后"群体的投资能力。"90 后"群体更擅长合理配置风险资产，财商优于其他年龄群体。而 30~50 岁年龄段的投资人群偏好高风险资产的比例超过 24%，这与其资金实力雄厚、风险承受力较高的群体特征相符。虽然"90 后"在 P2P 小额信贷比重中占据举足轻重的地位，但在信用上，年龄与信用的表现成正比，年龄越大，信用越高。换言之，"90 后"群体信用最低。

资料来源：www.hengyirong.com

请思考：什么是市场调研？它有怎样的作用呢？

活动一　了解市场调研的目的及作用

一、市场调研的目的

小额信贷市场调研即在设计和推广小额信贷产品及服务之前对市场情况的检验。小额信贷市场包括客户、直接提供小额信贷服务的竞争者、提供资金的金融部门、控制该领域金融法律法规的政府和监管机构，关注小额信贷产品或服务及其作用的研究机构和监督小组。

小额信贷市场调研的主要目的包括以下几点。

（一）正确识别需要小额信贷服务的人群

根据公司自身的竞争优势确定目标市场，评估目标市场潜在客户的数量及特征。

（二）了解小额信贷服务目标人群的需求分布

根据对目标人群的数量及特征的了解，分析其信贷需求。

（三）了解客户对现有小额信贷服务的评价

通过客户意见的收集，有效改进或设计开发信贷产品。

（四）了解小额信贷机构之间的供应情况和竞争水平

通过对目标市场的小额贷款和其他金融服务的分析，测算准备进入该市场的小额信贷机构可能获得的市场份额。

（五）了解小额信贷服务和产品的变化和创新

随着社会的进步与科技的发展，金融市场上产品的更新也更加迅速，小额信贷企业也要通过定期的市场调研来维持企业的核心竞争力与创新能力。

（六）及时获取信贷资金

对市场上提供资金的金融部门和个人的调查，有利于企业及时获取信贷资金。

（七）规避政策风险

了解金融行业相关的法律法规，有利于企业规避政策风险。

二、市场调研的作用

市场调研是市场营销活动的起点，它通过一定的科学方法对市场的了解和把握，在调查活动中收集、整理、分析市场信息，掌握市场发展变化的规律和趋势，为金融企业进行市场预测和决策提供可靠的数据和资料，从而帮助企业确立正确的发展战略。

（一）增强企业的竞争力和生存能力

信贷市场的竞争随着现代化社会大生产的发展和互联网技术水平的进步而变得日益激烈化。市场情况在不断发生变化，而促使市场发生变化的原因，不外乎产品、价格、分销、广告、推销等市场因素和有关政治、经济、文化、地理条件等市场环境因素。这两种因素往往又是相互联系和相互影响的，而且不断发生变化。因此，小额信贷企业为适应这种变化，就只有通过广泛的市场调研，及时了解各种市场因素和市场环境因素的变化，从而有针对性地采取措施,通过对市场因素,如价格、产品、广告等的调整,去应付市场竞争。对于小额信贷企业来说,能否及时了解市场变化情况,并适时适当地采取应变措施,是企业能否取胜的关键。

(二)有助于更好地吸收国内外先进经验,优化企业的信贷产品,提高管理水平

当今世界,科技发展迅速,新发明、新创造、新技术和新产品层出不穷,日新月异。这种技术的进步自然会在金融市场上以产品的形式反映出来。通过市场调研,可以得到有助于我们及时了解市场经济动态和科技信息的资料信息,为企业提供最新的市场情报和技术生产情报,以便更好地学习和吸取同行业的先进经验和最新技术,改进企业的信贷产品,提高人员的专业水平,提高企业的管理水平,加速产品的更新换代,增强产品和企业的竞争力,保障企业的生存和发展。

(三)为企业管理部门和有关负责人提供决策依据

不只是小额贷款公司,任何一个公司企业都只有在对市场情况有了实际了解的情况下,才能有针对性地制定市场营销策略和企业经营发展策略。在企业管理部门和有关人员要针对某些问题进行决策时,如进行产品策略、价格策略、分销策略、广告和促销策略的制定,通常要了解的情况和考虑的问题是多方面的,主要有:本企业信贷产品在什么市场上销售较好,有发展潜力;在某个具体的市场上预期的需求量是多少;如何才能扩大企业产品的销售量;如何确定产品的利率,才能同时保证销售和利润;怎样组织产品推销,营销费用又将是多少,等等。这些问题都只有通过具体的市场调研,才可以得到具体的答复,而且只有通过市场调查调研得来的具体答案才能作为企业决策的依据。否则,就会形成盲目的和脱离实际的决策,而盲目则往往意味着失败和损失。

除此以外,市场调研还有其他作用。例如,有利于企业发现市场机会,开拓新市场;有利于企业建立和完善市场营销信息系统,提高企业的经营水平,同时也是企业宣传品牌的一种方式,等等。

活动二 把握市场调研的内容

市场调查的内容涉及金融市场营销活动的整个过程,如图2-2所示。

图2-2 市场调研的内容

一、市场环境的调查

市场环境调查主要包括经济环境、政治环境等。具体的调查内容可以是目标市场的经济

发展状况，国家金融政策和法律法规等各种影响因素。

二、市场需求的调查

市场需求调查主要包括分析市场的整体容量、不同客户主体的市场容量以及目标人群的信贷需求特征及其对不同小额信贷产品的需求等。

三、市场竞争情况的调查

市场竞争情况调查主要包括对金融行业内竞争企业的调查和分析，了解同类金融企业的信贷产品、利率等方面的情况，它们采取了什么竞争手段和策略。通过调查可帮助企业确定竞争策略。

四、市场营销因素的调查

市场营销因素调查主要包括信贷产品类型、利率和营销方式的调查。信贷产品的调查主要有了解市场上新产品开发的情况、设计的情况、客户需求的情况及评价、信贷产品的组合情况等。产品的利率调查主要有了解消费者客户对利率的接受情况，以及贷后还款难度等。营销方式调查主要包括各种营销活动的效果，如广告实施的效果、人员展业的效果、营业推广的效果和对外宣传的市场反应等。

活动三　了解市场调研的步骤

科学的市场调研必须按照一定的步骤进行，保证市场调研的顺利进行和达到预期的目的。市场调查调研的步骤大致分为四个阶段。

一、市场调研的准备阶段

市场调研的准备阶段是市场调研的决策、设计、筹划阶段，也是整个调查调研的起点。这个阶段的具体工作有三项，即确定调研任务，设计调研方案，组建调查调研队伍。合理确定调研任务是搞好市场调研的首要前提；科学设计调研方案是保证市场调研取得成功的关键；认真组建调研队伍是顺利完成调研任务的基本保证。

（一）确定调研任务

包括选择调研目标，进行初步探索等具体工作。调研目标是市场调研所要说明的市场问题，选择调研目标是确定调研任务的首要工作。在实际工作中，产品开发小组选择目标既要从管理的需要性出发，也要考虑到实际取得资料的可能性；同时还应具有科学性和创造性，在科学理论的指导下，按照新颖、独特和先进的要求来选择调研目标。

在选择调研目标后，设计调研方案前，必须围绕选定的目标进行一些探索性调查研究，目的是正确确定调查目标，探寻可供选择的方向和道路，为设计调研方案提供可靠的客观依据。

（二）设计调研方案

市场调研方案是整个市场调研工作的行动纲领，起到保证市场调研工作顺利进行的重要作用。市场调研方案就是市场调研计划。市场调研的总体方案一般必须包括以下主要内容。

(1) 明确市场调研目的。即说明为什么要做此项调研，通过市场调研要解决哪些问题、要达到什么目标。市场调研目的要明确提出，决不能含糊、笼统。

(2) 设计市场调研的项目和工具。这是市场调研方案的核心部分，也是设计调研方案时必须考虑的。调研项目是调查过程中用来反映市场现象的类别、状态、规模、水平、速度等特征的名称；市场调研工具是指调查指标的物质载体；设计出的调研项目最后都必须通过调研工具表现出来。

(3) 规定市场调查的空间和时间。调研空间是指市场调研在何地进行，有多大范围。调查空间的选择有利于达到调研目的，有利于搜集资料工作的进行，有利于节省人、财、物。

(4) 规定市场调研对象和调研单位。市场调研对象是指信贷市场调查的总体，市场调研对象的确定决定着市场调研的范围大小，它由调查目的、调查空间、调查方式、调查单位等共同决定。调查单位是指组成总体的个体，每一个调查单位都是调查项目的承担者。确定调查对象和调查单位必须对总体单位数量、调查单位的选择方法和数量做出具体的设计和安排。

(5) 确定市场调研的方法。包括选择适当的组织调研方式和搜集资料的方法。调研方法的选择要根据市场调查的目的、内容，也要根据一定时间、地点、条件下市场的客观实际状况来进行。调研者必须选择最适合、最有效的方法，做到既节省调研费用又能满足调研目的。

(6) 落实调研人员、经费和工作安排。这是市场调研顺利进行的基础和条件，也是设计调查方案时不可忽视的内容。

(三) 组建调研队伍

组建一支良好的调研队伍，不仅要正确选择调研人员，而且要对调研人员进行必要的培训，对调研人员的培训内容，有思想教育、知识准备、方法训练等，思想教育是先导，知识准备是基础，方法训练是重点。培训的方法有集中讲授、阅读和讨论、示范和模拟、现场实习等。

在调研人员的使用上，要注意扬人之长、避人之短；要合理搭配、优化组合；要明确职责和权力、落实任务；要分层管理、逐步安排；要严格要求、深入检查。

二、市场调查搜集资料阶段

搜集资料阶段的主要任务是采取各种调查方法，按调查方案的要求，搜集市场资料。搜集资料阶段是市场调查者与被调查者进行接触的阶段，为了能够较好地控制和掌握工作进程，顺利完成调查任务，调查者必须做好有关方面的协调工作；要依靠被调查单位或地区的有关部门和各级组织，争取支持和帮助；要密切结合被调查者的特点，争取他们的理解和合作。

在市场调查搜集资料阶段，要使每个调查人员按照统一要求，顺利完成搜集资料的任务。在整个市场调查工作中，调查搜集资料阶段是唯一的现场实施阶段，是取得市场第一手资料的关键阶段，因此要求组织者集中精力做好内外部协调工作，力求以最少的人力、最短的时间、最好的质量完成搜集资料的任务。

市场调查搜集的资料必须真实准确、全面系统，否则准备阶段的工作和研究阶段的工作都失去了意义。

三、市场调查研究阶段

这一阶段的主要任务是对市场搜集资料阶段取得的资料进行鉴别与整理，并对整理后的市场资料做统计分析和开展理论研究。

（一）鉴别资料

鉴别资料就是对取得的市场资料进行全面的审核，目的是消除其中虚假的、错误的、短缺的资料，保证原始资料的真实性、准确性和全面性。

（二）整理资料

整理资料是对鉴别后的市场资料进行初步加工，使调查得到的反映市场现象个体特征的资料系统化、条理化，以简明的方式反映市场现象总体的特征。

对资料的整理主要是应用分组分类方法，即把调查资料按研究问题的需要和市场现象的本质特征做不同的分类。

（三）对资料进行统计分析

对资料进行统计分析，就是运用统计学的有关原理和方法，研究市场现象总体的数量特征和数量关系。通过统计分析可以揭示信贷市场现象的发展规模、水平、总体的结构和比例，信贷市场现象的发展趋势，等等。

经统计整理和分析得到的信贷市场现象数量是对市场现象准确而系统的反映，也是对市场现象进行定量分析和定量预测的宝贵资料，同时也为进一步开展对市场问题的定性研究提供了准确系统的数据资料。对生产现象开展定性研究，是运用逻辑分析方法，运用与市场调查课题有关的工作科学理论，对经过鉴别和整理的市场资料，对统计分析后的市场现象数据进行思维加工，揭示市场现象的本质和规律性，说明现象之间的关系，预计市场现象的发展趋势，对市场现象做出理论说明，并在此基础上进一步对实际工作提出具体建议。

市场调查的研究阶段是出成果的阶段。此阶段，调查队伍中的人员工作特别复杂繁重。市场调查成果水平的高低，根本上取决于调查阶段的资料是否准确、真实、全面、系统，在很大程度上则取决于研究阶段工作的水平、质量和科学性。

四、市场调查总结阶段

总结阶段是市场调查的最后阶段，主要任务是撰写市场调查报告，总结调查工作，评估调查结果。调查报告是市场调查研究成果的集中体现，是对市场调查工作最集中的总结；而撰写调查报告是市场调查的重要环节，必须使调查报告在理论研究或实际工作中发挥重要作用，此外还应对调查工作的经验教训加以总结。认真做好总结工作，对于提高市场调查研究的能力和水平，有很重要的作用。

在市场调研的实际工作中，市场调查调研的各阶段是相互联系的、有机结合的完整过程。

活动四　注意市场调研的若干问题

市场调研需要注意的问题很多，既包括在所有市场调研中普遍存在的问题，也包括在我国市场进行调查中的一些特有问题。

一、需求调查存在一定困难

对于一些新建或尚未开展小额信贷业务的机构来说，由于小额信贷机构的产品还未成型，只是一种预想，因此要评估当地客户对其中一种或多种贷款产品的需求十分困难。

二、存在客户隐瞒信息的风险

在调查过程中，为了获取较低的贷款利率，或出于税收或其他方面的原因考虑，有些客户会隐瞒他们的销售额和收入额，以及他们对贷款需求的倾向，给市场调研造成难度。

三、不易获取竞争对手信息

在目标市场调查当地现有的金融服务和小额信贷的供应者现状时有可能会遭遇困难，特别是在他们认识到调查人员所在公司是他们的潜在竞争对手的情况下，很多金融机构会拒绝提供自身信息。

四、经济数据收集存在困难

从市场调研当地的相关政府部门收集有关当地经济发展的数据也有可能存在一定的问题，要看当地政府部门的政策和法规，有的经济数据信息涉及保密的，很难获取。这些政府部门主要包括当地的工商行政管理部门、统计部门、经贸部门和发展改革委部门。

为了克服以上问题，就需要在调查前认真做好准备，在设计调查问题时要充分考虑到调查对象在回答相关问题时容易出现的一些倾向，设计不同的问题，并进行交叉检验，以求得到比较准确的数据。

【延伸阅读】

小额贷款公司分地区情况统计表（2016年）

地区名称	机构数量/家	从业人员数/人	实收资本/亿元	贷款余额/亿元
全国	8 673	108 881	8 233.9	9 272.8
北京市	87	1 131	123.5	142.0
天津市	110	1 455	130.7	131.7
河北省	450	6 134	255.4	254.7
山西省	311	3 624	194.6	183.3
内蒙古自治区	400	3 777	282.4	287.8
辽宁省	559	5 196	366.4	317.0
吉林省	440	4 032	107.2	75.3
黑龙江省	266	2 308	137.7	116.7
上海市	119	1 562	187.0	196.1

续表

地区名称	机构数量/家	从业人员数/人	实收资本/亿元	贷款余额/亿元
江苏省	629	5 941	832.1	958.7
浙江省	332	3 697	620.2	700.4
安徽省	445	5 183	372.1	443.4
福建省	118	1 591	262.8	295.2
江西省	209	2 756	213.2	234.2
山东省	335	4 317	441.2	481.3
河南省	296	4 237	216.5	226.3
湖北省	283	4 049	313.7	311.7
湖南省	128	1 903	101.0	104.1
广东省	440	9 070	604.4	676.2
广西壮族自治区	309	4 256	250.0	501.4
海南省	55	729	52.6	60.0
重庆市	259	6 095	623.5	991.4
四川省	341	6 800	578.9	645.7
贵州省	283	2 884	88.8	83.2
云南省	338	3 758	163.0	161.7
西藏自治区	16	143	13.3	9.0
陕西省	273	3 065	253.4	246.7
甘肃省	334	3 600	146.4	120.7
青海省	77	881	48.2	45.0
宁夏回族自治区	147	1 903	71.0	63.8
新疆维吾尔自治区	284	2 804	182.7	208.3

资料来源：http://www.gov.cn/xinwen/2017-01/25/content_5163525.htm

个体工商户贷款调查问卷

尊敬的客户：

您好！我们真诚地希望通过以下问题来了解您的贷款需求，以便为您提供更为完善周到的贷款服务。本次调查需占用您5~8分钟时间，非常感谢您的支持！

1. 您的性别：　　　您的年龄段：
   男□ 女□　　25 岁以下□　26～35 岁□　36～45 岁□　46～60 岁□　60 岁以上□
2. 您遇到过资金短缺的情况吗？
   经常遇到□　偶尔遇到过□　没有遇到过□
3. 如果您遇到以上情况，您会选择以下哪些途径？
   找朋友同事借钱□　找亲戚借钱□　信用卡取现□　借高利贷□
   向小额贷款公司借款□　向银行贷款□　典当行换取现金□
   其他 ＿＿＿＿＿＿
4. 您当前有无融资需求？有□　没有□
5. 您以前是否听说或接触过小额贷款公司？如果有，通过哪些渠道了解到？
   ● 没有□
   ● 有：报纸□　户外广告□　电视□　网络□　上门推销□
6. 您是否有考虑过或申请过小额贷款
   没有□　考虑过，但还未申请□　申请过，但没成功□　申请并成功□
7. 从小额贷款公司贷款时，您最看重的因素是：
   审批速度□　金额大小□　利息□　合理担保方式□　其他 ＿＿＿＿＿＿
8. 您的小额信贷金额是多少：
   一万以下□　一万到五万□　五万到十万□　十万到三十万□
   三十万以上□
9. 您能够提供的担保方式：
   商品房抵押□　商铺（店面）抵押□　多家商户互相担保□
   其他商户担保□　担保公司担保□　不能提供任何担保□
   其他 ＿＿＿＿＿＿
10. 您目前的月收入：
    2 500 元以下□　2 500～5 000 元□　5 000～8 000 元□　8 000～10 000 元□
    10 000 元以上□
11. 请谈谈您对本公司有什么意见或建议？
    您的意见对我们很重要，再次向您表示感谢！

任务三　掌握小额信贷产品设计与开发

案例引入

"一日贷"让您一天内解决缺钱难题

从申请到放款，一天之内从银行成功贷款，这是开玩笑吧？绝对不是。成都农商银行为客户打造的"一日贷"融资产品，就是这样专为小微企业解决急需资金烦恼的利器。

今年以来，成都农商银行确定了"举全行之力发展小微业务"的方略，将单纯向小微企业"输血"转变为搭建综合性金融服务平台，通过创新融资方式，为小微企业、个体工商户提供综合性金融服务，通过专业化的运行机制和针对性的融资产品，利用遍布成都的 600 多个营业网点，为小微企业提供一站式的融资解决方案。针对小微客户需求设计的"速捷贷"系列产品、"一日贷"等产品，让很多小微企业主尝到了银行融资的快捷方便。

为老客户设计"一日贷"

陈先生的工程公司经常缺少流动资金，为此多次向朋友借钱，但自从到成都农商银行办理了"合力速捷贷"后，他发现银行也能高效快捷地提供融资服务。近期，陈先生又遇到了20万元的资金缺口，在农商行客户经理的推荐下，他申请了为"速捷贷"老客户设计的"一日贷"产品。银行规定，只要不超过原有的授信额度，一天内即可为老客户放款。

"比如你原来办理了50万元的速捷贷，已经还了30万元，但是又出现了20万元的资金缺口，那你就不用重新走流程申请速捷贷。通过办理'一日贷'，手续简单，能很方便快捷地拿到钱。"成都农商银行小微部相关负责人介绍。

"速捷贷"好办　无抵押无手续费

成都农商银行推出的"速捷贷"系列融资产品，针对小微企业的不同情况，提供不同的融资选择。例如，"合力速捷贷"可以让没有抵押物的小微企业仅靠担保就可以融资，而如果贷款人是需要资金进行创业，还能申请专门的"创业速捷贷"。今年上半年，成都农商银行共发放"速捷贷"3 132笔，极大地支持了本地小微企业的发展。

在贷款额度方面，"速捷贷"单笔贷款额度最低5 000元，最高可达100万元，担保方式灵活多样，即使无抵押也可贷款。还款方式上，充分考虑借款人现金流特征和资金回笼周期，为借款人量身订制还款计划。

资料来源：成都农商银行小微融资专栏

请思考：成都农商银行的"一日贷"产品有什么特点？产品的基本要素是如何设计的？

活动一　了解小额信贷产品设计原则

产品是连接客户与小额信贷机构的桥梁。在设计产品时，要针对不同经营特点以及需求特点的目标客户设计能满足其需求且能为公司带来效益的产品。而不是设计出一款产品，然后去寻找符合该产品要求的客户。

一、额度小、风险分散的原则

从小额信贷这一称谓上看出小额是其最直观、最主要的特征，每一笔贷款都要控制在一定的额度内。根据国际标准，被认为是小额信贷的贷款额度一般是该国人均GDP的2.5倍以内。在我国，"小额"一词被过度使用，甚至300万~500万的贷款也有可能被认为小额。笔者看来，小额信贷机构所设计的小额信贷产品的额度一般不宜超过20万元，特殊情况下可适度放宽到50万元。

具体来说，风险分散主要指贷款对象分散、借款人所处行业分散、贷款期限种类分散、借款人所处地区分散。其目的主要在于分散小额信贷机构的贷款风险，降低不良贷款率。若贷款集中于某一行业、某一地区，当该行业、该地区的经济环境受到破坏时，贷款无法回收，小额信贷机构将会遭到难以弥补的损失。在产品设计时要将风险分散考虑在内，这有利于保证小额信贷机构的资金流转。

二、审慎、稳健的原则

由于小额信贷的迅速发展,一些小额信贷机构为了抢占市场,采取粗放经营的策略,开发信贷产品的弹性很大,对借款人的条件和审核都很宽松,结果导致大量贷款无法收回,不良贷款率攀升。因此小额信贷机构在设计信贷产品时应当以"安全收回贷款"为最基本的目标,在追求盈利的同时一定要注重资金安全。

另外,小额信贷机构在确定目标客户群时应该尽量避开一些高风险的行业,或者提高高风险行业的借款条件。这些高风险的行业主要有国家政策限制的行业以及具有高风险经营的行业。

三、对信贷产品合理定价原则

尽管商业性小额信贷机构更加注重可持续性,但仍然具有低覆盖率的特性。小额信贷的双重目标要求在设计信贷产品时实现双赢,即小额信贷机构在降低贷款资产风险获取贷款收益的同时,还要考虑到借款人的还款能力、还款难度和借款人的预期收益。对贷款风险合理管控,尽可能实现利润最大化,同时也让小额信贷惠及借款人,让小额信贷朝着普惠金融的目标发展,最终实现双赢。

活动二 把握小额信贷产品设计流程

信贷产品必须精心设计,明确产品使用的客户群体、产品的风险点、控制风险的对策、操作程序等,紧紧围绕小额信贷的特征设计产品。在小额信贷机构提供的各种产品中,信贷产品是小额信贷机构的核心产品,也是小额信贷机构提供其他服务的基础,但是信贷产品具有很强的同质性,都以资金为载体,在一个信贷产品推出营销之后,好的信贷产品很有可能被复制。因此,信贷产品设计得当,将有助于小额信贷机构实现其宗旨和可持续发展。

一、确定目标市场

设计信贷产品,必须联系日常生活实际,结合当地发展状况。一方面,从客户的角度考虑;另一方面,从提供信贷产品者的角度考虑,只有这样才能设计出好的信贷产品。

那么,设计什么样的信贷产品才是好产品呢?要设计出好的信贷产品必须做到三个了解。

(一)了解客户在哪里

首先要知道什么是大型企业,什么是中型企业,什么是小型企业。各类型企业的划分标准如表 2-7 所示。

表 2-7 大、中、小、微企业划分标准

行业名称	指标名称	计量单位	大型	中型	小型	微型
农、林、牧、渔业	营业收入(Y)	万元	$Y \geq 20\,000$	$500 \leq Y < 20\,000$	$50 \leq Y < 500$	$Y < 50$
工业	从业人员(X)	人	$X \geq 1\,000$	$300 \leq X < 1\,000$	$20 \leq X < 300$	$X < 20$
	营业收入(Y)	万元	$Y \geq 40\,000$	$2\,000 \leq Y < 40\,000$	$300 \leq Y < 2\,000$	$Y < 300$

续表

行业名称	指标名称	计量单位	大型	中型	小型	微型
建筑业	营业收入(Y)	万元	$Y \geq 80\,000$	$6\,000 \leq Y < 80\,000$	$300 \leq Y < 6\,000$	$Y < 300$
	资产总额(Z)	万元	$Z \geq 80\,000$	$5\,000 \leq Z < 80\,000$	$300 \leq Z < 5\,000$	$Z < 300$
批发业	从业人员(X)	人	$X \geq 200$	$20 \leq X < 200$	$5 \leq X < 20$	$X < 5$
	营业收入(Y)	万元	$Y \geq 40\,000$	$5\,000 \leq Y < 40\,000$	$1\,000 \leq Y < 5\,000$	$Y < 1\,000$
零售业	从业人员(X)	人	$X \geq 300$	$50 \leq X < 300$	$10 \leq X < 50$	$X < 10$
	营业收入(Y)	万元	$Y \geq 20\,000$	$500 \leq Y < 20\,000$	$100 \leq Y < 500$	$Y < 100$
交通运输业	从业人员(X)	人	$X \geq 1\,000$	$300 \leq X < 1\,000$	$20 \leq X < 300$	$X < 20$
	营业收入(Y)	万元	$Y \geq 30\,000$	$3\,000 \leq Y < 30\,000$	$200 \leq Y < 3\,000$	$Y < 200$
仓储业	从业人员(X)	人	$X \geq 200$	$100 \leq X < 200$	$20 \leq X < 100$	$X < 20$
	营业收入(Y)	万元	$Y \geq 30\,000$	$1\,000 \leq Y < 30\,000$	$100 \leq Y < 1\,000$	$Y < 100$
邮政业	从业人员(X)	人	$X \geq 1\,000$	$300 \leq X < 1\,000$	$20 \leq X < 300$	$X < 20$
	营业收入(Y)	万元	$Y \geq 30\,000$	$2\,000 \leq Y < 30\,000$	$100 \leq Y < 2\,000$	$Y < 100$
住宿业	从业人员(X)	人	$X \geq 300$	$100 \leq X < 300$	$10 \leq X < 100$	$X < 10$
	营业收入(Y)	万元	$Y \geq 10\,000$	$2\,000 \leq Y < 10\,000$	$100 \leq Y < 2\,000$	$Y < 100$
餐饮业	从业人员(X)	人	$X \geq 300$	$100 \leq X < 300$	$10 \leq X < 100$	$X < 10$
	营业收入(Y)	万元	$Y \geq 10\,000$	$2\,000 \leq Y < 10\,000$	$100 \leq Y < 2\,000$	$Y < 100$
信息传输业	从业人员(X)	人	$X \geq 2\,000$	$100 \leq X < 2\,000$	$10 \leq X < 100$	$X < 10$
	营业收入(Y)	万元	$Y \geq 100\,000$	$1\,000 \leq Y < 100\,000$	$100 \leq Y < 1\,000$	$Y < 100$
软件和信息技术服务业	从业人员(X)	人	$X \geq 300$	$100 \leq X < 300$	$10 \leq X < 100$	$X < 10$
	营业收入(Y)	万元	$Y \geq 10\,000$	$1\,000 \leq Y < 10\,000$	$50 \leq Y < 1\,000$	$Y < 50$
房地产开发经营	营业收入(Y)	万元	$Y \geq 200\,000$	$1\,000 \leq Y < 200\,000$	$100 \leq Y < 1\,000$	$Y < 100$
	资产总额(Z)	万元	$Z \geq 10\,000$	$5\,000 \leq Z < 10\,000$	$2\,000 \leq Z < 5\,000$	$Z < 2\,000$
物业管理	从业人员(X)	人	$X \geq 1\,000$	$300 \leq X < 1\,000$	$100 \leq X < 300$	$X < 100$
	营业收入(Y)	万元	$Y \geq 5\,000$	$1\,000 \leq Y < 5\,000$	$500 \leq Y < 1\,000$	$Y < 500$
租赁和商务服务业	从业人员(X)	人	$X \geq 300$	$100 \leq X < 300$	$10 \leq X < 100$	$X < 10$
	资产总额(Z)	万元	$Z \geq 120\,000$	$8\,000 \leq Z < 120\,000$	$100 \leq Z < 8\,000$	$Z < 100$
其他未列明行业*	从业人员(X)	人	$X \geq 300$	$100 \leq X < 300$	$10 \leq X < 100$	$X < 10$

备注:大型、中型和小型企业须同时满足所列指标的下限,否则下划一档;微型企业只需满足所列指标中的一项即可。

资料来源:工业和信息化部、国家统计局、国家发展改革委、财政部《关于印发中小企业划型标准规定的通知》(工信部联企业〔2011〕300号)

（二）了解竞争对手

调查收集同业同类产品的需求，并分析比较拟开发产品与本机构相近产品的功能。

（三）了解自己

小额贷款公司是企业法人，有独立的法人财产，享有法人财产权，以全部财产对其债务承担民事责任。小额贷款公司依法享有资产收益、参与重大决策和选择管理者等权利，以其认缴的出资额对公司承担责任。小额贷款公司执行国家金融方针和政策，在法律、法规规定的范围内开展业务，自主经营，自负盈亏，自我约束，自担风险，其合法的经营活动受法律保护，不受任何单位和个人的干涉。

二、市场客户的特点和需求

市场客户对小额贷款公司十分重要，仅准确掌握谁是小额贷款的客户，而不去分析客户的特点就很难满足客户的需求。

（一）农村群体客户的需求

农村主要是种植户、养殖户，稍具规模的小企业大多从事生产加工。它们的特点是：生意小，资产规模小；生意场地多为租赁；缺少传统的抵押物；通常没有长期的商业计划；老板通常受教育程度不高，绝大多数过去没有从正规金融机构贷款经验；需要的金额数目小，而且借贷频繁，往往十天、八天、一个月、两个月不等，时限要求快，一笔买卖洽谈成功就立即要求取得贷款；贷款手续要求简便，希望还款压力小一些，可以随时归还，以减轻还款负担。

（二）中低收入群体客户的需求

（1）以小起步、滚动发展。一方面，中低收入群体贷款应是小额的，因为中低收入群体经营能力和偿还高额贷款的能力较弱。小额度贷款可以防止不慎重的中低收入群体陷入收入更低的状况之中。只要贷款人能够遵守信贷纪律，有效利用贷款，贷款组员一旦按规定还清了贷款，就有资格得到后续贷款，得到持续的贷款服务。当然，随着贷款组员能力的提高、技术的提升、经营项目规模的扩大，贷款额度逐渐增加是完全可以的。小额度贷款对客户有一定的激励作用。

（2）整借零还的短期贷款需求。中低收入群体贷款不仅要求小额，而且是短期、分期还款。分期还款，可以确保还款压力（俗话称"零割肉"不痛），也能减轻为中低收入群体提供信贷按期收回贷款的风险压力。由于实施分期还款，操作人员应经常与中低收入群体取得联系，及时了解中低收入群体在项目经营活动中遇到的困难和存在的问题，并及时予以帮助，为中低收入群体的生产经营活动创造机会、条件，使其增加收入、摆脱贫困。

因此，在小额信贷产品的设计中必须掌握每个客户的特点。例如，养猪户总存栏数是多少，一年能出栏多少头，成本多少，纯收入多少，遇到特殊情况能达到什么程度，利率承受能力有多高，什么时候需要贷款；城镇贸易户的经营情况也是一样。小额贷款公司只有不断探索规律，才能满足客户需求。

三、具体信贷产品要素设计

目标市场已确定，对竞争对手及客户的特点和需求已作了分析，下一个环节就是具体的信贷产品要素设计。任何一种信贷产品，都是由一些基本要素构成的，正是对这些要素的不同选择、不同组合，才构成了多种多样的信贷产品。信贷产品主要包括以下几个要素：贷款金额、贷款期限、还款方式、担保方式、贷款利率。

（一）贷款金额设计

贷款金额大小的设计很重要。如果贷款金额太大，客户可能会因为害怕还不起款而退出小额信贷机构；但如果贷款金额太小，客户就难以进行选定项目的生产经营活动，他们或者退出小额信贷机构，或者将资金用于其他生产或消费，其结果是客户退出率升高或者拖欠增加。

贷款金额设计应满足以下几个特点。

1. 小额度贷款

小额信贷的一个特点就是贷款金额小。小额度的贷款作用在于：对低收入群体来说，其负债能力较低，贷款金额小有助于减轻还款压力；对小额信贷机构来讲，贷款金额小，风险也较小，而且愿意承担小额贷款的人最有可能是低收入群体，有助于实现扶贫的目标。但怎么才算小额，没有一个固定的标准，这与国家和地区的经济发展水平有关。小额信贷的贷款额度范围应当根据不同地区的经济发展情况来确定，同时要考虑随着地区经济结构和整体发展水平的变化而调整。

2. 贷款金额的大小必须和客户的贷款用途相一致

国际上很多小额信贷机构将小额度贷款视为一种自动瞄准低收入群体的机制。但在中国来说，由于贫困人口的大量存在，贷款金额的大小最主要的不是它的瞄准功能，而是通过设计符合他们需要的贷款，让他们从事生产经营并获利。

3. 确定贷款金额的方式

一种方式是在确定了一个最高贷款限额的情况下，由客户自己确定贷款金额。这是因为小额信贷机构很难获得客户关于贷款用途的信息，而且客户获得的信贷资金具有可转换性。在信息不对称的情况下，如果由小额信贷机构自己确定一个统一的贷款金额，可能并不适合客户的需要。因此可以让客户在一个最高贷款限额内根据需要自己确定。另一种方式是小额信贷机构在进行市场调查之后，根据当地主要的生产项目所需的生产资金确定贷款金额。这个贷款金额是均衡考虑了各种生产项目所需资金后确定的，有较大的适应性，但有可能不适合某些特殊的项目。以这种方式确定贷款金额需要小额信贷机构认真对当地微观经济状况进行调查，以使确定的贷款金额符合大多数客户的需要。对金融机构而言，似乎并不关心贷款金额的大小与用途，他们往往是在规定的贷款限额下，根据客户的信用程度来确定贷款金额的。

4. 非金融机构常常采用最初贷款限额与连续贷款制度

一般来说，客户的信用越好，能够提供的抵押和担保越多，能够获得的贷款金额就越大。但是，对小额信贷机构来说，它们面临的客户却恰恰是缺乏抵押担保的人群，为了解决这个问题，很多在农村开展小额信贷的非金融机构除了采用小组联保作为抵押担保的替代手段之外，还规定了最初贷款限额，如果客户的还款状况好，小额信贷机构再继续增加贷款。这种制度有利于控制风险，并积累客户的信用资料。

（二）贷款期限设计

贷款期限指全部贷款必须偿还的期限，是小额信贷最关键的变量之一。贷款期限影响着还贷计划。小额信贷机构对贷款期限的设计与客户的需求越贴近，客户就越容易及时按规定还贷。

在我国，由于很多非金融机构小额信贷最初都是引入的孟加拉的小额信贷模式，许多项目的贷款期限都只规定了一年，但客户从事的生产经营活动是多样化的，有种植业，有养殖业、有加工业,各种活动的业务周期不可能完全相同,因此,贷款期限常常遇到和业务周期不一致的情况,比如种植果树的项目,往往需要几年的回收期,但许多小额信贷机构执行僵化的一年期贷款的规定,使项目的发展受到了限制,因此,有必要根据不同的情况设计不同的贷款期限。

(三) 还款方式设计

还款方式采取具体情况具体对待的办法供客户选择,主要分为整贷零还和整贷整还两种,而在具体形式上就多种多样了,例如,等额本息、等额等息、按月还利息一次还本、按还款计划还款。其中,整贷零还是最普遍的方式,当然这并不意味着整贷整还就不好,这两种方式各有利弊,不存在孰优孰劣的问题。

(四) 担保方式设计

小额信贷机构通常向资产很少的低收入客户贷款,小额信贷领域最常采用的方式就是个人保证和小组联保,但事前的严格选择放款对象以及抵押担保替代能够在一定程度上减少贷款风险。因此,还有权利证书质押、资产抵押、担保公司担保等方式可以考虑。

信贷员对每笔贷款都要终身负责。所以,必须把风险控制为零,这就要求信贷员加强风险意识,对所管辖范围内的客户,要经常宣传,以诚信为本,选择适合的担保方式。同时,信贷员必须对担保人的资格、行为能力和资产情况逐一核实。这项工作在"贷款实地调查"工作中要充分体现出来,根据客户的基本情况做出正确的判断。

(五) 贷款利率设计

贷款利率是借贷者和放款者最关心的问题。只要有合适的利率低收入,贫困人口就会参与小额信贷。只有合理的利息率,放款者才能维持一定的经营规模,保持收支平衡。因此,小额信贷的利率是决定贫困人口能否得到贷款以及小额信贷能否持续发展的关键因素之一。

贷款利率,根据每笔贷款的风险水平、期限长短、综合回报率等因素实行差别利率。大部分小额信贷公司采用的是在人民银行规定的基准利率基础上,适当上浮的运作方式。信贷员要根据客户的贷款期限长短和所经营的项目在进行贷前调查时,核实清楚公司可用差异化价格、协商价格、浮动利率等。对于长期合作的、信誉好的客户,可在利率执行上给予适当优惠。

当然,除了以上主要内容,要真正设计完善某种小额信贷产品,还可以通过小额信贷产品信息汇总表(表2-8)来进行。

表2-8 小额信贷产品信息汇总表

产品名称	产品细节		特点及要点描述
	产品定义		
	产品目标客户		
	产品设计导向		贷款收益:
			贷款保证措施:
			贷款延展:
	基本特点	贷款用途	
		还款方式	
		审批时间	

续表

产品名称	产品细节		特点及要点描述
	基本特点	拨款时间	
		最小额度	
		最大额度	
		期限	
		贷款利息	
		管理服务费	
		手续费	
		担保方式	
	市场营销渠道	客户开发	
		客户维护拓展	
	放款	手续费收取方式	
		贷款发放款方式	
	逾期还款	逾期还款违约金	
		逾期还款宽限天数	
		逾期还款缴款方式	
	提前还款	申请限制	
		提前还款申请处理时间	
		提前还款应付款项	

表 2-9 为小额贷款公司产品设计示例。

表 2-9 ××小额贷款公司产品信息汇总表

产品名称	产品细节	特点及要点描述
创业贷	产品定义	针对中小企业在发展的早期阶段资金短缺的现状，推出的旨在为企业筹集发展资金解决进货资金周转困难的中、短期贷款
	产品目标客户	● 服务于有强烈短期融资需求的中小制造业型企业(侧重制造业) ● 企业成立时间 1～3 年 ● 企业销售规模及营业收入如下表要求： <table><tr><td>项目</td><td>贸易型</td><td>生产型</td><td>高新技术型</td></tr><tr><td>年度销售收入</td><td>2 500 万~4 000 万</td><td>2 300 万~4 000 万</td><td>550 万~1 200 万</td></tr><tr><td>利润率</td><td>5%</td><td>6%</td><td>12%</td></tr></table>

续表

产品名称	产品细节		特点及要点描述
创业贷	产品设计导向		贷款收益:贷款额度相对较小,风险分散,贷款费率相对较高,能产生良好的贷款收益率,月综合费率收益率达到3%~4.15%
			贷款保证措施:贷款的保证措施主要以企业主个人的房产作为担保,贷款企业若无法提供有价抵、质押物,增加贷款申请条件
			贷款延展:贷款到期后,根据客户还款情况提供其他贷款服务,维护良好的客户关系
	基本特点	贷款用途	用于创业初期支付原材料采购货款或购买生产设备
		还款方式	每月还本付息,按全额计息法计息
		审批时间	5个工作日(从客户已完成申请相关手续并提交了相关文件日算起)
		拨款时间	2个工作日(从审批通过签订合同之日起)
		最小额度	20 000 RMB
		最大额度	100 000 RMB
		期限	3~12个月
		贷款利息	每月按放款金额的1.5%固定计收
		管理服务费	每月按放款金额的1%固定计收
		手续费	无
		担保方式 — 有抵、质押品贷款	◆ 以下项目可作为抵、质押品: 房产、汽车、机器设备、租金收入 ◆ 参考抵押率: 房产:抵押率不超过八成 汽车:质押率不超过六成 租金收入:质押率不超过六成 ◆ 担保:企业法人、企业法人配偶、企业超过半数股东担保
		担保方式 — 信用贷款	信用贷款需要新增加的贷款条件: 1. 贷款申请人无任何不良信用记录,无任何产权纠纷 2. 贷款企业近三个月的平均月度销售增长率超过5%,无不良赊销客户 3. 贷款企业所属行业不属于公司预警高危行业 4. 企业的固定资产投资超过200万元 ◆ 要求提供的担保为: 1. 信用贷款要求企业法人及配偶信用以及企业相关其他股东信用担保 2. 企业法人或配偶名下有本地按揭房产做全权委托公证

续表

产品名称	产品细节		特点及要点描述
创业贷	市场营销渠道	客户开发	创业贷款优势： 1. 信用优良客户可以申请信用贷款，贷款最高额度：100万元 2. 每月还本，贷款时间长达12个月，有效缓解还款压力
		客户维护拓展	客户在贷款到期后，可在以下选项中选择一项： 选择1：转为无抵押贷款，解除抵押物 选择2：如再次申请同类型贷款可享受费用折扣 选择3：如符合条件可以转为更高级别贷款
	放款	手续费收取方式	放款前提前收取当月利息以及管理服务费
		贷款发放款方式	汇款到客户的指定银行账户，一次性全额发放
	还款	利息支付方式	按月支付
		每月服务费支付方式	按月支付
		本金支付方式	每月还本
	逾期还款	逾期还款违约金	按逾期天数每天收取逾期额0.05%的违约金
		逾期还款宽限天数	3天
		逾期还款缴款方式	● 从指定往来账户自动扣款 ● 客户自行划拨至公司账户 ● 上门收款
	提前还款	申请限制	只接受全额的提前还款，不接受部分提前还款
		提前还款申请处理时间	大于等于3个工作日
		提前还款应付款项	包括： 1. 当月应付利息，不足1月的应付利息以及管理费按天计算 2. 全额本金

活动三　明确小额信贷产品开发的程序和步骤

一、前期评估

在设计产品时，首先要进行前期的评估，这个评估包括对产品开发现状的评估和对小额信贷机构现状的评估。

在对产品开发现状进行评估时，应该着重考虑以下几个方面：
（1）现在的市场是否需要进行产品开发。
（2）现有产品是否能满足客户需求。
（3）客户针对现有产品有些什么改进意见。
（4）拟开发的产品是否具有市场竞争力。

这个类别的评估一般是由机构根据产品销售的统计和客户反馈来进行的。评估结果决定了是否有开发新产品的必要。

对信贷机构本身的评估主要侧重于机构是否具备开发和运行新产品的条件。由于信贷产品涉及专业的知识和技能，所以需要了解机构能否提供充足的资金和人员开发新产品，并有足够的技术支持运行产品并进行市场营销。

二、市场调研

市场调研是产品设计的关键环节，将直接决定产品的质量和生命。在此阶段，市场调研的主要内容是了解市场类型、进行准备的市场定位、确定目标客户群、分析客户的经济背景和需求、分析市场竞争优势等。

此阶段的市场调研资料主要来源可以是一手或二手资料。一手资料主要包括员工的意见和反馈，客户在申请、调查、投诉时留存的信息，对市场进行小组集中访谈、随机调查问卷等方式获得的信息。或者是根据已有的市场调研报告，行业信息报告、监测评估报告等的二手资料进行分析，得出进一步结论。

三、产品设计

根据前期的评估和市场调查来决定产品设计的方向，再结合客户需求、目标区域、竞争对手、成本、机构能力等多方面的因素确定产品构成要素的细节。

四、初步测试

产品设计完成后，应对产品进行小规模的测试运行。在少数分支机构试行新产品，收集客户反馈信息的目的是在大规模营销前对产品适时进行调整和修改。

五、产品营销

如果通过初步测试证明产品可行，就可以在各分支机构进行大规模的推广，在大规模推广之前应做好内部培训工作、制订产品推广计划、具体操作流程和指导手册。在推广时，要针对目标客户有目标地进行，通过发放宣传手册、专人介绍等多种方式进行营销。

活动四 分析小额信贷产品开发案例

前面我们从理论的角度，阐述了小额信贷产品设计的主要内容及其设计原理，但是对小额信贷机构来说，产品设计是一个实践性很强的活动，不仅仅需要理论知识的铺垫，也需要实际操作的范本给予直接的指导。下面以中国邮政储蓄银行为例来了解一下信贷产品的设计。

随着中国邮政储蓄银行（以下简称邮储银行）分支机构的组建，小额贷款业务成为邮储银行的战略性业务和标志性产品。如何实现小额贷款业务市场拓展和风险控制的效能平衡，追求产品利润最大化和可持续发展，值得研究。

一、邮储银行小额贷款产品特性及开办情况

邮储银行小额贷款产品是由中国邮政储蓄银行办理，以城乡地区商户（含个体工商户、个体经营者、私营企业主）和农户为主要服务对象，以兼顾社会效益和自身可持续发展为

目标的融资服务，它具有额度小、利率市场化、运作商业化、服务便捷化等特征。目前，邮储银行小额贷款产品主要包括商户保证贷款、商户联保贷款、农户保证贷款、农户联保贷款，贷款金额最低为 1 000 元，最高为 10 万元，贷款期限为 1~12 个月，利率为 15.84%，还款方式有一次性还本付息法、等额本金还款法、等额本息还款法等几种。

(一) 邮储银行小额贷款产品的特性

从服务对象、市场定位、利率设计、风险机制、盈利模式方面看，邮储银行小额贷款产品主要有以下特性。

第一，粒粒含油的"芝麻"业务。小额贷款与大额贷款、公司贷款相比，最大的特点是额度小，风险分散。其具有"化整为零"的零售业务特点。但是，额度小并不等于效益小，邮储银行小额贷款 15.84% 的利率设计能够覆盖较高的成本，确保每笔小额贷款业务都能盈利。

第二，可大量复制的"标准"产品。小额贷款的额度、利率、期限设计相对固定，申请条件、还款方式、贷款程序、业务流程相对简单。一方面，方便快捷、简单可行的贷款手续有利于吸引目标客户；另一方面，标准化的产品、流程化的制度、模板化的技术便于信贷人员操作，使小额贷款产品成为可在全国大力推广、大量复制的"标准"产品。

第三，风险权重较低的"良性"项目。与大额贷款相比，小额贷款具有风险分散的特点。另外，小额贷款较高的利率设计和"整贷零还"的还款方式，能够有效覆盖和控制风险及其成本。

第四，定位于以农村地区和城市社区为主的"蓝海"市场。小额贷款定位于农村地区和城市社区，这也是邮储银行的整体市场定位。相对于竞争激烈的大中城市市场和集团企业市场，农村地区和城市社区目前还是一片竞争不激烈的"蓝海"，定位于"蓝海"市场，为小额贷款业务提供了广阔的发展空间。

第五，聚焦于以农户、商户和微小企业为主的"长尾"客户。长尾理论指出，在网络经济条件下，中低端的"长尾"客户数量庞大，开发大量中小客户市场可以产生累积效应，带来可观效益。邮储银行小额贷款正是针对农户、商户和微小企业这些中低端客户群体融资需求强烈同时融资困难的情况推出的一项产品。

总体上讲，小额贷款产品是契合邮储银行核心能力、符合目标群体融资需求的一项特色化、差异化产品，具有可持续发展的能力和广阔的市场空间。

(二) 邮储银行小额贷款产品开办情况

早在 2003 年，原国家邮政储汇局就开始对开办小额贷款进行调研分析，先后学习了印尼人民银行、孟加拉格莱珉银行的成功经验。2007 年 3 月中国邮政储蓄银行成立后，就紧锣密鼓地开展小额贷款试点工作，于 2007 年 6 月 22 日在河南省长垣县试点开办小额贷款，此次小额贷款业务是由中国邮政储蓄银行与德国技术合作公司联合开发、由德国技术合作公司提供技术援助的一项合作项目。2007 年 12 月，小额信贷业务系统在全国上线运行。2008 年 1 月邮储银行发布《小额贷款业务管理办法（试行）》，规范了业务流程和风险控制。

邮储银行小额贷款开办后，受到了社会各界的高度关注，得到商户、农户、小企业主等目标用户群的热烈欢迎。下面以湖南常德市为例进行说明。2008 年 7 月 9 日，邮储银行常德市分行在两个具有代表性的支行试点开办小额贷款：一个是农业经济比较发达的桃源县支行；一个是地处常德市城区、商户比较集中的武陵中路支行。经过一个多月的前期宣传和市场预热,截至 8 月末,2 家支行共计放款 82 笔,放款金额达到 647 万元。其中,商户贷款 71 笔,放款金额 616 万元;农户贷款 11 笔,放款金额 31 万元。在市分行举行小额贷款新闻发布会后,武陵中路支行一天接到咨询电话 200 多个。桃源县支行信贷人员在第一期宣传调查中,共走访用户 87 户。其中,有融资需求的 56 户,占 65%;提出贷款申请的有 43 户,占 49%;符合贷款条件的 21 户,占申请人的 43%。第一次审贷会审批通过了 14 笔共计 99 万元的贷款,单笔贷款额度为 7.08 万元。

二、邮储银行小额贷款产品市场开发

(一) 确立"拳头产品"的战略开发思路

随着直接融资市场的发展,优质公司客户的资金来源渠道越来越广泛,贷款占其融资的比重越来越低,加上激烈的同业竞争,银行对公贷款市场趋于饱和。而个人资产业务、小额贷款产品凭借其庞大的市场空间、广泛的客户群体、较低的风险水平和较好的产品关联性,引起了国内金融同业甚至外资银行的普遍关注,逐步成为商业银行新的战略选择。

邮储银行在小额贷款业务上具有相对的比较优势和后发优势,遍布城乡的分支机构、贴近群众的信誉口碑、庞大优质的储蓄资产形成了邮储银行的核心竞争能力,为小额贷款可持续发展提供了"软""硬"件基础。小额贷款潜在市场需求巨大,一个中等发达县的小额贷款需求量是 2 亿~3 亿元。要把潜在需求变成现实业务,邮储银行应把小额贷款确立为"拳头产品",进行高标准、大范围的产品宣传和持之以恒的深度推广,通过 2~3 年的努力,使"好借好还"小额贷款成为邮储银行的品牌业务和标志性产品。

(二) 建立"互生共荣"的持续开发机制

从某种程度上讲,发展小额贷款业务实质上是经营贷款客户,客户关系的持续维护与客户资源的长期积累至关重要。在小额贷款业务开办初期,拓展客户时要树立"以客户为中心"的经营意识,实行与客户共成长的精细化、专业化、个性化管理,站在客户角度提供融资咨询、技术信息等服务,而不是一贷了之。要善于培育"种子"客户,通过培育在当地村镇、商贸市场具有人格影响力和示范作用的"种子"客户,让他们现身说法,通过"一传十,十传百"的口碑宣传,带动周边人群,形成持续开发。在客户关系维护上,注重培育信用良好的老客户,建立客户信用档案,通过动态累进激励机制,不断提高贷款人的信用记录,还款表现良好的借款人可以在后续合作中获得更高额度的贷款。

(三) 探索"化零为整"的规模开发方案

小额贷款产品是一个可大量复制、规模开发的标准化产品。在营销实践中,除了传统的"一对一"的关系营销,还可以尝试抓龙头企业、攻行业市场,达到"化零为整"的效果,如针对农业产业化趋势可探索"龙头企业+农户"的信贷方式。邮储银行分行应因地制宜,根据本地农业产业结构特点、农业龙头企业经营内容,对企业前景良好、原材料紧张,而又适合农民种植或养殖,农民只是缺少启动资金的,大力推广"龙头企业+农户"的信贷方式。例如,湖南常德的烟草种植、水产养殖、优质水稻种植等项目,可与烟草公司、洞庭水殖、金健米业等企业开展合作。具体运作可由企业与农户签订收购合同,然后向银行提供农户名单,银行按照种养规模进行授信,最后,到期贷款由企业统一从收购款中划拨给银行。

(四) 扩大"借船出海"的合作开发空间

第一,积极借助行政力量开展合作。积极向当地党委、政府汇报小额贷款业务在服

"三农"、提高城镇居民收入以及支持地方经济发展上的积极作用；加强与乡镇政府的合作，共同开展业务宣传和信用环境建设。同时，要积极与农办、畜牧、烟草、工商等行政部门沟通，获得相关客户信息，借助行政部门的信息和公信优势批量开发行业市场。

第二，积极借助邮政力量开展合作。各级邮政企业和邮储银行是紧密相连的合作伙伴，在市场开发过程中，要注重发挥邮政网点和营业投递人员熟悉市场、贴近客户的优势，有效降低调查成本，解决"信息不对称"问题，明确业务流程中银行与邮政企业的职责和利益，做好邮政网点业务培训等基础工作，落实对邮政网点的激励政策，促进邮政企业与银行合力开拓市场。

【延伸阅读】 **中国银行工薪贷产品设计**

一、贷款对象

（一）纳入国家行政编制的国家公务员和参照公务员管理，待遇与公务员基本一致的全额事业编制人员。

（二）与我行有业务往来，且企业资质得到我行内部一定程序认可或我行代发薪企业员工。

（三）我行正在营销或拟营销的，实力雄厚、品牌知名、管理规范、提供相对稳定工资福利待遇的优质企业的正式员工。

二、贷款限额、期限、用途、还款方式及贷款利率

（一）贷款限额：分行应对客户进行分级，采取差异化的授信方式。原则上，贷款额度不超过30万元。符合我行三级财富客户标准的，按对应贷款额度上限执行。

（二）期限：一般为一年，视贷款用途可延长至三年。

（三）用途：个人消费支出，不得用于投资经营和无指定用途的个人支出，不得用于国家法律和金融法规明确禁止经营的项目，如股票、证券投资等。

（四）还款方式：个人无抵质押循环贷款应采用按月等额本金（或等额本息）还款方式。对于期限一年（含）内的单笔贷款可接受按月、按季还息到期一次还本的还款方式，同时应加强对客户跟踪管理，注意风险防控。

（五）贷款利率：一般采取基准利率或适当上浮的定价方式。如对我行综合收益的贡献较高，经省行批准，确定浮动标准，可适当采取差异化定价方式。

三、担保方式

以信用贷款为基础，可视客户和授信额度状况，采取附加员工互保等灵活、简便的担保方式。

资料来源：http：//www.boc.cn/pbservice/

任务四 学会小额信贷产品营销

案例引入

"爆款"信贷产品是这样炼成的

一款充满人性化的金融产品、一个具有人情味的产品名称、一句打动人心的广告语、一场完美震撼的产品发布会、一系列角度不同的宣传攻势……构成了一次经典的金融产品营销案例。包头农商银行强势推出的"麻利贷",注定将成为信贷产品中的"爆款",不只因为它的快捷与方便,更在于创新过程中的处处用心。

"麻利贷"是什么?

本次发布会"麻利贷"共推出两款纯信用贷款:

"特约商户信用贷"是为该行POS机特约商户提供更好的贷款支持,以更优惠的利率,更多降低POS机优质客户融资成本,与客户建立结算业务、信贷业务、收单业务等全方位的合作关系。

"薪金信用贷"是向信誉良好的自然人发放的用于个人消费的信用贷款,无须求助他人,凭工资卡即可贷款,随用随贷,方便、灵活、快捷。

"麻利贷"有什么不同?

与以往的信贷产品相比,"麻利贷"的特点可以用四个字来概括——多、快、好、省。

"多"——您有多期待我有多种贷

充分考虑社会不同群体的融资需求,推出形式多样的信贷产品,如先期推出的"特约商户信用贷"和"薪金信用贷",之后还将陆续推出创业贷、农户贷等其他一系列产品。

"多"还体现在它的载体"富民一卡通"的用途多样,一张银行卡既可办理贷款,也可实现存款、电子银行等用途,实现存贷汇一卡通。

"快"——您想有多快?三天快不快?

引入了先进的客户评级授信系统,在客户资料齐备的情况下,原则上三天办理完成,审批速度更快。

"好"——您想有多好?方便不得了

客户在授信额度和授信期限内,可以随用随贷,循环使用,按月或者按季结息,到期还本,实用性更强,并可以在全内蒙古范围的任何一家农商行、农信社网点办理还款、取款手续,相比于其他产品,更加便捷、高效。

"省"——您想省多少?一比就知道

"麻利贷"的利息比较适中,如特约商户贷的客户每万元每天只需要支付2.2元利息,且借款人不需要支付公证、评估等其他任何费用,大幅降低了实际贷款成本。

"麻利贷"怎么创品牌?

命名

麻利:北方方言,指迅速敏捷、快速干练。

言简意赅、通俗易懂的方言,本身就已在一定范围耳熟能详、口口相传,比新起的名称更容易被记住和接受。在品牌命名时,用当地市民所熟悉的方言、土话及其谐音为品牌命名,这对消费者来说备感亲切,也有利于品牌的传播。

广告语

对"麻利贷"产品,包头农商银行设计了一系列捕捉人心的广告宣传语,分别使用在不同的场合,配以不同的精致画面。

让有梦想的人实现梦想

这是我的责任,我和你一起奋斗……

又简又快又实在

存贷一卡通,便捷又轻松

推出时机

2016年5月9日,是包头农商银行成立两周年的大喜日子,以一款精心打造的金融产品作为两岁生日的礼物,以一场精彩纷呈的产品发布会作为两周年庆典的盛大仪式,产品推出时机的把握可谓恰到好处。

战略构想

当前,经济步入新常态,客户的金融需求相应地发生了新的变化,呈现出了新的特点。基于这种判断,包头农商银行提出了打造快捷银行、免费银行、精品银行和红色银行的战略新构想。

快捷银行主要是通过流程优化和再造,提升各类金融服务的效率,让广大客户得到更为便捷的金融服务。

免费银行主要是全面减除附着在金融服务流程上的各项费用,减少客户的融资成本。

精品银行主要是通过强化自身建设,打造精品产品和精品服务,从而增强服务客户的能力。

红色银行主要是更好地践行中国共产党为人民服务的宗旨,充分体现社会价值。

通过四项举措,推动包头农商银行向着更高层次、更好质量的发展目标迈进。

资料来源:中华合作时报 http://www.zh-hz.com/html/2016/05/23/364433.html

请思考:包头农商行采取了怎样的产品营销策略?

活动一 了解小额信贷产品营销基础

营销是指企业采用人员与非人员方式传递信息,引导和刺激顾客的购买欲望和兴趣,使其产生购买行为或使顾客对卖方的企业形象产生好感的活动。

一、小额贷款公司产品营销

小额贷款公司的产品营销方式与一般企业的营销方式大致相同,只是在具体形式方面略有差异,主要包括告知、劝说、提醒三种。告知,就是要让潜在的客户知道小额贷款公司其信贷产品的存在,可以在那里得到该种小额信贷服务,了解该家小额贷款公司信贷产品的优点。劝说,就是要向客户说明应该购买和适用小额贷款公司某种特定的信贷产品。提醒,就是指当小额贷款公司某项特定的信贷产品只在特定的地点和特定的时间才提供时,小额贷款公司要及时提醒客户。

二、信贷产品营销的特征

信贷金融机构作为第三产业,主要销售的是服务和资金,如提供资金的信贷服务,提供咨询等业务的中间服务。作为开发营销金融产品的特殊企业，信贷营销既具有其特殊企业的特异性，又具有一般企业的共同性。与实物产品营销相比，信贷产品营销主要有以下两种特性。

（一）无形性

无形性是指金融机构的信贷服务与可以直观感受的实物产品不同，是不能预先用五官直接感触到的，消费者取得这种服务前，没有实物产品供其选择，因此，在购买这种服务中存在许多不确定因素。为了减少服务消费中的不确定因素，消费者总是先寻找与此相关的东西判断服务的质量，如信贷机构的信誉如何、在社会中的形象、工作人员素质、工作作风等，这就需要尽可能地使信贷这种无形的服务变得有形化。

（二）无一致性

实物产品要求产品的一致性，即对某一产品有统一的规格、质量和要求，有各种设备来监测产品的质量，使产品的质量保持一致。而信贷服务虽然有一些特定的内容和程序，但服务质量却难以保持一致，基本取决于信贷机构的经营思想、领导人素质、信贷人员、管理人员的气质、修养、能力和水平等。同样的信贷服务由不同的信贷机构、不同的人提供，服务质量也会不同，消费者的感受也不同。这就是信贷营销无一致性的特性。

三、信贷产品的营销步骤

（一）寻找客户

在营销过程中，第一步就是为产品寻找合格的目标客户。一旦发现了目标客户，在接触他们之前，信贷员需要尽可能多地了解他们。与每一个目标客户接触都需要花费大量的时间和精力，因此，仔细观察每一位潜在目标客户，以达到以下目的。

（1）确定销售方法，制订好销售拜访计划。

（2）确定什么样的产品和服务最适合这个目标客户。

（3）发现不需要跟进一些目标客户的原因，以节约宝贵的时间和资源。

（二）初次接触

（1）信贷人员上门访问潜在客户，介绍自己和公司信息，说明来意。

（2）通过提问让潜在客户思考在本公司贷款的好处。

（3）要把大部分时间留给客户说话，并仔细倾听寻找任何贷款意向或是疑虑的迹象。

（4）在谈话中要注意建立融洽关系和信心。

而在接触过程中，无论访问结果如何，信贷人员要一直牢记自己的来访目的和重点。如果客户不感兴趣或是当前没有需要，则感谢客户抽出时间接受访问，告诉客户你希望在未来二到三个月内再做一次访问。如果客户感兴趣有意向，则进行下一步"推销"。

（三）推销

在访问前，信贷员应该做好准备工作。准备好销售宣传册、准备文件一览表和其他可用的辅助信息。

在介绍产品时，信贷员应该注意除了介绍产品条件和特点，例如贷款额度、贷款期限、贷款利率等信息外，还要重点介绍产品会带来的好处，因为客户的问题是"为什么我要在你们公司贷款？"而信贷产品的好处就是答案，也是潜在客户最终申请贷款的原因。把90%

的谈话时间留给客户；他们会告诉你如何推销产品，而你只需要认真听取。同时还可以使用客户推荐。你最好的销售工具是满意客户的推荐介绍（注意在提供推荐人信息之前，必须得到推荐人的允许）。

（四）处理拒绝

信贷员每天的工作就是接待客户，与之沟通、了解，帮助客户办理贷款业务，以及调查他们的身份、信用信息、资产负债情况等。要做一名优秀的信贷员，除了敏锐的观察力之外，良好的沟通能力也是必备的。而在产品的推销过程当中，常常会遇到客户拒绝的情况，这个时候就需要信贷员采用对应的沟通方式、恰当的销售技巧并时刻关注客户的情绪变化。

（五）完成销售

当信贷员获得客户的信任，产生贷款意向，并提交申请材料后通过公司的审核，签订贷款合同和担保合同，此时，可以认定为完成销售。销售完成后，还要注意贷后管理。

（六）跟进和监督

贷款销售的跟进和监督非常重要，有助于在信贷人员与客户之间建立更加牢固成熟的关系，并形成客户对信贷企业的忠诚度。信贷人员定期回访客户，可以了解风险点、监督客户及其商铺的情况，并建立长期的合作关系。信贷人员必须利用这一有效手段。满意的客户就是最好的广告。优秀的跟进和监督回访可以：

（1）建立并维护信贷人员的良好声誉。
（2）建立信贷人员、客户和公司之间的信任关系。
（3）获得再次销售和客户推荐的机会。

活动二　掌握小额信贷产品营销策略

通过以上分析，我们了解了小额贷款公司的概念和特点，明确了小额信贷的营销环境，同时在分析市场后，我们应该能对产品有一个合理的定位，下面我们将研究其销售策略。

一、价格策略

目前，我国小额信贷扶贫项目可持续发展陷入困境，小额信贷机构运作成本比较高，坏账率非常高，使得总成本过高，为了达到可持续发展的目标，所需要采取的贷款利率比实际高出很多。在我国信用历史非常悠久，而原始的信用是高利贷信用，很多人都会因小额信贷公司的高利率误解小额信贷组织的性质，认为其性质就是高利贷。其实我国政府对小额贷款利率实行严格的管制，对小额信贷项目的贷款利率在政策上给予一定灵活性，但上下浮动的范围仍然受到限制。对于民间的小额信贷机构，央行规定其贷款利率可以在基准利率的2～3倍浮动，央行特批的6个省区试点地区可以在基准利率4倍内浮动，其余的都只能按照商业贷款的基本利率计算。依照目前的银行贷款利率来计算，目前多数信贷公司都采取月息12%～18%，要高于很多银行利率，因而存在很大弊端。

二、产品策略

对于小额信贷公司而言，产品很简单，其基础产品就是钱，主要的业务就是发放贷款。小额信贷组织的商品与其他商品不同，其他的商品有价值，人们通过一般等价物来衡量它的价值，也可以进行物物之间的交换。而钱本身没有价值，它是通过国家法律形式强行地规定了自身价值大小。然而，钱可以创造价值，它可以激发人们的行动，从而为个人的发展提供支持。因而，在人们使用钱的时候，同样需要支付这部分钱的机会成本，这样就形成了小额信贷公司的利率。我国目前的小额信贷公司只办理放款业务，不能吸收存款。

三、渠道策略

销售渠道是指促使产品和服务顺利被使用或消费的一整套相互依存的组织。企业的渠道构成多半是充分利用外部力量，即利用代理商、经销商等中间商。小额信贷产品自身的特点，决定了它不可能运作中间商来进行销售推广，根据自身特点小额信贷主要应进行以下操作。

（一）地毯式接触

所谓的地毯式接触，是指公司的客户经理拿着自己的宣传资料，对市场进行调研，并在调研的基础上激发购买者潜在的需求，开发和培养购买者，从而达到将公司的服务和产品传递给购买者的目的。"地毯式接触"是一个很形象的比喻，从这一说法我们不难看出，实地调研是小额信贷公司拓展渠道的一种方式。

（二）连锁式开发

所谓连锁式开发，是指通过点到面的形式开发客户。人是社会性动物，人与人之间的联系相当广泛，因而通过一个人从而带动整个他所在的交际圈，通过一个人引出整个行业的相关人士是很正常的情况。小额信贷公司需要借助关系来开展自身业务。

（三）开立分公司

小额信贷组织由于其经营的产品特殊性，其不可以运用代理商和中间商等环节，但是基于公司长远发展来考虑，小额信贷公司可以通过开立分公司而开拓自己的销售渠道。

四、促销策略

（一）公关

公关既可以作为一种渠道，应用在客户开发过程中，又可以作为一种促销手段，促进产品销售。对小额贷款公司而言，公关活动可以包括：

（1）参与政府组织的经济年会、论坛等。任何一家公司发展都离不开政府的引导，尤其是小额信贷公司，参加政府组织的年会、论坛可以加强双方的沟通，加深双方的理解，更可以帮助小额信贷公司明确市场方向。

（2）参加其他相关联的单位元旦庆典、开业庆典等。这样能和其他组织保持长期友好交往，不仅可以为自己的业务开展创造有利条件，还可以在很大程度上达到宣传目的。

（3）借助媒体的力量。小额信贷公司想要迅速让消费者接受，需要借助媒体来对自己进行宣传。这就要求小额信贷公司和媒体保持良好的合作关系。

（4）家庭式关系营销。公司法人以及公司的客户经理都可能有比较强的家庭背景和社会背景，对于小额信贷公司而言，完全可以运用这些有利条件，对自己身边的人进行开发，从而促进销售。

(二) 营业推广

对于小额信贷公司来讲,通过会议展览的方式介绍自己的企业是种不错的方法。定期举行参观,并邀请政府和同行业者来企业,观看自己的宣传片,共同探讨小额信贷公司现阶段的情况,共同促进学习新的信贷知识,都是很好的推广形式。在此需要注意的是营业推广的时间不应过长,以免造成客户的逆反心理。

(三) 人员推广

人员推广是一种企业常用的、比较古老的方法,这种方法是指企业通过推销人员直接向客户推销自己的产品,从而说服客户购买自己的产品。一般来讲,人员推广需要达到以下几个目的:

(1) 寻找客户。销售人员需要自己寻找目标客户。对于小额信贷公司来讲,通过公司的信贷员去接触客户,从而申请办理贷款。信贷员需要经常出去和客户在一起,而不是待在办公室。

(2) 传递信息。公司客户经理不仅代表着个人形象,更是代表着公司的整体情况。客户经理应尽量真实而准确地表达自己的观念想法,同时将自己这一活品牌,通过种种语言和行动传递给客户,让客户通过和自己接触而了解公司整体的理念、服务和产品特性,因而客户经理承载着重要责任,选择适合人员并进行专业素质训练将显得至关重要。

(3) 了解行业信息。金融业是变化极其快速的行业之一,一不留神就可能错过很多机会,因而需要时刻关注市场动态,掌握各行业的现状,根据实际情况变化界定是否可以批复贷款以及批复的数额。对于销售人员来讲很多知识经验都来源于实践,而随时关注市场信息则是进行实践的基础。

对于小额信贷公司来讲,人员推广是十分重要的,主动寻找客户,并对自己的选择进行甄别界定,最后决定是否受理办款。另外,人员推广还可以通过设定咨询点来进行。人员推广是比较适合小额贷款公司的促销策略,同时也是企业常用的促销手段之一。

(四) 广告促销

通过广告来宣传企业是企业常用手段。传递信息、刺激需求是广告最基本的职能。不同企业,不同时期适用于不同形式的广告。一般来说,广告的种类主要包括平面广告和立体广告。不同的广告会带来不同效果,但相同的是能够每天不间断地宣传自己的产品,提高知名度。

(五) 电话营销

电话营销不同于实地调查,完全凭自己的感觉来进行电话沟通,因而电话营销比较适合进行初次接触。通过电话了解其本人的基本实力情况和经营情况,对于本人的性格以及经营的实际情况则需要后期约定时间进行实地考察。因而对于小额贷款公司来讲,电话营销主要还是一个辅助环节,联系客户、了解其贷款意愿并对公司和产品作初步宣传,对目标客户作基本的了解是其主要目的。

图2-3为中国手机网民规模及其占网民比例。

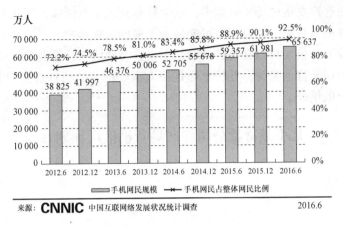

图 2-3 中国手机网民规模及其占网民比例

(六) 网络营销

进入21世纪以来，互联网已经越来越普及，上网几乎是当代人每天必做的一件事。通过网络同样能为自己的产品做宣传，在一定程度上达到促销的目的。

小额信贷拥有众多优势，小额信贷公司可以通过网络去宣传企业形象，打响品牌，如图2-4所示。进入21世纪，大学生成为网络广泛业余空闲人群，通过他们在网上做宣传工作所需要支付的费用，绝对比在电视媒体上少得多，同时，建立好网站平台，方便客户与公司的联系，建立起网上信贷经理面对面，使客户不用出门就可以了解到小额信贷。同时，还可以利用阿里巴巴、百度等在网上进行业务推广和宣传。

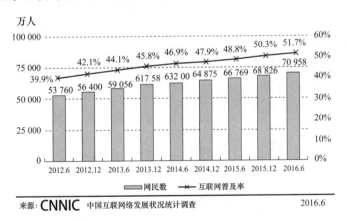

图 2-4 中国网民规模和互联网普及率

五、客户关系管理策略

公司应在更深层次上转变营销模式，完善售前、售中和售后服务，向贷款人提供优质高效的配套服务。信贷企业可以对进行客户调查，向投资人传递真实准确的信息，并提供量体裁衣式的服务。针对不同的客户，采取不同的服务。

针对公司贷款人，企业可以加强和移动公司的合作，制定出手机报，帮助贷款人了解自己的投资情况。对于申贷达到一定额度的客户，公司可以增加送保险、送门票等业务。例如，生日时可以给客户发送电子生日贺卡，这个社会充满了人情味，当两个人相互之间产生信任时，他就是你的客户源，而且极有可能带来更多的潜在客户。

针对所有贷款人，公司可以在自己的网站上设立金融信息，给潜在客户提供行业资讯等业务介绍。对于中国礼仪上来说，礼貌永远是招人喜欢的，公司打造文明礼仪的企业文化，也更能够获得客户的信任。

【延伸阅读】 **某小额贷款公司新产品营销推广计划书**

一、策划概要

随着社会经济的不断发展，越来越多大型、中型、小型贷款公司如雨后春笋般发展起来，贷款行业面对的危机越来越多。如何使公司的资金能够快速、高效地运转，成为企业考虑的重中之重。而能够解决这一问题的最本质方法还是要找到一种消费者愿意接受并且能够很好地经营下去的新型业务产品。

二、产品简介

（一）新产品名称：发展资金

（二）新产品特色

1. 专门为中小企业提供的一项中、短期贷款。
2. 主要解决中小企业短期资金周转困难问题。
3. 门槛较低，抵押或质押物多样。

（三）产品目标客户

1. 服务于有强烈短期融资需求的中小型生产制造业企业。
2. 企业成立时间 1~3 年。
3. 连续两个季度没有亏损。
4. 企业年销售规模不低于 500 万元人民币。
5. 贷款用于创业初期支付原材料采购货款或购买生产设备。

（四）基本特点

1. 贷款用途：用于支付原材料采购货款或购买生产设备。
2. 最小额度：50 000 元人民币。
3. 最大额度：200 000 元人民币。
4. 贷款期限：3~12 个月。
5. 贷款利息：每月按放款金额的 1.5% 固定计收。
6. 管理服务费：每月按放款金额的 1% 固定计收。
7. 担保方式

以下项目可作为抵、质押品：房产、汽车、机器设备、租金收入、应收账款、专利发明、股权。

担保：企业法人、企业法人配偶、企业超过半数股东担保。

（五）还款方式

1. 等额本息还款

把按揭贷款的本金总额与利息总额相加，然后平均分摊到还款期限的每个月。

2. 等额本金还款

又称利随本清、等本不等息还款法，贷款人将本金分摊到每个月内，同时付清上一交易日至本次还款日之间的利息。

3. 一次还本付息

公司在贷款期限到期后，实行到期一次还本付息，利随本清。

4. 按生产周期制订专门的还款计划

（六）逾期还款处理

1. 逾期还款违约金：按逾期天数每天收取逾期额0.05%的违约金。
2. 逾期还款宽限天数：5天。
3. 逾期还款缴款方式：从指定往来账户自动扣款；客户自行划拨至公司账户；上门收款。

（七）收益计算

收益计算表

还款方式	贷款金额	贷款期限/月	应付利息/月	应付管理费/月	每月还款	逾期处理方式
等额本息还款	N	A	$1.5\%N$	$1\%N$		
等额本金还款	N	B	$1.5\%N$	$1\%N$		
一次还本付息	N	C	$1.5\%N$	$1\%N$		

三、市场环境分析

（一）行业分析

小额贷款公司的出现，将进一步改善中小企业、农村地区金融服务，有效配置金融资源，规范和引导民间融资，推进社会主义新农村建设，为改善民生、促进就业、构建和谐社会提供多层次的金融要素支持。但是我国目前对发展小额贷款公司还处于摸索试点阶段，小额贷款公司面临定位模糊、监管体系不明确的尴尬处境。小额贷款公司是经营贷款业务的工商企业，但从事的业务却是金融类服务。目前由政府金融办、人民银行、银监局、工商局和公安局对小额贷款公司进行共同监管，多头监管有可能造成监管漏洞。并且民众对小额贷款公司的认识普遍不高存在偏差，往往会和管理机制不明朗的地下钱庄扯上关系，使人望而却步。

（二）竞争对手分析

从金融结构来看，目前，银行业是我市金融业的主导产业，银行贷款相对于其他融资方式来说，具有显著的优点。

1. 成本低

银行贷款融资，利息可在税前支付，产生节税效应，故可减少企业实际负担的利息费用,因此比发行股票筹资的成本低;与债券融资相比,银行借款的利率通常低于债券利率,而且筹资的取得成本较低。

2. 速度快

与证券融资相比,银行贷款一般所需时间较短,企业可迅速获得所需资本。

3. 贷款弹性好

企业与银行可以直接接触,可通过直接商议来确定借款的时间、数量和利息。在借款期间,如企业情况发生了变化,也可与银行进行协商,修改借款的数量和条件,借款到期后,如有正当理由,还可延期归还。

但同时,银行贷款相对于其他融资方式,也有其缺点。

1. 财务风险高

银行借款有固定的还本付息期限,企业到期必须足额支付。在中小企业经营不景气时,这种情况无异于釜底抽薪,会给企业带来更大的财务困难,甚至导致破产。

2. 借款难

目前的金融政策对中小企业扶持多流于口号、形式,一直就说得多、做得少,金融扶持不到位,中小企业难以获得银行的信贷支持。

3. 担保难

中小企业由于产存量小,拿不出有效的资产担保,银行限于自身规避风险的要求,即使看到某些中小企业资质好,还贷有保证,但因为没有足够的担保,也无法提供信贷支持。

(三)自身分析

S 优势

(1) 本业务主要针对的是制造业企业,且利率适中,贷款额度可选性强,能满足目前多数中小企业对资金的迫切需求。

(2) 还款方式多样,企业可选择性比较多。

W 劣势

(1) 新业务上市,与其他业务产品相比并无固定客源。

(2) 由于企业经营有很大的不确定性,有一定的风险。

O 机遇

(1) 由于贷款公司业务体制、种类、申办程序、贷款资金等问题,中小企业的资金短缺但贷款困难,客户市场潜力较大。

(2) 正在成长的中小企业以后可能发展壮大,这可能成为公司以后稳定的客户。

T 挑战

(1) 开发一批符合贷款要求的客户。

(2) 由于贷款短时间内难以回笼,可能对公司的资金运营有影响,应做好融资准备。

四、新产品操作流程

(一)办理业务需要的文件

(1) 企业经年检的营业执照副本复印件。

(2) 特殊行业经营许可证复印件、新技术企业认证书复印件。企业行业资质证明、资信等级证明复印件。

(3) 组织机构代码证书复印件。
(4) 企业税务登记证副本（国税、地税）复印件，享受减免税政策的批复文件复印件。
(5) 企业贷款卡复印件、贷款卡密码、贷款卡近期查询记录。
(6) 注册验资报告或入资单复印件（发生股权变更或转让应提供证明文件），非货币出资的应提供资产评估报告复印件。
(7) 公司章程复印件（有工商局备案章）。
(8) 主要产品技术专利权、著作权、商标权证书、获奖证书等复印件。
(9) 进出口经营许可证复印件。
(10) 外商企业投资登记证书复印件（三资企业需提供）。
(11) 公司成立的背景。如果股东为法人单位，需提交股东单位的情况介绍。如果发生过产权变动，需提交有关变动资料。
(12) 企业内部部门设置以及部门职能。
(13) 企业注册地、生产经营用地/用房的使用证/产权证或租赁合同复印件（包括近期支付租金的付款凭证）。
(14) 公司近三年的财务报告。

（二）关于企业人员情况方面的资料

(1) 法定代表人资格证明书及身份证复印件。
(2) 具体经办人员授权书及身份证复印件。
(3) 公司董事长、总经理、副总经理、主管财务人员及本次担保业务具体经办人员的简历。
(4) 其他有关企业人员情况的资料。

（三）操作流程

1. 贷款申请

填写贷款申请表，包括：个人和公司信息、抵押品信息、拟申请贷款品种（贷款额、贷款年限、还款方式等）。

2. 客户初步审核

对客户提交资料进行核实，包括进行实地初步调查，资料如营业执照、税务登记证、个人资料、婚姻状况、经营居住地址、电话等。

包括对客户提交资料和内部业务资料的审查。

3. 资料审查

(1) 客户提交资料审查：身份证明（个人和公司的相关身份资料）、资产证明（个人和公司的相关资产资料）、财务资料（财务报表、银行对账单、税单、购销合同等）、抵押品资料（权证、评估报告、发票等）。
(2) 信用查询，通过银行征信以及黑名单排除。
(3) 内部业务审查：对申请表、调查报告、贷款建议、审批表等内部业务文件进行审查。

4. 实地调查

通过实地调查，取得更多的信息，以利于进一步的风险评估和审批。包括：
(1) 经营场所考察：环境、营业状况、行业和社区信誉、内部环境、客户访谈和询问。

（2）居住地考察：环境、购买租赁信息、内部环境、居住稳定性（社区信誉）。

5. 客户业务情况调查

对贷款申请人的上下游（供应商和客户）的调查，判断贷款申请人是否出现了财务问题、购销趋势和问题，以评价其经营能力和预期收入。

6. 抵押品评估

根据产品和需要，由第三方评估师或评估机构进行评估。对第三方评估师和评估机构进行甄选，建立评估机构数据库，进行评估、年审等监管。

7. 贷款审批和拨付

按照小额贷款公司的审批流程，按规定的审批权限和流程手续对贷款进行审查，通过审查的按规定向客户放款。

五、营销推广

（一）新产品策略

1. 影视广告宣传

2. 平面广告宣传

宣传语一：做最勇敢的自己——创业就在××！

宣传语二：还在为资金烦恼吗？给我一份信任，还你一份成功！

宣传语三：没有最好，只有更好，××贷款，为你守关！

3. 广告的投放

影视广告、电视：成本高，将影视广告与主体结合播放。

互联网：成本低，将广告以植入式在互联网上传播。

平面广告：海报、杂志、墙体、招牌式广告。

（二）活动策略

1. "信贷专业知识讲座"公益活动

主题：传播专业信贷知识做稳健成熟制造企业。

形式：邀请知名信贷专家在大型会议讲堂开展免费讲座。

内容：主要是针对一些处于成长期的中小企业，邀请其经理或老板前来听讲座，帮助企业正确认识企业资金流动，并解答有关信贷方面的问题。

目的：通过开展此种公益讲座，树立"××贷款公司"的企业形象，解决此种企业在资金方面的主要疑问并给出信贷建议，从而提升公司的知名度。

2. 新产品培训发布会

主题：平时一份信任，难时一份支援。

形式：邀请财经频道以及创业致富频道记者召开新闻媒体发布会。

内容：邀请媒体朋友客观报道宣传发展资金的优势，当场讲解该贷款项的创立意义、申请条件、各项运作流程、担保还款方式。

目的：让目标客户充分了解新产品，熟悉贷款流程，明确该款项的深远意义。

项目小结

基本认知
- 小额信贷产品概述
  - 基础知识：概念、分类
  - 小额信贷产品的主要内容
- 小额信贷市场调研
  - 市场调研的目的：目的、作用
  - 市场调研的内容：环境、需求、竞争、营销因素
  - 市场调研的步骤：准备阶段、搜集资料阶段、调查研究阶段、总结阶段
  - 市场调研注意的若干问题
- 小额信贷产品设计与开发
  - 设计原则：额度小、风险分散、审慎稳健、合理定价
  - 设计流程：确定目标、客户特点和需求、信贷产品要素设计
  - 开发的程序和步骤：前期评估、市场调研、产品设计、初步测试、产品营销
  - 案例分析
- 小额信贷产品营销
  - 营销基础：概念、特征、步骤
  - 营销策略：价格、产品、渠道、促销

任务实战演练

1. 4~6人为小组，结合前面所学内容，分小组调查重庆市市场上的小额信贷产品有哪些。

2. 参考结合重庆市小额信贷产品的类型，选择你们小组感兴趣的一类客户群体或某个客户进行有针对性的小额信贷产品设计。

3. 每小组为自己设计的小额信贷产品制定营销策略并撰写报告。

项目三

认知小额信贷对象主体

引　言

小额信贷机构要实现盈利和可持续发展，同时有效地为不同程度、不同需求的贫困客户提供有效的金融服务和社会服务，必须了解和熟悉它的服务对象，也因此形成了以不同服务对象为划分的小额信贷模式。如根据服务对象贫困程度划分的扶贫与非扶贫模式；以性别特征划分的贫困妇女模式和不强调性别差异的模式；以地域特征划分的农村贫困户目标全体模式、以农村中低收入阶层为目标群体的模式、以城市低收入阶层为目标群体的模式以及不强调地区差异的模式。认知小额信贷对象主体，必须先认知小额信贷的具体对象分类。

项目学习目标

知识目标

掌握农户小额信贷的概念、特征。

掌握个体工商户信贷的概念、特征。

掌握小企业信贷的概念、特征。

技能目标

操作农户小额信贷的业务管理。

操作个体工商户信贷的业务管理。

操作小企业信贷的业务管理。

任务一　认知农户小额信贷

案例引入

小额信用贷款帮助农民改变命运

6月19日下午，信贷员朱奎林坐车前往湖南省平江县马头村六峰岭，拜访贷款农户。这是住在山顶的一家人，主人名叫许超，是一位返乡创业青年，27岁，经营着一家生态养鸡场，养殖芦花鸡。

许超中学毕业后就跟着老乡外出打工，学习水电安装，有了些积蓄，2014年年底回老家开办养鸡场。家里的老人挺支持许超的想法，岳父岳母专门把位于马头村六峰岭山顶附近的老房子腾出来，改造成鸡舍。

去年，他通过信贷员朱奎林贷了5万元，用于购买新的芦花鸡苗，改良品种。现在他饲养的芦花鸡达到1 500多只，平均每天能产蛋1 000多枚。每个月，卖鸡蛋的收入除了还分期贷款还有一些结余。

朱奎林对接乡镇，已有百余个贷款农户。他每天的工作就是走访村庄，为需要贷款的人登记在册。"不少老乡没有银行流水，也没有资产证明，没有太多抵押物，他们没有'信用'数据，难以在一般的金融机构贷款，"朱奎林说，"第一次借钱给他们，我都会先去他们家里看看，看看田地或者作坊，并从亲朋好友那里，侧面打听其人缘、人品等。从信贷专业角度讲，就是把农户的诚实、守信、孝顺、人品等评价，转化成可衡量、可记录的经济信用。然后，农户就可以进行纯信用贷款了，最快的时候，半天就能放款。有了第一次的转化，老乡开始有了信用记录。"

在当地，像许超这样，没有抵押，通过信贷员"察言观色"般的考察后，贷到款的老乡有不少。

资料来源：中国青年报

请思考：你了解农户小额贷款吗？我们将从现在认识农户小额贷款。

活动一　认识农户

一、概念

2012年12月，中国人民银行出台的《农村信用合作社农户小额信用贷款管理指导意见》中对农户的定义是：农户是指具有农业户口，主要从事农村土地耕作或者其他与农村经济发展有关的生产经营管理活动的农民、个体经营户等。

中国农业银行《农户小额贷款管理办法》中规定：农户是指长期（一年以上）居住在乡镇（含城关镇）行政管理区域内的住户，包括从事农业生产经营的住户、国有农（林）场职工、农民工、农村个体工商户等，但不包括居住在城镇从事非农业生产经营的住户。

二、农户的经济特征

随着农村第二、三产业的快速发展，农户家庭成员单纯从事农业活动的比重不断下降，兼业农户日渐增多，有相当比例的劳动力农忙时务农、农闲时做工或经商，大量农村劳动力选择离开农村，到城市打工，专门从事非农村非农业生产经营活动。与此同时，农户的家庭消费快速增长，并与非农生产经营活动之间的关系日渐紧密。

（一）土地经营规模小

在改革开放后，中国农村实行家庭联产承包责任制，农户以个体家庭为单位来组织生产与生活。我国有上亿农户，分散居住在星罗棋布的乡村中。一方面是土地承载力沉重，另一方面是中国农户家庭平均土地面积小。农户普遍在极为狭小、分散的地块上进行农业生产经营活动，生产规模小的特点不仅给农业现代化带来了困难，同时还伴随着农业标准化程度低、抗风险能力弱，农业收入相对较低。在机会成本不断提高的背景下，农户家庭成员逐步离开土地而寻求非农劳动以增加收入。农户收入结构也随之发生转变，农业收入占家庭收入的份额下降，而非农收入在家庭收入中的比重提高。

（二）农产品商品率不高

总体而言，农户家庭生产经营规模小，劳动生产率低，产出农产品大部分用于自食自用；此外，农资价格与农产品价格空间进一步压缩，农户农业生产经营的利润空间狭小，使得农户向市场出售的农产品数量较少，且农业产业化经营发展受到阻碍。

（三）收入与消费水平较低

我国出台的各种促进农业和农村经济发展的政策措施对农户增收有明显效果。但与城镇居民收入比较，差距仍然很大。受收入水平制约，农户消费表现出层次较低、购买力有限、消费增幅远低于城镇家庭消费增幅的特点。同时，不同地区、不同类型的农户经济也存在较大差距。低收入的农户家庭收入往往主要来自农业。

（四）兼业化现象普遍

中国农村劳动力人口多，但可用于农业生产的土地面积则相对狭小。随着乡镇企业的兴起、工业化与城市化进程的加快，农村大量剩余劳动力向城市转移，出现"民工潮"及"民工荒"等社会经济现象。这一特点除受制度与政策的影响之外，与城乡收入差距拉大、非农就业机会增加等因素紧密相关。但是土地的社会保障功能及价值提升使得农户普遍尚未完全放弃农业生产经营。

（五）行为的一致性

整体来看，农户的行为具有相当的一致性。当某种农产品市场出现供不应求、价格上涨时，大批农户一起涌向该产品的生产，使来年产量大增；当该农产品市场供过于求、价格下跌时，农户又纷纷放弃该产品的生产，使下一年产量急剧减少。这种一致性，在农户的生产行为中表现得十分突出。需要注意的是，由于各地经济发展不平衡，农户内部也有纯农业户和兼业户等不同类型，他们之间的行为也会存在一定差异。

三、农户的分类

根据农户经济活动与规模，可以将农户划分为贫困农户、普通农户、市场型农户三类。

（一）贫困农户

这类农户对土地的依赖度高，生产技能不够或缺乏劳动能力，生产水平低下，家庭收入水平很低，无法满足基本开支，受自然资源和自然灾害影响大。主要分布在我国西部和偏远地区，以自然经济或小商品经济为基础。

（二）普通农户

在农业生产经营上，他们大多采用以家庭经营为主体的组织形式，收入水平中等。大体分布在中国经济欠发达的中部地区，从自然经济或小商品经济向市场经济过渡的农户。

（三）市场型农户

农业生产专业化技能型。这类农户生产要素的主体是资金，经营活动以市场为导向，并且具有一定的资金积累。他们不仅追求生存保障，更追求发展与壮大，侧重于通过农产品的价值增值和专业化的规模生产达到利润最大化。这个层次的农户一般收入水平较高，家庭较为富裕。主要分布在经济发达地区。

四、农户的信贷需求特征

农户信贷需求一般指农户对货币资金的融资需求，具体表现为农户在其经济条件与自身能力所允许的范围内，在日常生活及农业生产经营活动中产生的对金融产品和服务的消费欲望。农户因其所从事的经济活动、生产经营中所面临的自然环境和市场环境，表现出具有自身特征的信贷需求，主要表现在以下四个方面。

（一）贷款需求较强

随着农户经营规模的扩大、兼业活动的开展，消费需求的增加，农户资金融入的愿望越来越强烈。有数据表明，农户家庭普遍存在流动性不足的问题，农户有较强的融资需求。

（二）贷款额度较小

农户的家庭经营规模决定了农户用于家庭经营方面和生产方面的额度不会很大。但随着农村地区产业升级、结构调整以及农户生产经营方式的转变，农户对借款额度的需求也在不断上升。

（三）农户借款以短期为主

农户借款以短期为主，以农村信用社为例，其农户借款平均期限为17个月，其中绝大部分是1年以内的借款，主要用于简单再生产，而一年以上的中长期借款则用于子女教育和建房等生活性借贷。

（四）借贷方式主要以担保为主

信用、保证、抵押和质押是农户借贷的基本方式。其中，信用贷款是农户最期望的借款方式，但对贷款人来说此方式缺乏保障、风险大，所以一般不愿以信用方式对农户发放贷款。而抵押和质押方式要求农户提供符合要求的抵质押物。但农户尤其是从事农业生产的农户很难提供符合金融机构要求的抵质押物，从而限制了其从金融机构以抵质押方式获得贷款。保证则是以第三方为保证人，和金融机构约定，当借款人不履行债务时，保证人按照约定承担一般保证责任或者连带责任，具有代为清偿债务能力的法人、其他组织或者公民，可以作保证人。从农户保证贷款的保证人来看主要是亲戚朋友、村干部和小组联保。

活动二 熟悉农户小额信贷管理

一、农户小额贷款的申请与受理

借款人到小额贷款机构提出贷款申请，根据申请的业务品种分别填写相应的申请表，并提交所需材料，由机构受理岗负责受理并登记相关信息。

申请农户小额贷款一般应具备以下条件：

（1）居住在小额信贷机构的营业区域以内，具有完全民事行为能力和劳动能力，持有效身份证件。

(2) 信用观念强、资信状况良好。
(3) 从事土地耕作、养殖或其他符合国家产业政策的生产经营活动。
(4) 有可靠收入,具备偿还本息的能力。

农户小额贷款的用途:
(1) 从事农、林、牧、渔等农业经营活动。
(2) 从事工业、商业、建筑业、运输业、服务业等非农业生产经营活动。
(3) 职业技术培训、子女教育、医疗、购买家电下乡产品等生活消费。
(4) 购置小型农机具或小型农田水利基础建设。

二、农户小额贷款的调查与信用评级

对于符合条件的贷款申请,受理岗应在农户信贷系统中录入相关客户信息和贷款申请信息,并提交指定的管户信贷员进行贷前调查。贷前调查实行实地现场调查制度,信贷员必须到申请人的家庭和经营场所进行实地调查,并收集贷款申请人的个人信息、家庭情况、生产经营信息、贷款用途信息等。

(一) 申请人及家庭基本信息

(1) 申请人的个人身份证明、教育背景、健康状况、婚姻状况、职业经历、品行和经营能力等。
(2) 主要家庭成员基本情况、健康情况、居住情况、家庭收入来源和主要生活支出,家里是否有长期生病者或先天不足人员。
(3) 家庭主要财产和负债情况。财产包括住房、交通工具、家电、农用生产工具等财产。负债包括住房贷款、汽车贷款等银行借款和民间私人借贷。
(4) 若农户从事生产经营活动,信贷员必须对经营者提供的相关证明材料(如生产经营许可证、资金往来账户、水电费等)作核实。
(5) 社会关系。家庭关系是否和睦、家人对贷款申请是否知情、周围邻居朋友对客户的评价等。

(二) 申请人生产经营信息

对于从事农、林、牧、渔的农户,应了解以下生产经营情况:
(1) 经营历史、生产规模、投入成本和产出、收入,销售渠道,产品的历史价格和现行市场价格,面临的主要风险等。
(2) 信贷员须通过各种渠道收集农户生产经营情况,了解农户的资产负债情况和现金流量情况,从而分析农户的还款能力。
(3) 应让客户尽可能完整地提供生产经营记录和凭证(如账本、合同、银行账户交易记录等),以便更准确地判断客户实际生产经营情况。

(三) 贷款用途信息

能够证明贷款用途真实、合理和贷款资金需求的信息,如设备或原材料的采购合同、订货单,预付款证明、自筹资金数额以及其他贷款用途证明信息等。对于小规模的种养殖农户贷款,信贷员应根据相关的行业知识和经营进行判断。

(四) 担保方式调查

对于抵(质)押贷款,信贷员应实地查看抵(质)押物。以房产抵押的,要了解该房产的权属、面积、用途、结构、位置和原价值等；以动产质押的，要了解该质押物种类、真伪、期限、价值等。如果是第三方保证，信贷员要了解申请人和保证人相互关系、保证人愿意为申请人担保的原因，是否存在债务债权关系等。同时，信贷员还要充分了解保证人的个人基本信息、住址、联系方式、收入情况，调查保证人是否具有担保能力。

三、农户小额贷款的审查、审批与发放

信贷员在调查完成后将相关资料提交审查岗审查。审查岗应对信贷员提交资料的真实性、合规性和完整性进行审查，通过电话对借款人信息、保证人信息、贷款申请和贷前调查内容进行核实。除对贷款资料本身的核实外，还应核实信贷员是否做到了尽职调查。核实完成后，审查岗应出具书面审查意见，明确贷款金额、用途、利率、期限、还款方式、担保条件、授权条件等内容，提示潜在贷款风险。

审查结束后，报给有权审批人审批，必要时需经过审贷会审议。经审批同意贷款的，通知客户在规定时间内签署贷款合同和担保合同，办理担保手续等。

四、农户小额贷款的贷后管理

贷款发放后，信贷员必须对其负责的贷款农户及时进行贷后跟踪调查，首次跟踪调查通常在贷款发放后一个月内，调查方式可采取实地检查、交叉检查、电话访谈、检查关联银行卡交易记录等。贷后跟踪调查实行定期检查制度，信贷员要密切关注贷款的资产质量，发现问题及时向上级部门报告，并采取有效措施避免和减少贷款资金损失。贷后调查要做好贷后检查记录，并完成相应的贷后检查报告。

【延伸阅读】

农户小额贷款申请表

各小额信贷机构的表格和表式有所不同，下面选取某银行小额信贷业务表作为参考。

××银行农户小额贷款业务申请表

致：××银行＿＿××＿＿支行

申请人基本情况	姓名		电话		银行卡号	
	居住地址				身份证件号码	
申请农户小额贷款情况	贷款额度		万元		贷款期限	
	贷款用途					
	担保方式	□抵押　□质押　□多户联保　□自然人保证　□法人保证　□信用				
	担保人名称（一）					
	担保人名称（二）					

续表

申请农户小额贷款情况	贷款方式	□一般贷款方式　　□可循环自助贷款方式　　□可循环非自助贷款方式		
	还款方式	□按(月/季/半年/年)分期还款　　□按(月/季)结息到期还本 □利随本清　　□其他＿＿＿＿＿＿＿＿＿＿＿＿＿＿＿＿＿		

申请人在此声明:1. 本人的借款行为已经过家庭财产共有人的同意,同意以家庭共有财产承担债务。2. 本人承诺上述各项资料属实,且随本申请表报送的资料复印件可留存贵行作为备查凭证。本人知道所有提供的信息将经过贵行调查核实,如资料不实,本人愿承担相应的法律责任。若本人家庭住址、联系电话等重要内容发生变化,将及时主动告知贵行。3. 经贵行审查,因不符合规定条件而不予发放贷款,本人无异议。4. 本人保证在取得贵行贷款后,按时足额偿还贷款本息。5. 本人同意并不可撤销地授权:贵行按照国家相关规定采集并向金融信用信息基础数据库和其他依法设立的征信机构提供符合相关规定的本人个人信用信息和包括信贷信息在内的信用信息(包括本人在贵行办理业务时产生的不良信息)。贵行根据国家有关规定,通过金融信用信息基础数据库和其他依法设立的征信机构查询、打印、保存符合相关规定的本人个人信息和包括信贷信息在内的信用信息。用途如下:审核贷款申请的;审核贷款担保的;进行贷后风险管理的;依法或经有关部门要求的。如贵行需查询本人配偶或保证人上述信息,本人同意协助贵行取得配偶或保证人的《授权书》。

		借款申请人签字(手印): 　　　　　　　　　　年　　月　　日

××银行农户小额贷款业务调查、审批表

经办行:＿＿＿＿＿＿＿＿支行

借款人申请贷款信息	姓名		贷款用途		贷款额度	元
	贷款期限		贷款方式	□一般贷款方式　　自助可循环贷款方式		
	贷款种类	□信用方式				
		担保借款:□自然人保证　　□联保小组　　□法人保证　　□抵押　　□质押				
	还款方式	□按＿＿月分期还款　　□按季(月)结息到期还本　　□利随本清				
借款人家庭资产负债情况	家庭财产合计	元	对外担保	元	民间借款	元
	欠金融机构贷款	元,其中欠我行　　　元、信用社　　　元、其他银行　　　元				
借款人家庭收支情况	上年家庭总收入	元,其中农业经营收入　　　元、非农业经营收入　　　元				
	上年家庭总支出	元				
	预计借款期间家庭总收入	元	预计借款期间家庭总支出			元
借款人信用等级评定结果	□优秀　　　□良好　　　□一般					

续表

保证人基本情况	姓名		上年家庭总收入	元	上年家庭总支出	元
	姓名		上年家庭总收入	元	上年家庭总支出	元
	姓名		上年家庭总收入	元	上年家庭总支出	元
	姓名		上年家庭总收入	元	上年家庭总支出	元
抵/质押情况	抵/质押物名称			抵/质押物价值		元
	抵/质押人			联系电话		
调查意见	经调查,建议为借款人发放如下的农户小额贷款:贷款采取□一般贷款方式(借款额度 元,期限 年)□自动可循环方式(可循环借款额度 元,可循环额度期限 年,惠农卡专用子账户比例 %),贷款利率浮动幅度 %,还款方式(□按 月分期还款□按季(月)结息到期还本□利随本清),担保方式为					
				调查人:		调查人:
				年 月 日		年 月 日
审查意见						
				审查人:		
				年 月 日		
审批意见						
				审查人:		
				年 月 日		

注:实行信贷审批业务网上作业的,不填写调查、审查、审批栏意见。

××银行农户小额贷款农户信用等级测评表

姓名:_____   经办行:_____支行

序号	评定指标	评分标准				满分值	得分
1	贷款申请人年龄	18~24	25~34	35~50	50周岁以上	5	
		□3	□4	□5	□3		
2	健康状况	家庭成员身体健康	家庭成员健康状况一般	家庭成员健康状况不佳,个别成员患有慢性疾病	家庭成员有重大伤残疾病	家庭成员有重大伤残疾病且影响正常生产经营	10	
		□10	□8	□6	□4	□0		

续表

序号	评定指标	评分标准					满分值	得分
3	个人品质	无黄赌毒及酗酒等不良嗜好,在当地反映良好	无黄赌毒及酗酒等不良嗜好,在当地反映较好	无黄赌毒不良嗜好,但会酗酒,在当地反映一般	有黄赌毒任一不良嗜好,在当地反映差		10	
		□10	□8	□6	□0			
4	报告期内银行信用记录(含其他金融机构)	有银行信用但无不良信用记录	无银行信用	存在贷款本息逾期30天(含)以内记录	存在贷款本息逾期90天(含)以内记录	存在不良信用记录的	15	
		□15	□13	□10	□8	违约		
5	家庭收入负债比(金融机构负债)	5倍(含)以上	5~3倍(含)	3~1倍(含)	1倍以下		10	
		□10	□8	□4	□0			
6	生产经营稳定性	生产经营持续5年以上	生产经营持续3~5年	持续经营1~3年	持续经营1年以下		10	
		□10	□8	□6	□4			
7	家庭收入状况	家庭收入/当地家庭平均收入在5倍(含)以上的	家庭收入/当地家庭平均收入在4倍(含)以上的	家庭收入/当地家庭平均收入在3倍(含)以上的	家庭收入/当地家庭平均收入在2倍(含)以上的	家庭收入/当地家庭平均收入在1倍(含)以上的	家庭收入/当地家庭平均收入在1倍以下的	20	
		□20	□18	□16	□14	□10	□5		
8	家庭财产状况(扣除金融机构负债后净值)	15万元以上	15万元(含)至10万元	10万元(含)至5万元	5万元(含)至1万元	1万元(含)以下	20	
		□20	□18	□16	□12	□10			
9	加分项	种养方面受乡级及以上政府部门表彰的可按如下情况加分,其中,获乡镇级政府表彰的加2分,获县级政府表彰的加5分,获市级政府表彰的加8分,获省级(含)以上政府表彰的加10分					10	
	合计得分							

说明:1. "家庭收入状况"主要考察农户家庭收入与该县农户家庭平均收入关系。2. 本计分表提供的"家庭财产状况"标准仅为参考值,各级分行可结合辖内各地区具体情况调整。3. 家庭收入负债比,如无金融机构负债,该指标得分取中间值5分。

调查人:_____

××银行小额贷款贷后常规检查表

检查日期	年 月 日	检查地点	□家庭住所 □生产场所
具体地址			

一、贷款基本情况

客户姓名		贷款金额		万元	贷款利率		%
贷款品种		□农户保证 □农户联保 □商户保证 □商户联保					
发放日期			年 月 日				
合同约定的贷款用途							
是否发生逾期	□是 □否	逾期金额		元	逾期天数		天
逾期原因							

二、检查内容

贷款资金实际用途是否与合同约定一致	□是 □否
贷款资金的真实用途与金额	
生产经营信息	
家庭信息	
其他借贷及担保信息	
客户的态度及评价	

三、检查结论及处理措施

检查结论：			
采取措施：			
其他需要说明的问题：			
检查人员：	日期：	年 月 日	
访谈人签字	日期：	年 月 日	

任务二　认知个体工商户信贷

案例引入

我国个体私营经济促就业作用明显

国家工商总局于2016年10月17日公布的2016年第三季度全国市场主体发展情况显示，目前全国已有近3亿个体私营经济从业者，个体私营经济促进就业作用日趋明显。

据统计,当前个体私营经济从业人员保持稳步增长态势,截至9月底,全国个体私营经济从业人员实有2.97亿人,比2015年年底增加1 666.2万人。随着投资创业便利化的进一步提高,群众对改革成效的满意度提升。

工商总局调查发现,2015年第三季度设立的小微企业开业一周年调查问卷分析表明,当前小微企业发展形势总体良好,新设小微企业总体比较活跃,活跃指数为69.9%,比2015年第二季度新设小微企业高1.1个百分点。新设小微企业提供的就业岗位有所增加,由开业时平均每户6.2人增加到7人。在全部小微企业中,八成开业企业实现创收,其中科技创新和涉网小微企业的盈利比率较高。大学生仍是小微企业创业创新的生力军,在创业中偏好现代服务业,经营活动较为活跃。

资料来源:中国工商报

请思考:此报道反映了个体工商户总量和行业分布有什么特征?个体工商户对国民经济发展有什么作用?

活动一 认识个体工商户

一、个体工商户的定义

依照《个体工商户条例》的规定,个体工商户是指:"有经营能力的公民,依照本条例规定经工商行政管理部门登记,从事工商业经营的,为个体工商户。"个体工商户以个人为单位,或以家庭为单位从事工商业经营,从事个体工商户经营的主要是城镇待业青年、社会闲散人员和农村村民。国家机关干部、企事业单位职工,不能从事个体工商业经营。

二、个体工商户的特征

个体工商户主要从事的大多属于和人们日常生活关系密切的传统服务业,以批发与零售业、居民服务和其他服务业、住宿餐饮业居多。经营规模小、人数少、资金少、轻技术、缺管理、薄利润。

大多数个体工商户不聘请财务人员,也很少建立符合现代会计制度的账目,即使缴纳税款也多是定额税,因此外人一般很难通过财务信息了解其经营状况。

个体工商户经营规模小型微型化、服务人群相对固定,形成了自雇佣的运行模式。对血缘关系依赖强,资金依赖内源融资。

个体工商户从事的是量大面广和微利的行业,需要创造信用,以形成有支付能力的持续需求。一方面,个体工商户只有对客户创造信用才能维持稳定的市场和收入,只有对经销商创造信用才能取得他们的赊销许可;另一方面,只有对金融机构创造信用才能在资金困难时获得金融机构的支持。

三、个体工商户信贷需求

个体工商户整体贷款需求大,但平均资金需求量不大,一般户为1万~5万元,一般大户5万~10万元,10万元以上贷款户数较少。

个体工商户贷款需求季节性强,城镇个体工商户大多经营服务城镇附近农民,而农民消费能力往往随生产季节而波动,导致个体工商户经营季节性。

个体工商户往往缺少抵押物,需求信用贷款或经营商品抵押占多数,但往往不符合银行类贷款机构的贷款风险防范要求。

活动二　熟悉个体工商户信贷管理

一、个体工商户小额贷款的申请与受理

个体工商户贷款的操作流程与农户贷款的操作流程类似,但在客户准入条件、申请受理材料及调查、审查要点等方面不同。

个体工商户贷款通常需要具备以下几个基本条件:

(1) 有当地户口,具备完全民事行为能力。

(2) 在本地有固定的经营场地,经营合法。

(3) 借款人拥有良好的信用记录,有稳定的经营收入和按期偿还本金利息的经济能力。

(4) 提供合法、足值、易于变现的抵(质)押物。

二、个体工商户小额贷款调查要点

对个体工商户生产经营信息调查要点与农户的调查要点侧重点不同。对于从事生产经营的个体工商户,贷前调查应注意以下几个方面:

(1) 经营状况,包括生产经营场所的地理位置、生产流程、经营历史、行业竞争及其他投资等。

(2) 经营收入和成本状况,包括盈利模式、生产或经营成本和销售收入、利润率、供应商和客户。

(3) 资产负债情况,包括现金、银行存款、存货周转情况、设备开工率、应收付款项及民间借贷等。

(4) 信贷员应了解客户贷款资金用途和自有资金情况。对个体工商户贷款的调查以实地调查为主,信贷员通过实地观察和专业判断形成贷前调查意见,为贷款决策提供依据。

三、个体工商户小额贷款的审查、审批与发放

信贷员完成调查,将相关材料提交审查岗审查,审查结束后,报给有权审批人审批,必要时经过审贷会审议。经审批同意贷款的,通知客户在规定时间内签署合同,办妥相关手续。

具体操作参照农户小额贷款相关内容。

四、个体工商户小额贷款的贷后管理

贷款发放后,信贷员必须对其负责的客户及时进行贷后跟踪检查,并做好贷后调查报告。信贷员要监督借款人按照合同约定的还款方式、还款计划按期偿还贷款本息。

具体操作参照农户小额贷款相关内容。

【延伸阅读】 **中信银行个人经营性贷款申请指南**

中信银行个人经营贷款是指向具有完全民事行为能力的自然人（主要包括个体工商户、个人独资企业的投资者）发放的，用于解决其生产经营过程中正常资金需求的人民币贷款。

中信银行个人经营贷款申请条件：

持有合法有效的身份证件，具有当地城镇常住户口或有效居留身份，有固定住所。

经工商部门批准，依法登记注册，持有合法有效的营业执照。

有固定的经营场所，有明确的生产经营计划，贷款用途明确合法。

信用良好，无违约行为和不良信用记录，有按期偿还贷款本息的能力，并愿意接受中信银行对其使用贷款资金情况和有关生产经营、财务活动的监督。

在中信银行开立结算账户。

能提供中信银行认可的合法有效的财产抵押或质押，或有足够代偿能力的保证人担保。

中信银行规定的其他条件。

中信银行个人经营贷款申请流程：

借款申请人填写借款申请表，并提交相关材料和凭证。

银行审查，通知借款申请人审查结果。

借款人填写借款合同，办理保险、抵押登记或质押等手续。

银行发放贷款。

借款人按借款合同的规定还本付息。

中信银行个人经营贷款额度、利率：

贷款额度：1万~1 000万元

抵押贷款月利率：0.70%~1.10%

信用贷款月利率：0.90%~1.90%

担保贷款月利率：0.80%~1.50%

资料来源：http://www.yinhang123.net/guonayinxing/zhongxinyinxing/422783.html

个体工商户条例

第一条 为了保护个体工商户的合法权益，鼓励、支持和引导个体工商户健康发展，加强对个体工商户的监督、管理，发挥其在经济社会发展和扩大就业中的重要作用，制定本条例。

第二条 有经营能力的公民，依照本条例规定经工商行政管理部门登记，从事工商业经营的，为个体工商户。

个体工商户可以个人经营，也可以家庭经营。

个体工商户的合法权益受法律保护，任何单位和个人不得侵害。

第三条 县、自治县、不设区的市、市辖区工商行政管理部门为个体工商户的登记机关

(以下简称登记机关)。登记机关按照国务院工商行政管理部门的规定,可以委托其下属工商行政管理所办理个体工商户登记。

第四条 国家对个体工商户实行市场平等准入、公平待遇的原则。

申请办理个体工商户登记,申请登记的经营范围不属于法律、行政法规禁止进入行业的,登记机关应当依法予以登记。

第五条 工商行政管理部门和县级以上人民政府其他有关部门应当依法对个体工商户实行监督和管理。

个体工商户从事经营活动,应当遵守法律、法规,遵守社会公德、商业道德,诚实守信,接受政府及其有关部门依法实施的监督。

第六条 地方各级人民政府和县级以上人民政府有关部门应当采取措施,在经营场所、创业和职业技能培训、职业技能鉴定、技术创新、参加社会保险等方面,为个体工商户提供支持、便利和信息咨询等服务。

第七条 依法成立的个体劳动者协会在工商行政管理部门的指导下,为个体工商户提供服务,维护个体工商户合法权益,引导个体工商户诚信自律。

个体工商户自愿加入个体劳动者协会。

第八条 申请登记为个体工商户,应当向经营场所所在地登记机关申请注册登记。申请人应当提交登记申请书、身份证明和经营场所证明。

个体工商户登记事项包括经营者姓名和住所、组成形式、经营范围、经营场所。个体工商户使用名称的,名称作为登记事项。

第九条 登记机关对申请材料依法审查后,按照下列规定办理:

(一)申请材料齐全、符合法定形式的,当场予以登记;申请材料不齐全或者不符合法定形式要求的,当场告知申请人需要补正的全部内容。

(二)需要对申请材料的实质性内容进行核实的,依法进行核查,并自受理申请之日起15日内作出是否予以登记的决定。

(三)不符合个体工商户登记条件的,不予登记并书面告知申请人,说明理由,告知申请人有权依法申请行政复议、提起行政诉讼。

予以注册登记的,登记机关应当自登记之日起10日内发给营业执照。

国家推行电子营业执照。电子营业执照与纸质营业执照具有同等法律效力。

第十条 个体工商户登记事项变更的,应当向登记机关申请办理变更登记。

个体工商户变更经营者的,应当在办理注销登记后,由新的经营者重新申请办理注册登记。家庭经营的个体工商户在家庭成员间变更经营者的,依照前款规定办理变更手续。

第十一条 申请注册登记或者变更登记的登记事项属于依法须取得行政许可的,应当向登记机关提交许可证明。

第十二条 个体工商户不再从事经营活动的,应当到登记机关办理注销登记。

第十三条 个体工商户应当于每年1月1日至6月30日,向登记机关报送年度报告。

个体工商户应当对其年度报告的真实性、合法性负责。

个体工商户年度报告办法由国务院工商行政管理部门制定。

第十四条 登记机关将未按照规定履行年度报告义务的个体工商户载入经营异常名录,并在企业信用信息公示系统上向社会公示。

第十五条 登记机关接收个体工商户年度报告和抽查不得收取任何费用。

第十六条 登记机关和有关行政机关应当在其政府网站和办公场所,以便于公众知晓的方式公布个体工商户申请登记和行政许可的条件、程序、期限、需要提交的全部材料目录和收费标准等事项。

登记机关和有关行政机关应当为申请人申请行政许可和办理登记提供指导和查询服务。

第十七条 个体工商户在领取营业执照后,应当依法办理税务登记。

个体工商户税务登记内容发生变化的,应当依法办理变更或者注销税务登记。

第十八条 任何部门和单位不得向个体工商户集资、摊派,不得强行要求个体工商户提供赞助或者接受有偿服务。

第十九条 地方各级人民政府应当将个体工商户所需生产经营场地纳入城乡建设规划,统筹安排。

个体工商户经批准使用的经营场地,任何单位和个人不得侵占。

第二十条 个体工商户可以凭营业执照及税务登记证明,依法在银行或者其他金融机构开立账户,申请贷款。

金融机构应当改进和完善金融服务,为个体工商户申请贷款提供便利。

第二十一条 个体工商户可以根据经营需要招用从业人员。

个体工商户应当依法与招用的从业人员订立劳动合同,履行法律、行政法规规定和合同约定的义务,不得侵害从业人员的合法权益。

第二十二条 个体工商户提交虚假材料骗取注册登记,或者伪造、涂改、出租、出借、转让营业执照的,由登记机关责令改正,处 4 000 元以下的罚款;情节严重的,撤销注册登记或者吊销营业执照。

第二十三条 个体工商户登记事项变更,未办理变更登记的,由登记机关责令改正,处 1 500 元以下的罚款;情节严重的,吊销营业执照。

个体工商户未办理税务登记的,由税务机关责令限期改正;逾期未改正的,经税务机关提请,由登记机关吊销营业执照。

第二十四条 在个体工商户营业执照有效期内,有关行政机关依法吊销、撤销个体工商户的行政许可,或者行政许可有效期届满的,应当自吊销、撤销行政许可或者行政许可有效期届满之日起 5 个工作日内通知登记机关,由登记机关撤销注册登记或者吊销营业执照,或者责令当事人依法办理变更登记。

第二十五条 工商行政管理部门以及其他有关部门应当加强个体工商户管理工作的信息交流,逐步建立个体工商户管理信息系统。

第二十六条 工商行政管理部门以及其他有关部门的工作人员,滥用职权、徇私舞弊、收受贿赂或者侵害个体工商户合法权益的,依法给予处分;构成犯罪的,依法追究刑事责任。

第二十七条 香港特别行政区、澳门特别行政区永久性居民中的中国公民,台湾地区居民可以按照国家有关规定,申请登记为个体工商户。

第二十八条 个体工商户申请转变为企业组织形式,符合法定条件的,登记机关和有关行政机关应当为其提供便利。

第二十九条 无固定经营场所摊贩的管理办法,由省、自治区、直辖市人民政府根据当地实际情况规定。

第三十条 本条例自 2011 年 11 月 1 日起施行。1987 年 8 月 5 日国务院发布的《城乡个体工商户管理暂行条例》同时废止。

资料来源：http://www.gov.cn/zwgk/2011-04/28/content_1853972.htm

兴业银行个人经营贷款调查报告

一、申请人/共同申请人/配偶基本信息							
1. 主申请人信息							
姓名	杨玉琼	性别	女	年龄	50	最高学历	初中
婚姻状况	【】未婚　【√】已婚　其他：						
工作单位	重庆程顺汽车配件制造有限公司			职务		董事长	
从业经历(时间起止、所处行业、工作单位、职务等)	1996—2006 年在上海从事销售建筑材料 2006—2009 年就职于重庆海啸物资有限公司 2009 年 8 月 28 日成立重庆榕港商贸有限公司，担任董事职务。主要经营加工、销售：金属材料、建筑材料、装饰材料、陶瓷制品等						
2. 配偶信息							
姓名	陈碧珠	性别	女	年龄	36	最高学历	大学
工作单位	重庆榕港商贸有限公司			职务		经理	
3. 共同申请人信息(若共同申请人为配偶,省略此部分)							
姓名	无	性别		年龄		最高学历	
婚姻状况	【】未婚　【】已婚　其他：						
与借款人关系							
工作单位				职务			
信誉状况							
二、借款人、经营实体与本行业务往来情况							
(包括但不限于：1. 借款人家庭成员在本行的客户层级；2. 借款人家庭及经营实体在我行的存款、结算、贷款、代发工资、网上银行、理财、信用卡等。) 1. 已在我行开立个人储蓄存款业务。 2. 已开立对公账户并办理 POS 收单业务。							

续表

三、借款人家庭情况				
(一)家庭主要资产				
资产种类	有多项资产,请逐一列明			
^^	坐落	建筑面积/m²	购置价/万元	市价/万元
房产	重庆市沙坪坝区凤天大道87号9-3	138.09	110.47	
^^	重庆市江北区保利江上明珠A-1组团7幢1-1-3	326.63	695.55	
^^				
^^				
^^	房产小计			806.02万元
汽车	1. 品牌:宝马 WBAKB210	/	100万元	
^^	2. 品牌:	/		
^^	汽车小计			
金融资产	1. 银行存款			30万元
^^	2. 理财产品			
^^	3. 股票市值			
^^	4. 基金净值			
^^	5. 其他			
^^	金融资产小计			
其他资产	包括投资于其他公司的股权价值等			

资产合计:936.02万元

(二)家庭主要负债(逐一列举)

银行贷款类(贷款品种)	借款人	贷款行	贷款金额	贷款余额	到期日	还款情况(累计逾期次数、最高逾期次数等)
1. 个人住房贷款	陈亚阳	民生银行	370 000	331 458	2028.7.17	无
2. 个人汽车贷款	陈亚阳	建设银行	642 000	334 452	2013.3.2	无
3. 个人住房贷款	陈碧珠	光大银行	486 000	480 043	2031.3.25	无

续表

其他负债 （如民间借款）	负债余额		还款情况	

负债合计：114.60 万元

家庭净资产合计：821.42 万元

(三)家庭收入支出情况

家庭收入 情况	借款人		配偶	
	A. 年收入（包括奖金、分红）：	144 万元	A. 年收入（包括奖金、分红）：	96 万元
	B. 年租金收入：		B. 年租金收入：	
	C. 其他投资收益：		C. 其他投资收益：	
	小计：		小计：	
	家庭年收入合计： 240 万元			

注：借款人、配偶收入来源于企业经营的，将所得（包括分红）填写在"1. 年收入"中；房产租金收入属于家庭共有的，勿重复填写。

支出情况	家庭月总支出： 67 815 元	其中：A. 家庭月日常生活开支	3 000 元
		B. 家庭月债务支出（包括还款额）	64 875 元

(四)其他情况

借款人家庭是否支持其经营行为	是	家庭成员是否有不良嗜好	无

四、借款人经营信息

(一)经营实体基础信息

名称	重庆榕港商贸有限公司	单位性质	个人经营
法人代表	陈亚阳	成立时间	2009.8.28
注册资本	柒佰万元整	实收资本	柒佰万元整
是否有贷款卡	有	贷款卡号码	有
贷款卡查询情况（含目前贷款情况，对外担保情况等）及是否有不良信用记录？	无		
股权结构（列举主要股东、出资额占比）			
经营场所地址	重庆市九龙坡区华岩镇华福大道北段 70 号商务中心 3 楼（重庆美每家建材家居广场）		

续表

经营场所产权情况	【 】自有	【√】租赁,租约到期日:
是否悬挂经营证件	【√】营业执照;【√】税务登记证;【 】卫生许可证;其他:	
相关营运费用是否按时交纳(任选一项或多项进行核实)		
【 】水费;【 】电费;【 】电话费;【 】租金;其他:		
核实途径	【√】市场管理方;【 】电信局;【 】电力局;【 】查看相关收费单据;其他:	
用工情况	用工人数:12人;用工是否稳定: 是 工资是否及时发放:是及时发放	
(二)经营模式		
经营实体类型	【 】生产型;【 】贸易型;【 】服务型;【√】其他	产品是否符合环保标准 【√】是;【 】否,说明:
主营业务	加工、销售:金属材料、建筑材料、装饰材料、陶瓷制品等	
销售模式	以重庆境内、境外多家房地产开发公司、个体工商户多家有经销合作往来。付款方式:钱货两清 主要有现金结算及银行结算	
是否有淡旺季	【 】是,淡季一年有( )个月,集中在( )月,月均营业额( );旺季一年有( )个月,集中在( )月,月均营业额( ) 【√】否,销售较为平均,月均营业额(350元)	
列出3家以上主要的上游企业、合作情况及结算方式	1. 重庆海啸物资有限公司 2. 该公司主要合作单位为重庆海啸物资有限公司,并且长期保持合作,关系良好。结算方式主要有银行结算及现金结算	
列出3家以上主要下游企业、合作情况及结算方式	1. 重庆建工集团股份有限公司 2. 重庆第十建设有限公司 下游企业主要由重庆境内多家建筑公司。与下游企业有较好的业务合作关系,结算方式是银行及现金结算	
结算方式	现金结算,占比__50__%;银行结算,占比__50__%;其他,占比%:_____	
开户行及结算占比	已在我行开立一般账户(兴业银行重庆分行)。以后的交易结算也将主要在我行,因为公司刚成立不久,对公账户也刚开立,暂无公司银行流水	
经营地位与规模(区域内同行业比较)	该经营部坐落于重庆市九龙坡区华岩镇华福大道北段70号商务中心3楼(重庆美每家建材家居广场)。该公司主要从事加工、销售金属材料、建筑材料、装饰材料、五金交电等。该商铺位于市场中心地段,该市场地理位置优越,实力雄厚	
(三)经营状况分析		
填写说明: 1. 可提供财务报表的,填写A。 2. 无法提供财务报表的,填写B。 3. 个体工商户、个人独资企业或合伙企业等非法人企业可简化相应分析过程。 4. 经营实体成立不足3年的,提供自成立起至申请月的经营数据。 该公司成立于2009年,注册资本为700万元,其主要从事建筑材料加工、销售等业务		

续表

1. 该公司主要与重庆多家大型国有建筑企业(重庆建工集团股份有限公司、重庆第十建设有限公司)有着业务往来,通过其与上下游企业的购销合同,可以看出该公司的交易情况良好。 2. 通过该公司提供的下游用途购销合同可看出,该公司已购买重庆海啸物资有限公司大量建筑钢材,囤货资金也高达几百万元。 3. 根据客户提供的银行流水账单看出,该客户交易频繁其资金量大。 4. 该客户及配偶虽是外地人,但是在主城知名楼盘已购置两套房产(一套位于重庆市沙坪坝区凤天大道87号9-3,其购置价为110.47万元,另一套位于重庆市江北区保利江上明珠A-1组团7幢1-1-3,其购置价为695.55万元),打算在重庆长期落户定居。并且通过其与美每家市场签订的租赁合同可知,其签订的建筑面积为337.5 m²,时间两年,已付租金113 400元,所以该客户有着长期在美每家经营下去的信心和决心。 由以上分析可以看出,该公司实力雄厚,经营状况良好

A. 财务数据分析

财务报表是否经审计:【 】是【 】否

项目	年	年	年	项目	年	年	年
资产负债表选取数据				利润表选取数据			
总资产				主营业务收入			
流动资产				主营业务成本			
其中:货币资金				营业利润			
应收账款				投资收益			
存货				利润总额			
固定资产净值				净利润			
总负债				净利润率			
流动负债							
其中:短期借款							
应付账款				现金流量表选取数据			
长期借款				经营净现金流量			
所有者权益				投资净现金流量			
其中:未分配利润				筹资净现金流量			
资产负债率							
流动比率							

财务数据补充说明:

结论:
以上数据表明,申请人经营情况、近年年均销售额、销售利润率、表现出盈利能力

B. 其他渠道测算经营指标

续表

项目			
总资产			
总负债			
销售收入			
运营成本			
毛利润			

说明:选择采用结算账户的银行流水、资金出入账证明、购销单、账本、水/电费单、海关出口报表等相关单据对商户经营状况(包括收入、成本和盈利情况)进行分析

五、担保分析

1. 抵押:(涉及多个抵押物的,逐一填写)

抵押物类型	【】住宅;【】别墅;【】商用房;【】标准厂房;其他:					
抵押物详细地址	无					
抵押物所有人及与借款人关系	(请填写"全部共有权人",如共有权人涉及无民事行为能力或限制民事行为能力,请特别说明)					
小区名称		土地性质	【】出让;【】划拨	房屋状态	【】期房;【】现房	
建筑完工日期		建筑面积	m²	楼层	第　/共层	
购置价		评估价值		认可价值	抵押率	%
抵押物用途	【】自用;【】出租,月租金:【】闲置			保险情况		
抵押物租赁的详情(租赁对象、租期、租金支付周期)	无					
有无法律纠纷、产权是否明晰						
变现能力分析						

2. 质押:

质押物名称	无	质押物价值	
权利到期日		质押率	%
权属人及与借款人关系:(请填写"全部共有权人",如共有权人涉及无民事行为能力或限制民事行为能力,请特别说明)			

3. 自然人保证

姓名	无	性别		年龄		最高学历	
在本行客户层级		婚姻状况		【】未婚【】已婚其他:			

续表

工作单位				职务	
保证人资信情况					
年收入(包括分红等)					
家庭资产	住宅套,市价： 万元;商用房套,市价： 万元; 其他： 市价： 万元				
	汽车： 辆,品牌为 ,市价： 万元				
	其他资产： 万元。资产总计：				
家庭负债	银行贷款笔,总贷款余额： 万元,其他负债： 负债总计：				
家庭净资产	万元				
若保证人为商户	经营实体名称			经营年限	
	主营业务			上年销售额	

4. 其他担保情况分析(例如担保公司保证)
该客户的贷款申请由重庆美每家投资有限公司作全程担保

六、授信用途及还款来源分析

(一)授信用途及资金走向合理性分析(含交易对象、合同金额、证明材料)
　　申请人陈亚阳向我行申请个人经营性贷款 100 万元,用于流动资金贷款。借款人已与重庆海啸物资有限公司签订购销合同,所需资金 240 万元,付款方式为合同签订后,借款人陈亚阳首付货款总金额的 50%为预付款金额 120 万元。待收到全部货品后两个月内结清余款,借款人陈亚阳已自筹货款 140 万元,另向我行申请贷款 100 万元。该笔贷款资金用途合理,还款人收入较好,还款实力强。
最终收款人:重庆海啸物资有限公司
收款账号:3100035119024512164　　　　　　　　　开户行:工商银行重庆市凤天路支行

(二)还款来源分析
(综合经营实体的盈利能力、申请人的家庭净资产、担保情况等,对借款人的还款能力进行分析,并就项目的风险点提出具体的防范措施。)
　　1. 第一还款来源:(包括但不限于综合分析经营实体盈利能力、贷款投向的安全性及还款来源的可靠性等)
　　经调查,借款人陈亚阳经营实体收入情况真实,与上下游企业有较好的业务合作关系,经营收入稳定可靠。借款人陈亚阳在重庆榕港商贸有限公司担任董事长。该公司主要从事加工、销售金属材料、建筑材料、陶瓷制品、五金交电等。该商铺位于市场中心地段。该市场地理位置优越,实力雄厚。借款人陈亚阳年收入及分红 144 万元;配偶陈碧玉系重庆榕港商贸有限公司担任经理职务,年收入及分红 96 万元,家庭年合计收入 240 万元。
　　本笔贷款利率按一年贷款基准利率 6.56% 上浮 20 %,即 7.872% 测算,贷款期限 1 年,本笔贷款金额为 100 万元,还款方式为按季付息到期还本,一年后归还利息共 78 720 元;客户每季度归还利息为 19 680 元,其每月归还利息 6 560 元,另夫妻名下他行有 3 笔贷款,每月还款 6.487 5 万元,夫妻双方月收入合计 20 万元,收入还贷比为 32.43%;故该借款人收入还款来源稳定,销售收入足以覆盖此笔贷款,第一还款来源充足。
　　2. 第二还款来源:(若第二还款来源为抵/质押物,且已在"七、担保分析"中对其基本情况进行描述,则此处侧重从抵押率、变现能力等方面分析第二还款来源的可靠性)
　　另重庆美每家投资有限公司作全额连带担保

续表

七、综合回报情况				
（了解借款人其他金融需求，列明拟办理的其他业务及相关收益）				
八、其他情况说明				
九、信用方案安排意见				
【 】额度授信				
授信金额	100 万元	授信期限	12 月	额度抵/质率	%
其中：自助额度	元	自助期限	月	非自助额度	元
自助额度的利率		基准利率基础上上浮 20 %		
同时申请非自助额度项下第一笔贷款的，在"单笔贷款"栏填写该笔贷款信息。				
【√】单笔贷款				
贷款金额	万元	贷款期限	月	抵/质押率	%
还款方式	按季付息一次结清	月还款金额		
贷款利率	基准利率基础上上浮%， 或其他利率定价方案：			
最终收款人	重庆海啸物资有限公司			
收款账号	3100035119024512164	开户行	工商银行重庆市凤天路支行	
"一户双贷"信用卡额度万元				

资料来源：https://wenku.baidu.com/view/54edd7fdaef8941ea76e05ea.html

任务三 认知小企业信贷

案例引入

中小企业信贷难

随着我国市场经济体制的建立和完善，中小企业得到了迅速发展，不仅成为推动我国国民经济持续、稳定、快速增长的重要力量，而且在调整经济结构、扩大社会就业、发展地方经济、增加财政收入等方面都发挥着重要作用。然而，融资难却制约着中小企业的发展，以海南为例，中小企业贷款占银行信贷总额不足20%，在2万多家小企业中，能够从银行获得信款资金占比不到两千家。

出现这样的局面，首先，小企业信用观念淡薄，管理不规范，财务制度不健全，缺乏内部控制机制，不能提供准确及时的财务报表，法治意识淡薄，欠息、逃债、赖债等现象时有发生，造成了中小企业整体信用不良的局面，制约了中小企业的融资；其次，中小企业无抵押物或抵押难，中小企业可抵押物少，且资产评估中介服务不规范，存在垄断现象，对抵押物的评估往往不按市场行为正确评估，随意性很大；最后，担保难，担保公司担保也是有条件的，而且要收取一定担保费用，效益好的企业既不愿意给别人作担保，也不愿意支付担保费，效益一般的企业，由于抵押品价值不足，或者是贷款额度少，也达不成一致。要解决以上突出问题，需要从以下几个方面着手。

规范企业经营行为，提高信用程度。小企业应建立规范科学的财务制度，提高企业财务管理水平，加强财务信息的真实性，信守合同，依法纳税，使财务报表能真实地反映其经营状况和财务状况，并确保各项债务如期偿还。树立良好的信息披露意识，提供真实的财务信息，杜绝假报表、假合同等现象的发生，确保财务信息的真实性、准确性和完整性。

加快和完善中小企业融资担保体系。建立中小企业信用担保体系，可以从根本上解决中小企业贷款时的担保问题，从而保证贷款的顺利进行。中小企业信用担保体系可以由发展互相担保和建立中小企业信贷担保公司组成。建议有条件的市县区积极筹建信贷担保体系的分支机构，从制度上为银行规避金融风险，也为民营企业贷款创造条件。鼓励建立商业化运作的中小企业信贷担保协会，政府从政策上给予一定的支持和优惠。积极探索建立全国性信贷再担保机构。全国性信贷担保机构建立，可以采取会员入股和中央财政出资相结合的办法，以事业法人方式组建，并从现在开始进行研究论证。目前我国政府的信用担保体系尚处于初步发展状态，但由于我国商业银行普遍推行了抵押、担保制度，而大部分中小企业难以提供符合抵押条件的抵押物，所以导致一些成长性较好的中小型企业无法获得贷款，信用保证制度是可以使得那些按正常渠道无法获得到贷款的小企业得到了资金上的支持。同时，建立和完善与担保机制相配套的制度设施：第一，建立和完善担保机构的准进制度、资金资助制度、信用评估和风险控制制度，降低准进门槛；第二，对担保公司实施减免税政策，达到一定条件的担保机构，国家减免所得税；第三，建立担保贷款的风险补偿机制，包括建立国家再担保机构、银行对担保公司的坏账分担、通过风险基金提供补偿等。

加大对中小企业的扶持。政府应该充分发挥其职能，通过政策设计和引导，调动金融部门的积极性和社会各方面的力量积极为中小企业融资提供帮助。通过招商引资，为中小企业引进外资，搭建好舞台。在招商引资过程中要扮演好组织者和促进者的角色，当好企业的参谋，不搞行政指定，把决定权留给企业，从而真正帮助中小企业拓宽融资渠道。政府推动中小企业发展主要着眼于制度建设和法规保障，通过制度保障、政策协调、资本市场创新等措施，营造外围条件。积极营造良好的环境，政府要加强对中小企业融资的扶持。近年来，政府部门和社会各界对解决中小企业的融资问题，给予了相当程度的关注。对银行来说，向大量中小企业贷款，可以分散金融经营风险，降低成本，防止贷款过度向大企业集中而潜伏信贷风险。对于政府来说，因中小企业是社会主义市场经济建立的微观经济活动主体，是解决就业难题的主要载体，也是我国经济发展的重要经济增长点，因此，从宏观经济稳定运行的角度出发，政府必须给予中小企业相关的法律、政策及财政支撑，以政府之力帮助中小企业生存和发展。

资料来源：中国青年报

请思考：你了解小企业贷款吗？小企业贷款有什么特点？

活动一　认识小企业

一、概念

小企业是指劳动力、劳动手段或劳动对象在企业中集中程度较低，或者生产和交易数量规模较小的企业。

世界各国根据本国的经济发展实际情况，对（中）小企业的范围和特征作出了明确规定，并相应地确定中小企业的概念。因地域、行业和时间的不同，世界各国对小企业的界定也不同。我国界定小企业的标准是依据企业职工人数、销售额、资产总额等指标，并结合行业特点制定的。

二、小企业的金融特征

小企业由于资产规模小、财务信息不透明、经营上的不确定性大、承受外部经济冲击的能力弱等制约因素，加上自身经济灵活性的要求，其融资与大企业相比存在很大特殊性。

中小企业拥有广泛的社会经济基础。在数量上，中小企业占据着绝对优势，并且分布以及所涉行业广泛。中小企业是国民经济非常重要的构成部分。资料表明，依照《中小企业标准暂行规定》我国中小企业的数量占国内企业总数的95%以上。与此同时，小企业经营规模较小，产品科技含量较低，以至于市场竞争力较差，导致其寿命短。

小企业融资途径非常有限，资金供给不足，发展动力缺乏；小企业收集、处理市场信息的能力较弱，无法及时准确地做出判断，抗风险能力弱。因此，新旧中小企业更新较快，我国每年都会有大批中小企业创立，同时有大批中小企业倒闭。

中小企业特别是小企业在融资渠道的选择上，比大企业更多地依赖内源融资；在融资方式的选择上，中小企业更加依赖债务融资，在债务融资中又主要依赖来自银行等金融中介机构的贷款；与大企业相比，中小企业更加依赖企业之间的商业信用、设备租赁等来自非金融机构的融资渠道以及民间的各种非正规融资渠道。

三、小企业的信贷需求

银行等信贷机构对小企业的信贷投入总量逐年增加，但与小企业快速发展的融资需求尚有差距。发展成熟、绩效优良的小企业的资金需求大多能得到保障，但大量处在创业初期的小企业资金紧张、银行支持不足，融资困难。

流动资金贷款成为小企业的主要信贷需求，资金需求具有"短、小、频、急"的特点。

小企业一般无法提供房产、固定资产作为抵押，也难以提供具有较强经济实力和较高社会地位的保证人，因此偏向于信用贷款。

活动二 熟悉小企业信贷管理

一、小企业小额贷款的申请与受理

小企业贷款的操作流程可参照项目四任务二小额信贷项目基本流程，但在客户准入条件、申请受理材料及调查、审查要点等方面不同于农户小额贷款和个体工商户贷款。

小企业贷款准入条件：

（1）符合国家的产业、行业政策，不属于高污染、高耗能的小企业。

（2）企业在各家商业银行信誉状况良好，没有不良信用记录。

（3）具有工商行政管理部门核准登记，且年检合格的营业执照，持有人民银行核发并正常年检的贷款卡。

（4）有必要的组织机构、经营管理制度和财务管理制度，有固定依据和经营场所，合法经营，产品有市场、有效益。

（5）具备履行合同、偿还债务的能力，还款意愿良好，无不良信用记录，信贷资产风险分类为正常类或非财务因素影响的关注类。

（6）企业经营者或实际控制人从业经历在3年以上，素质良好、无不良个人信用记录。

（7）企业经营情况稳定，成立年限原则上在2年（含）以上，至少有一个及以上会计年度财务报告，且连续2年销售收入增长、毛利润为正值。

（8）符合建立与小企业业务相关的行业信贷政策。

（9）能遵守国家金融法规政策及银行有关规定。

（10）在申请行开立基本结算账户或一般结算账户。

二、小企业小额贷款的调查与信用评级

同个体工商户相比，小企业贷款客户经营的企业规模通常更大，日常经营过程中经形成了财务记录和经营记录，部分制度完善的企业还有完整的财务报告和纳税证明。因此，对小企业进行贷前调查应区别于个体工商户的贷前调查，信贷员除了实地调查和主观判断外，还需要核实客户提交的资产状况和收入证明等材料的真实性。

除要注意一般小额贷款的调查要点外，信贷员还要关注的要点有：

（1）客户总体情况，包括基本情况、管理水平。基本情况主要是指企业成立的背景、动机和条件，企业地理环境、产权结构、员工数量和结构，经营企业创始人的行业从业经验、掌握技术、产品市场资源等情况。

（2）经营管理能力。对一个企业的发展而言，管理者和其经营团队至关重要，尤其是企业的高级管理者，其对一个企业的命运起到不容小视的作用。企业的高管必须具备经营管理的综合能力，比如，一定的教育背景、商业经验、修养品德、经营作风、学习进取精神。企业高管以及经营团队的素质往往决定着企业的发展命运。

（3）企业资产负债率。资产负债率主要反映企业总体的负债水平以及财务风险、偿债能力。尽管行业不同，反映资产负债的水平也有差异，但无论哪家企业，资产负债率过高就足以表明该企业对融资的较高依赖性以及财务成本较重的负担。然而，衡量一家企业财务状

况，也不能单纯看资产负债率指标，应该将其整体资产结构统筹综合考虑。

（4）企业现金流稳定。现金流量是现代理财学中的一个重要概念，是指企业在一定会计期间按照现金收付实现制，通过一定经济活动（包括经营活动、投资活动、筹资活动和非经常性项目）而产生的现金流入、现金流出及其总量情况的总称，即企业一定时期的现金和现金等价物的流入和流出的数量。贷款调查中现金流的调查分析相当重要。

（5）抵押担保充分安全。担保方式无论采用抵押（质押）还是保证都是为了保障贷款的资金安全。不能简单地认为抵押（质押）一定是安全的，因为抵押（质押）要看抵押（质押）物的充足率、处置率、变现率，而保证要衡量担保单位的综合实力、信誉度、代偿能力。只有符合条件的抵押（质押）和保证才能真正起到保障贷款安全的作用。

（6）企业信誉。企业要长足发展，信誉至上。信贷机构对小企业的贷款调查中，企业信用的调查往往存在一定的难度。一般来说，商业银行可以通过查询人民银行征信系统来获得企业的贷款信息或信用记录。而对于没有贷款记录的企业，则可以通过查看企业是否按时支付电费、从企业行业协会去了解经营者的信用、从企业员工那了解工资发放的按时性、从企业购销合同结算上看付款信用等对企业信用进行综合调查。

三、小企业小额贷款的审查、审批与发放

信贷员完成调查，将相关材料提交给审查岗审查。审查结束后，报给有权审批人审批，必要时经过审贷会审议。经审批同意贷款的，通知客户在规定时间内签署合同，办妥相关手续。

具体操作参照项目四相关内容。

四、小企业小额贷款的贷后管理

贷款发放后，信贷员必须对其负责的客户及时进行贷后跟踪检查，并做好贷后调查报告。信贷员要监督借款人按照合同约定的还款方式、还款计划按期偿还贷款本息。

具体操作此处略，参照项目四相关内容。

【延伸阅读】

中小企业划型标准规定

一、根据《中华人民共和国中小企业促进法》和《国务院关于进一步促进中小企业发展的若干意见》（国发〔2009〕36号），制定本规定。

二、中小企业划分为中型、小型、微型三种类型，具体标准根据企业从业人员、营业收入、资产总额等指标，结合行业特点制定。

三、本规定适用的行业包括：农、林、牧、渔业，工业（包括采矿业，制造业，电力、热力、燃气及水生产和供应业），建筑业，批发业，零售业，交通运输业（不含铁路运输业），仓储业，邮政业，住宿业，餐饮业，信息传输业（包括电信、互联网和相关服务），软件和信息技术服务业，房地产开发经营，物业管理，租赁和商务服务业，其他未列明行业（包括科学研究和技术服务业，水利、环境和公共设施管理业，居民服务、修理和其他服务业，社会工作，文化、体育和娱乐业等）。

四、各行业划型标准为：

（一）农、林、牧、渔业。营业收入200万元以下的为中小微型企业。其中，营业收入

500万元及以上的为中型企业，营业收入50万元及以上的为小型企业，营业收入50万元以下的为微型企业。

（二）工业。从业人员1 000人以下或营业收入40 000万元以下的为中小微型企业。其中，从业人员300人及以上，且营业收入2 000万元及以上的为中型企业；从业人员20人及以上，且营业收入300万元及以上的为小型企业；从业人员20人以下或营业收入300万元以下的为微型企业。

（三）建筑业。营业收入80 000万元以下或资产总额80 000万元以下的为中小微型企业。其中，营业收入6 000万元及以上，且资产总额5 000万元及以上的为中型企业；营业收入300万元及以上，且资产总额300万元及以上的为小型企业；营业收入300万元以下或资产总额300万元以下的为微型企业。

（四）批发业。从业人员200人以下或营业收入40 000万元以下的为中小微型企业。其中，从业人员20人及以上，且营业收入5 000万元及以上的为中型企业；从业人员5人及以上，且营业收入1 000万元及以上的为小型企业；从业人员5人以下或营业收入1 000万元以下的为微型企业。

（五）零售业。从业人员300人以下或营业收入20 000万元以下的为中小微型企业。其中，从业人员50人及以上，且营业收入500万元及以上的为中型企业；从业人员10人及以上，且营业收入100万元及以上的为小型企业；从业人员10人以下或营业收入100万元以下的为微型企业。

（六）交通运输业。从业人员1 000人以下或营业收入30 000万元以下的为中小微型企业。其中，从业人员300人及以上，且营业收入3 000万元及以上的为中型企业；从业人员20人及以上，且营业收入200万元及以上的为小型企业；从业人员20人以下或营业收入200万元以下的为微型企业。

（七）仓储业。从业人员200人以下或营业收入30 000万元以下的为中小微型企业。其中，从业人员100人及以上，且营业收入1 000万元及以上的为中型企业；从业人员20人及以上，且营业收入100万元及以上的为小型企业；从业人员20人以下或营业收入100万元以下的为微型企业。

（八）邮政业。从业人员1 000人以下或营业收入30 000万元以下的为中小微型企业。其中，从业人员300人及以上，且营业收入2 000万元及以上的为中型企业；从业人员20人及以上，且营业收入100万元及以上的为小型企业；从业人员20人以下或营业收入100万元以下的为微型企业。

（九）住宿业。从业人员300人以下或营业收入10 000万元以下的为中小微型企业。其中，从业人员100人及以上，且营业收入2 000万元及以上的为中型企业；从业人员10人及以上，且营业收入100万元及以上的为小型企业；从业人员10人以下或营业收入100万元以下的为微型企业。

（十）餐饮业。从业人员300人以下或营业收入10 000万元以下的为中小微型企业。其中，从业人员100人及以上，且营业收入2 000万元及以上的为中型企业；从业人员10人及以上，且营业收入100万元及以上的为小型企业；从业人员10人以下或营业收入100万元以下的为微型企业。

（十一）信息传输业。从业人员2 000人以下或营业收入100 000万元以下的为中小微型企业。其中，从业人员100人及以上，且营业收入1 000万元及以上的为中型企业；从业人员10人及以上，且营业收入100万元及以上的为小型企业；从业人员10人以下或营业收入100万元以下的为微型企业。

（十二）软件和信息技术服务业。从业人员300人以下或营业收入10 000万元以下的为中小微型企业。其中，从业人员100人及以上，且营业收入1 000万元及以上的为中型企业；从业人员10人及以上，且营业收入50万元及以上的为小型企业；从业人员10人以下或营业收入50万元以下的为微型企业。

（十三）房地产开发经营。营业收入200 000万元以下或资产总额10 000万元以下的为中小微型企业。其中，营业收入1 000万元及以上，且资产总额5 000万元及以上的为中型企业；营业收入100万元及以上，且资产总额2 000万元及以上的为小型企业；营业收入100万元以下或资产总额2 000万元以下的为微型企业。

（十四）物业管理。从业人员1 000人以下或营业收入5 000万元以下的为中小微型企业。其中，从业人员300人及以上，且营业收入1 000万元及以上的为中型企业；从业人员100人及以上，且营业收入500万元及以上的为小型企业；从业人员100人以下或营业收入500万元以下的为微型企业。

（十五）租赁和商务服务业。从业人员300人以下或资产总额120 000万元以下的为中小微型企业。其中，从业人员100人及以上，且资产总额8 000万元及以上的为中型企业；从业人员10人及以上，且资产总额100万元及以上的为小型企业；从业人员10人以下或资产总额100万元以下的为微型企业。

（十六）其他未列明行业。从业人员300人以下的为中小微型企业。其中，从业人员100人及以上的为中型企业；从业人员10人及以上的为小型企业；从业人员10人以下的为微型企业。

五、企业类型的划分以统计部门的统计数据为依据。

六、本规定适用于在中华人民共和国境内依法设立的各类所有制和各种组织形式的企业。个体工商户和本规定以外的行业，参照本规定进行划型。

七、本规定的中型企业标准上限即为大型企业标准的下限，国家统计部门据此制定大中小微型企业的统计分类。国务院有关部门据此进行相关数据分析，不得制定与本规定不一致的企业划型标准。

八、本规定由工业和信息化部、国家统计局会同有关部门根据《国民经济行业分类》修订情况和企业发展变化情况适时修订。

九、本规定由工业和信息化部、国家统计局会同有关部门负责解释。

十、本规定自发布之日起执行，原国家经贸委、原国家计委、财政部和国家统计局2003年颁布的《中小企业标准暂行规定》同时废止。

资料来源：http://www.miit.gov.cn/newweb/n1146285/n1146352/n3054355/n3057278/n3057286/c3592332/content.html

建行小企业信贷业务申请提交材料清单

一、客户基本材料

1. 公司营业执照、组织机构代码证、税务登记证、贷款卡（以上证明须年检）、公司基本账户开户许可证、机构信用代码证、公司章程、验（或增资）报告、身份证复印件（包括：法人代表、实际控制人及其配偶、总经理、股东、财务负责人）等复印件。

2. 公司上三年度审计报告、最近一期财务报表及主要科目明细（包括应收、应付前五位以及占比、预收、预付前五位客户、其他应收账款前五位、目前银行负债明细、拟抵押资产清单）。

3. 最近6个月账户交易明细，以及水、电、气费缴费凭证复印件。土地证（及土地出让金发票）、房产证、设备等拟抵押资产相关证明材料复印件。

4. 销售订单、合同或销售意向等证明文件，董事会或股东会等有权机构同意借款决议书。

5. 若为新建项目，需提供新建项目的立项批复、环评报告及批复、选址意见书、规划许可证、建筑施工许可证、项目可行性研究报告等证明文件。

6. 有无关联公司，如有，关联公司情况介绍及关联交易情况介绍、关联企业资金往来情况介绍。

二、客户基本情况介绍性材料

1. 公司基本情况介绍：包括公司历史沿革、生产工艺简介、公司人数、学历构成、购买三险一金情况、公司管理层介绍、各种资格认证、生产许可证及荣誉证书（提供复印件）、目前享受的政府税收优惠等。

2. 企业的生产经营情况，按下表详细介绍。

企业或其实际控制人控股或参股的其他企业

控股或参股企业名称	注册资本/万元	股份占比/%	主营业务	贷款余额/万元

报告期止企业的银行负债情况			
合作银行	授信额度—信贷余额/万元	起止年月	担保方式
比较竞争优势(质量、技术、渠道、成本、管理、人力等方面)			
主要产品大类、年销售额,核心业务(产品)及其大致销售、利润占比			

续表

主要销售区域及区域(或细分市场)内的市场地位(份额)			
上游主要客户,原材料渠道、价格稳定性,结算方式及周期			
下游主要客户、销售占比、结算方式及周期;当前合同、订单情况			
当前正在(或近期即将)实施的建设项目情况			
客户经营指标(单季或月)	最近一个月	最近二个月	最近三个月
用电量/度			
主营产品单位用电量			
用水量/吨			
主营产品单位用水量			
增值税			
代缴个人所得税			
客户经营指标(单月)	上个月	上二月	上三月
出货量(金额)			
进货量(金额)			
我行贷方结算量	/	/	/
3个月短期偿债能力预测	本月	未来1个月	未来2个月
预计的现金销售收入			
到期的应收类账款			
退税预计返还			
到期的应付类账款			
预计工资性支出			
预期的水电费支出			
税费预计支出			
到期的银行债务			

资料来源：http://scompany.ccb.com/cn/home/s_company_indexv3.html

小企业贷款风险分类办法（试行）

第一条 为促进银行业金融机构完善对小企业的金融服务，加强对小企业贷款的管理，科学评估小企业贷款质量，根据《银行开展小企业授信工作指导意见》《贷款风险分类指引》《商业银行小企业授信工作尽职指引（试行）》及其他法规，制定本办法。

第二条 本办法所称小企业贷款是指《银行开展小企业授信工作指导意见》规定的对各类小企业、从事经营活动的法人组织和个体经营户的经营性贷款。

第三条 本办法适用于政策性银行、国有商业银行、股份制商业银行、城市商业银行、农村商业银行、农村合作银行、城市信用社、农村信用社、村镇银行和外资银行等银行业金融机构。

第四条 银行业金融机构应按照本办法将小企业贷款至少划分为正常、关注、次级、可疑和损失五类，后三类合称不良贷款。

第五条 银行业金融机构可根据贷款逾期时间，同时考虑借款人的风险特征和担保因素，参照小企业贷款逾期天数风险分类矩阵（见附件）对小企业贷款进行分类。

第六条 发生《商业银行小企业授信工作尽职指引（试行）》第十八条所列举的影响小企业履约能力的重大事项以及出现该指引"附录"所列举的预警信号时，小企业贷款的分类应在逾期天数风险分类矩阵的基础上至少下调一级。

第七条 贷款发生逾期后，借款人或担保人能够追加提供履约保证金、变现能力强的抵质押物等低风险担保，且贷款风险可控，资产安全有保障，贷款风险分类级别可以上调。

第八条 本办法规定的贷款分类方式是小企业贷款风险分类的最低要求。银监会鼓励银行业金融机构根据自身信贷管理和风险防范的特点和需要，采用更先进的技术和更准确的方法对小企业贷款进行风险分类，制定实施细则，细化分类方法，并与本办法的贷款风险分类结果具有明确的对应和转换关系。银行业金融机构据此制定的小企业贷款风险分类制度及实施细则应向中国银监会或其派出机构报备。

第九条 银行业金融机构应在小企业贷款风险分类的基础上，根据有关规定及时足额计提贷款损失准备，核销小企业贷款损失。

第十条 本办法由中国银监会负责解释和修改。

第十一条 本办法自发布之日起施行。

附件：小企业贷款逾期天数风险分类矩阵

担保方式/逾期时间	未逾期	1至30天	31至90天	91至180天	181至360天	361天以上
信用	正常	关注	次级	可疑	可疑	损失

续表

担保方式/逾期时间	未逾期	1至30天	31至90天	91至180天	181至360天	361天以上
保证	正常	正常	关注	次级	可疑	损失
抵押	正常	正常	关注	关注	次级	可疑
质押	正常	正常	正常	关注	次级	可疑

资料来源：http://futures.money.hexun.com/2393020.shtml

项目小结

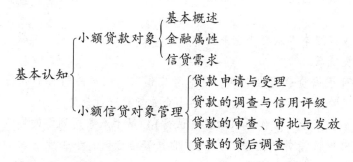

任务实战演练

1. 分析所在地个体工商户资金流动特点。
2. 结合实际，分析小企业信贷的创新发展趋势。
3. 认知农户小额信贷，对所在地农户小额信贷需求开展调研，撰写调研报告。

项目四

掌握小额信贷业务规范

引言

如何确定贷款方式和贷款额度,是一个兼具技术性和经验性的重要问题。恰当的贷款方式和贷款额度,既能提供给借款人高质量的服务,又能够将贷款风险降到最低。只有通过借款人和小额贷款机构的相互交流和谈判,才能够最终确定贷款方式和贷款额度。贷款方式和贷款额度确定之后,小额信贷机构需要具体开展小额信贷业务。小额信贷业务基本流程包括贷款审批、合同签订和贷款发放、贷后管理和不良贷款处理等环节。小额信贷机构要想在各环节中对信贷进行高效的管理,必须建立小额信贷的信息管理系统。

项目学习目标

知识目标

明确各种小额贷款方式的发放条件。
了解小额贷款额度确定的各种指标。
熟悉小额信贷业务每个操作步骤的内容。

技能目标

熟悉小额信贷贷款方式和贷款额度的确定方法。
掌握小额信贷业务的操作流程和操作方法。

任务一 熟悉小额信贷贷款方式和贷款额度的确定

案例引入

小额担保贷款额度提高范围扩大

中国人民银行、财政部、人力资源和社会保障部发布通知称,将进一步改进小额担保贷款管理。从2008年1月1日起,小额担保贷款经办金融机构对个人新发放的小额担保贷款,其贷款利率可在人民银行公布的贷款基准利率基础上上浮3个百分点,其中微利项目贷款由中央财政据实全额贴息（不含东部7省市）。同时，放宽对劳动密集型小企业的小额担保贷款政策。

《关于进一步改进小额担保贷款管理积极推动创业促就业的通知》指出，各经办金融机构可根据实际情况适当提高小额担保贷款额度和扩大贷款范围。主要包括：对个人新发放的小额担保贷款的最高额度从2万元提高到5万元；对劳动密集型小企业新发放的小额担保贷款的最高额度从100万元提高到200万元；对符合条件的人员合伙经营和组织起来就业的，可适当扩大贷款规模；符合规定条件的城镇登记失业人员、就业困难人员可申请小额担保贷款。

通知强调，改进财政贴息资金管理，拓宽财政贴息资金使用渠道，建立和完善小额贷款担保基金的风险补偿机制和小额担保贷款的有效奖补机制。地方各级财政部门要安排相应的资金，建立小额贷款担保基金持续补充机制，不断提高担保基金的代偿能力。对于担保基金规模当年增长5%以上的地方，中央财政将按当年新增担保基金总额的5%给予资金支持，用于鼓励担保机构降低反担保门槛或取消反担保。按各地当年新发放小额担保贷款总额的1%给予奖励性补助资金，中央和省级财政各承担0.5%，所需资金全部从贴息资金中安排。

在扩大对劳动密集型小企业小额担保贷款额度的同时，对现有在职职工人数在100人以上的劳动密集型小企业，只要企业当年新招用符合小额担保贷款申请条件的人员达到企业在职职工总数的15%以上，并与其签订1年以上劳动合同的，即可向经办金融机构申请小额担保贷款，并鼓励各级地方财政部门利用小额贷款担保基金为符合条件的劳动密集型小企业提供担保服务。

小额担保贷款政策从2002年开始实施。截至2008年5月末，全国金融机构已累计发放小额担保贷款175亿元，贷款余额78.9亿元，中央和地方财政部门累计安排贴息资金19.37亿元。

资料来源：中国证券报

请思考：小额信贷贷款方式有哪几种？贷款额度如何确定？

活动一　了解贷款方式的选择

贷款方式可以分为信用贷款、共同借款人贷款、抵（质）押贷款、保证担保贷款四种类型，具体在什么情形下选择哪种贷款方式，需要结合借款人的实际情况来决定。

一、信用贷款

信用贷款是指借款人不需要提供抵押品或第三方担保，仅凭借自己的信用就能获得的贷款。

借款人符合以下条件时，可以发放信用贷款。

（1）借款人申请的是风险较低且期限较短（如按月还本付息）的贷款产品。

（2）定性指标分析结果：借款人身体健康、信用良好、无不良嗜好、居住稳定且在本地有房产、婚姻家庭稳定、经营该项目时间长、从业经验丰富、发展前景好。

（3）定量指标分析结果：相对于申请的贷款额度来说，负债率较低、现金流充足、盈利能力强、资产实力雄厚、经营规模大。

二、共同借款人贷款

共同借款人是指除了主借款人之外，在借款合同的借款方增加的、承担连带偿还责任的其他人。

借款人在基本满足上述信用贷款条件的基础上，由于贷款金额较大，或年龄偏大，或健康状况较差，贷款机构为了防止在借款人出现意外情况而导致重大伤残或死亡时，仍然能够找到其他债务承担者，降低贷款损失的风险，决定发放共同债务人贷款。

因此，共同债务人不一定非得具备较强的还款能力，但一定可以对借款人的财产拥有很大的继承权，或者一定能对借款人施加重大影响，如借款人的兄弟姐妹、父母、子女、配偶等。一旦借款人发生重大伤残或死亡，借款人的财产就转移到这些人手中。由于这些人作为共同债务人，须承担债务的连带责任，因此需要用借款人的财产来进行偿还。

三、抵（质）押贷款

抵（质）押贷款是指借款人利用一些财产作抵押或质押所获得的贷款。

当借款人存在下列情形之一时，须提供抵押或质押。

（1）经营时间较短，不能获得稳定的收入。

（2）借款人属于外地人；在当地没有购置房产，居住不稳定。

（3）借款人申请的是贷款风险较高且期限较长（如整贷整还）的贷款产品，而借款人的盈利能力和资产实力都很弱，还款能力严重不足。

四、保证担保贷款

保证担保贷款是指按照担保法的规定，保证人承诺在借款人不能偿还贷款本息时，按规定承担连带责任而发放的贷款。

当借款人存在下列情形之一时，须提供保证担保。

（1）经营时间较短，不能获得稳定的收入。

（2）借款人属于外地人；在当地没有购置房产，居住不稳定。

（3）盈利能力和资产实力较弱，没有很强的还款能力。

保证人需满足以下基本条件：

一是有经营收入稳定的经营项目或是有稳定的工作和收入来源，拥有较强的代偿贷款能力；二是在当地已购置居住的房产，婚姻家庭稳定。

活动二 熟悉贷款额度确定的依据及方法

一、贷款额度确定的依据

贷款额度采取以定量指标为主、定性指标为辅的方式进行确定。下面对确定贷款额度的主要定量指标进行具体介绍。

（一）调整后的资产负债率

调整后的资产负债率，是确定贷款额度的重要指标。有的借款人虽然拥有很大的资产规模，但自有净资产很少，大部分资产都是依靠负债获得的，有的甚至资不抵债。如果给这类借款人发放贷款，会进一步增加借款人的债务负担，导致其面临更大的还款压力。更严重的，如果借款企业最后破产，企业所有资产只能折价处理，无法按实际价值变现，最后将无法足额偿还所有贷款。因此，为了降低贷款风险，贷款机构只会在借款人的负债安全线以下发放贷款。

由于不同行业的不同借款人具有不同的变现能力和资产结构，因此具有不同的调整后资产负债率的要求。一般来说，宾馆餐饮业、加工制造业等服务行业，由于固定资产比重较高，变现能力弱，因此对于调整后的资产负债率要求相对较低；而商品流通业的流动资产比重较高，变现能力较强，因此可以适当提高对于调整后的资产负债率的要求。

(二) 总（净）资产

一般来说，在其他条件一定的情况下，资产规模越大，还款能力越有保障。因此，资产规模越小，贷款额度可越低；相反，资产规模越大，贷款额度可越高。

同时，还要对资产结构进行分析。对于变现能力较差的固定资产比重高，而变现能力较强的流动资产比重低的企业，要降低贷款额度；相反，对于变现能力较差的固定资产比重低，而变现能力较强的流动资产比重高的企业，可提高贷款额度。

(三) 营业收入

营业收入的高低直接对借款人的经营能力和经营规模加以反映。如果营业收入过低，毛利润难以支付费用，借款人很有可能出现亏损，贷款机构就会面临很大的贷款风险；相反，在存在毛利润的情况下，营业收入越高，借款人拥有越强的还款能力，因此贷款机构可适当提高贷款额度。可见，足够的营业收入是贷款机构提供给借款人较高额度贷款的基础。

由于不同行业的不同借款人的利润率不同，因此拥有不同的营业收入与贷款额度的比率。一般来说，宾馆、餐饮行业的毛利率较高，可以适当降低对其营业收入的要求；而加工制造业、流通中的批发业利润率较低，因此对其具有较高的营业收入要求。

(四) 利润

利润是发放贷款的重要前提，也是企业还款的重要资金来源。只有在借款人获得利润的情形下，才可以给其发放贷款。借款人获得的利润越高，给其提供的贷款额度可越大，有的甚至要求贷款额度不能高于利润额。如果企业无法盈利，面临着很大亏损，则企业没有相应的偿还能力，要是给企业提供了贷款，必然会面临很大风险。

(五) 现金流入

现金流入是衡量贷款额度的核心指标。对于营业收入和利润来说，所体现的是固定资产以及其他变现能力差的投资上，或者是不能及时收回的应收账款上，而不能反映在变现能力较强的流动资产或者现金上。即使企业获得了很高的营业收入和利润，如果企业的货币资金不足，贷款到期时，企业也不能按时归还贷款。相反，如果企业拥有充分的现金流入，就算企业的营业额很低，利润较少，甚至亏损，贷款到期时企业也能用流入的现金按时还款。因此，一般来说，其他条件一定时，借款人现金流越小，可获得的贷款额度越低；现金流越大，可获得的贷款额度越高。

当然，这并不等于说现金流入至关重要，而营业收入和利润不重要。如果没有充足的营业收入和利润，要想获得持续、充足的现金流是不可能的，只能获得短暂的现金流。

二、贷款额度确定的方法

由于对不同行业的贷款额度确定指标的要求不同，因此本文对行业进行了细分，给出了在信用贷款方式下，部分行业确定贷款额度的方法，仅做参考。

（一）工程项目贷款

（1）调整后的资产负债率：由于工程项目的资产主要是一些变现能力很弱且变现时折价率很低的固定资产，因此贷款占资产的比重不宜过高。一般来说，该比率不得超过50%。

（2）净资产：一般来说，贷款额度不得超过经营性净资产的50%。

（3）销售收入：如果贷款是作为工程项目的流动资金，则贷款期限较短，工程收入是主要还款来源。贷款额度不得超过在下次收到工程款前还需投入的工程费用，或者应该小于借款人所投入的本次工程项目成本费用的50%。

（4）利润：如果贷款是用于工程机械设备等固定资产的购置，则贷款期限较长，利润是主要还款来源。贷款额度不得超过贷款期限内的利润。如果贷款额度超出了企业利润，则会导致借款人的还款能力不足。

（5）现金流入：贷款后的每期还款额不得超过每个还款期的现金流入扣除当期必须用现金支付的费用余额的70%。

贷款额度即为上述各项指标中的最低金额。

（二）服务业

（1）调整后的资产负债率：由于服务业的很多资产投入到了变现能力很弱的装饰装修上，到最后不能变现，因此贷款额度占资产的比重较低。一般来说，该比率小于等于50%。

（2）净资产：一般来说，贷款额度不得超过经营性净资产的50%。

（3）营业收入：如果贷款是用于补充短期流动资金需要，则贷款期限较短，营业收入是主要还款来源。贷款金额应低于贷款期内营业额的40%。

（4）利润：如果贷款是用于固定资产投资，则贷款期限较长，利润是主要的还款来源。贷款额度不得高于贷款期限内的利润，如果贷款额度过高，会导致借款人的还款能力不足。

（5）现金流入：贷款后的每期还款额不得超过每个还款期的现金流入的50%。

贷款额度即为上述各项指标中的最低金额。

（三）加工制造业

（1）调整后的资产负债率：该比率主要由企业的资产结构所决定，如果变现能力较弱的固定资产比重较高，则贷款占资产的比重应低一些；相反，如果变现能力较强的流动资产比重较高，则贷款占资产的比重可高一些。一般来说，调整后的资产负债率不超过60%。

（2）净资产：一般来说，贷款额度不能高于经营性净资产的50%~60%。

（3）销售收入：如果贷款是用于补充短期流动资金需要，则贷款期限较短，销售收入是主要还款来源。贷款金额应低于贷款期内销售收入的20%。

（4）利润：如果贷款是用于长期的资金周转或固定资产投资，则贷款期限较长，利润是主要的还款来源。如果贷款额度超出了企业利润，则会导致借款人的还款能力不足。因此，贷款额度不得高于贷款期限内的利润。

（5）现金流入：贷款后的每期还款额不得超过每个还款期的现金流入的30%。

贷款额度即为上述各项指标中的最低金额。

(四) 商品流通业

(1) 调整后的资产负债率：由于商品流通业的流动资产占总资产比重较高，变现能力较强，因此贷款占资产的比例可高一些。一般来说，调整后的资产负债率不能高于70%。

(2) 净资产：一般来说，贷款额度不能高于经营性净资产的70%。

(3) 销售收入：如果贷款是用于补充短期流动资金需要，则贷款期限较短，销售收入是主要还款来源。贷款金额不得超过贷款期内销售收入的15%。

(4) 利润：如果贷款是用于长期的资金周转或固定资产投资，则贷款期限较长，利润是主要还款来源。如果贷款额度超出了企业利润，则会导致借款人的还款能力不足。因此，贷款额度不得高于贷款期限内的利润。

(5) 现金流入：贷款后的每期还款额不得超过每个还款期的现金流入的20%。

按以上各项指标中最低的金额确定贷款额度。

(五) 养殖、种植业

(1) 调整后的资产负债率：由于这类项目的资产变现能力很弱且变现时折价率很低，因此贷款占资产的比重不宜过高。一般来说，该比率不得超过50%。

(2) 净资产：一般来说，贷款额度不得超过经营性净资产的50%。

(3) 销售收入：如果贷款是用于养殖、种植期间的费用支出，则贷款期限较短，销售收入是主要还款来源。贷款金额应低于养殖、种植期预计的销售收入减去养殖、种植期内后续的其他费用及下一次养殖、种植必需的周转金后的金额。

(4) 利润：如果贷款是用于固定资产投资，则贷款期限较长，利润是主要的还款来源。如果贷款额度超出了企业利润，则会导致借款人的还款能力不足。因此，贷款额度不得高于贷款期限内的利润。

(5) 现金流入：贷款后的每期还款额不得超过每个还款期的现金流入减去必须用现金支付的费用。

按以上各项指标中最低的金额确定贷款额度。

【延伸阅读】

人民银行　财政部　人力资源社会保障部
关于进一步改进小额担保贷款管理 积极推动创业促就业的通知
银发〔2008〕238号

中国人民银行上海总部，各分行、营业管理部，各省会（首府）城市中心支行，各副省级城市中心支行，各省、自治区、直辖市、计划单列市财政厅（局）、人事厅（局）、劳动保障厅（局），财政部驻各省、自治区、直辖市、计划单列市财政监察专员办事处，各国有商业银行、股份制商业银行、中国邮政储蓄银行：

为落实《中华人民共和国就业促进法》和《国务院关于做好促进就业工作的通知》（国发〔2008〕5号）精神，进一步改进下岗失业人员小额担保贷款（以下简称小额担保贷款）管理，积极推动创业促就业，经国务院同意，现就有关事项通知如下：

一、进一步完善小额担保贷款政策,创新小额担保贷款管理模式和服务方式

(一)允许小额担保贷款利率按规定实施上浮。自2008年1月1日起,小额担保贷款经办金融机构(以下简称经办金融机构)对个人新发放的小额担保贷款,其贷款利率可在中国人民银行公布的贷款基准利率的基础上上浮3个百分点。其中,微利项目增加的利息由中央财政全额负担;所有小额担保贷款在贷款合同有效期内如遇基准利率调整,均按贷款合同签订日约定的贷款利率执行。本通知发布之日以前已经发放、尚未还清的贷款,继续按原贷款合同约定的贷款利率执行。

(二)扩大小额担保贷款借款人范围。在现行政策已经明确的小额担保贷款借款人范围的基础上,符合规定条件的城镇登记失业人员、就业困难人员,均可按规定程序向经办金融机构申请小额担保贷款。小额担保贷款借款人的具体条件由各省(自治区、直辖市)制定。其中,对申请小额担保贷款从事微利项目的,中央财政给予贴息。具体贴息比例和办法,由财政部会同有关部门制定。

(三)提高小额担保贷款额度。经办金融机构对个人新发放的小额担保贷款的最高额度为5万元,还款方式和计、结息方式由借贷双方商定。对符合条件的人员合伙经营和组织起来就业的,经办金融机构可适当扩大贷款规模。

(四)创新小额担保贷款管理模式和服务方式。鼓励有条件的地区积极创新、探索符合当地特点的小额担保贷款管理新模式。各经办金融机构在保证小额担保贷款安全的前提下,要尽量简化贷款手续,缩短贷款审批时间,为失业人员提供更便捷、更高效的金融服务。对信用记录好、贷款按期归还、贷款使用效益好的小额担保贷款的借款人,银行业金融机构要积极提供信贷支持,并在资信审查、贷款利率、贷款额度和期限等方面予以适当优惠。

二、改进财政贴息资金管理,拓宽财政贴息资金使用渠道

(一)完善小额贷款担保基金(以下简称担保基金)的风险补偿机制。各省级财政部门(含计划单列市,下同)每年要安排适当比例的资金,用于建立和完善担保基金的持续补充机制,不断提高担保基金的代偿能力。中央财政综合考虑各省级财政部门当年担保基金的增长和代偿情况等因素,每年从小额担保贷款贴息资金中安排一定比例的资金,对省级财政部门的担保基金实施奖补,鼓励担保机构降低反担保门槛或取消反担保。

(二)建立小额担保贷款的有效奖补机制。中央财政按照各省市小额担保贷款年度新增额的一定比例,从小额担保贷款贴息资金中安排一定的奖补资金,主要用于对小额担保贷款工作业绩突出的经办金融机构、担保机构、信用社区等单位的经费补助。具体奖补政策和担保基金的风险补偿政策由财政部根据小额担保贷款年度发放回收情况、担保基金的担保绩效等另行制定。

(三)进一步改进财政贴息资金管理。各省级财政部门要管好用好小额担保贷款财政贴息资金,保证贴息资金按规定及时拨付到位和专款专用。小额担保贷款贴息资金拨付审核权限下放至各地市级财政部门。各地市级财政部门要进一步简化审核程序,加强监督管理,贷款贴息情况报告制度由按月报告改为按季报告。

三、加大对劳动密集型小企业的扶持力度,充分发挥其对扩大就业的辐射拉动作用

(一)放宽对劳动密集型小企业的小额担保贷款政策。对当年新招用符合小额担保贷款

申请条件的人员达到企业现有在职职工总数30%（超过100人的企业达15%）以上，并与其签订1年以上劳动合同的劳动密集型小企业，经办金融机构根据企业实际招用人数合理确定小额担保贷款额度，最高不超过人民币200万元，贷款期限不超过2年。

（二）经办金融机构对符合上述条件的劳动密集型小企业发放小额担保贷款，由财政部门按中国人民银行公布的贷款基准利率的50%给予贴息（展期不贴息），贴息资金由中央和地方财政各负担一半。经办金融机构的手续费补贴、呆坏账损失补贴等仍按现行政策执行。

（三）鼓励各省级和省级以下财政部门利用担保基金为符合条件的劳动密集型小企业提供贷款担保服务。具体管理政策由各省级财政部门牵头制定，并报财政部备案。

四、进一步完善"小额担保贷款+信用社区建设+创业培训"的联动工作机制

（一）各地要积极依托社区劳动保障平台，进一步做好创业信息储备、创业培训、完善个人资信、加强小额担保贷款贷后跟踪管理等工作，促进"小额担保贷款+信用社区建设+创业培训"的有机联动。对经信用社区推荐、参加创业培训取得合格证书、完成创业计划书并经专家论证通过、符合小额担保贷款条件的借款人，要细化管理，积极推进降低反担保门槛并逐步取消反担保。

（二）认真落实《中国人民银行 财政部 劳动和社会保障部关于改进和完善小额担保贷款政策的通知》（银发〔2006〕5号）的有关规定，进一步细化和严格信用社区标准和认定办法，加强对信用社区的考核管理工作，及时总结信用社区创建工作好经验、好做法，逐步建立和完善有效的激励奖惩机制。具体考核指标和考核办法由各省级财政部门牵头制定。

（三）各地人力资源社会保障、财政部门和中国人民银行分支机构要进一步密切协作，充分利用当地就业工作联席会议制度，建立信用社区建设联动工作机制，积极健全和完善"人力资源和社会保障部门组织创业培训—信用社区综合个人信用评级—信用社区推荐—经办金融机构发放贷款—信用社区定期回访"的小额担保贷款绿色通道。

除本通知外，中国人民银行、财政部、原劳动和社会保障部等部门已经发布的有关小额担保贷款的相关规定继续执行。与本通知政策规定不一致的，以本通知为准。

请中国人民银行各分支机构联合当地财政、人力资源社会保障部门将本通知速转发至辖区内相关金融机构。

人民银行　财政部　人力资源社会保障部
二〇〇八年八月四日

资料来源：http://www.gov.cn/gongbao/content/2009/content_1257480.htm

任务二 掌握小额信贷业务基本流程

案例引入

某行小额信贷经理张某违规放款造成大范围逾期

一、背景材料

为了扶持小微企业和三农发展，从2008年6月份开始，A银行B支行开办小额贷款业务。该贷款业务只需要借款人提供户口本、身份证、结婚证和基本的生产经营资料，不需要提供质押品或抵押品，属于小额信用贷款。借款人可以独自申请贷款，但是需要提供一到两个担保人。该贷款业务也可以家庭为单位进行申请，三个经济独立的家庭自愿组成贷款联保小组，B支行给三个家庭共同发放贷款，如果某个家庭不能按时还款，其他两个家庭需要承担无限连带保证还款责任。B支行的性质是县支行，其所在县域经济以农业为主导，故B支行所在县域内的大量农户都申请了小额贷款。在B支行开办小额贷款业务之初，张某就成为专职小额贷款客户经理，属于B支行的正式员工。张某的放款余额，在2009年和2010年直线上升，其工资与绩效收入甚至高于副支行长。

二、事件过程

2011年6月16日，B支行的小额贷款逾期金额、逾期户数与逾期比率陡增，情况反常。A银行的信贷部人员，通过小额信贷系统平台对B支行当天的逾期情况进行数据分析，发现其中的38笔逾期贷款都是由客户经理张某负责的。在A银行所管辖的各个支行中，很少出现这种情况，A银行立即成立专门调查组到B支行对张某及相关人员进行调查。

张某在办理小额贷款的业务中，为了使自己的贷款余额增加，从而使自己的绩效工资增加，对于部分不符合A银行小额贷款客户准入要求的借款人，通过动用各种人际关系及滥用职权，违规发放了此类多笔贷款，而这些客户大都没有稳定的收入来源，还款意愿和还款能力都很差。

随着时间的不断推进，张某违规发放的小额贷款陆续到期，但借款人到期却无力偿还贷款。为了避免真相暴露，张某采取了两种解决办法：一种是通过各种方式获得新的身份证及相关证件，在当事人毫不知情的情况下违规发放冒名贷款，所得款项部分用于垫付之前客户快到期的欠款，剩余部分则擅自使用了；一种是违规私下与客户达成协议，利用客户之前贷款所提交的资料为客户再次申请新贷款，新贷款部分用于归还之前快到期的贷款，剩余部分则发放给客户。

张某反复使用上述两种方法来应付违规贷款逾期问题，其掩盖的小额贷款潜在逾期笔数及本息金额不断扩张，但张某可以冒用的他人身份证越来越少，采用冒名贷款垫付或借新还旧转贷越来越困难，最后贷款逾期集中爆发。

调查组调查结果显示：经查证，张某私藏3 446张存取款凭条、855本贷款客户存折，张某承认部分存折用于冒名贷款的发放，但无法交代清楚其他存折的来源。张某用一本笔记本记录了自己违规放贷的情况，但是记录得非常混乱。在张某所保存的小额贷款档案中，有50%以上的客户签字笔体不符，60%以上无影像资料。张某这种长期违规发放小额贷款的行为，给A银行的声誉和经济造成了重大损失。

资料来源：根据A银行B支行业务资料整理改编

请思考：小额贷款业务基本操作流程是什么？B支行张某违反了小额贷款业务流程中的哪些规定？

活动一 熟悉小额信贷贷款审批

一、小额信贷的客户群分析

（一）客户群特征分析

工薪人群和小微企业主是小额信贷中最常见的两类客户群。他们的典型特征是很难从银行等金融机构中获得所需的信贷资金，所需的贷款金额集中在几千元到几万元之间，贷款额度比较低。

一般情况下，工薪阶层的主要特征为：工作较为固定，收入支出比较稳定，在短时间内财务收入状况不会发生大幅变化。如果出现买房、结婚、创业、应急等重大经济需求时，工薪阶层的收入可能难以满足这些需求。

中国的小微企业虽然取得了较快的发展，但是在经营管理、技术研发、管理体制、资本实力等方面存在着诸多不足。小微企业的主要特征为：经营规模较小，制度不健全，经营风险较大；缺乏技术创新；财务管理不规范；管理体制不健全；经营年限较短；资源不足，缺少可供抵押的资产。

（二）客户群信贷需求分析

工薪人群和小微企业主的自有资金较少，信贷需求具有以下几个特点：

第一，贷款方式偏向于信用贷款。由于工薪人群和小微企业主难以提供可供抵押的固定资产、房产等抵押物，也难以提供具有较高社会地位和较强经济实力的保证人，因此偏向于信用贷款。

第二，资金需求具有急、频、小、短的特点。资金需求急：1~3天，最长不超过一周，就想获得资金。次数较多：平均一年有多次资金需求。金额小：贷款额度一般不超过50万元。时间短：贷款期限一般是3~12个月，期限较短。

第三，资金需求的不确定性大。工薪阶层经常会面临突发性的资金需求，而小微企业经常会为了扩大经营范围而急需资金。同时，小微企业与大企业相比，产品缺乏竞争力。为了扩大生产，小微企业只能大量采用赊销的方式，这样导致企业出现大量应收账款，很容易导致企业的资金链断裂，从而产生资金需求。

（三）目标客户群的信用分析方法

为了对客户的整体情况进行充分的掌握，在贷款审批时能对客户资质进行更好的分析，做出准确的决策，需要采用5C分析方法对目标客户群的信用状况进行分析。5C分析方法是指从经济环境（condition）、资产抵押（collateral）、资本（capital）、经营能力（capacity）、品德（character）5个方面进行分析。

（1）经济环境。经济环境是影响企业信用的重要外部因素。因此，信用分析需要对市场需求变化、行业发展趋势、企业发展前景等经济环境进行分析，判断其是否会对企业的信用状况产生影响。

(2) 资产抵押。有了抵押品和担保人后，信贷资产多了一层保障，贷款风险会降低。因此，信用分析必须分析抵押品的变现能力如何、抵押手续是否齐全、担保人是否具有较高的社会地位或较强的经济实力。

(3) 资本。企业资本雄厚，标志着企业拥有强大的抗风险能力和物质基础，因此资本是衡量贷款金额大小和企业财力的决定性指标。要想了解企业资产对负债的偿付能力，在信用分析时，必须对企业的负债比率和资本规模进行详细调查，从而有助于后续对客户贷款进行审批。对于工薪人群来说，资本主要是个人的房产和汽车。

(4) 经营能力。需要分析借款企业财务状况是否稳健，经营实力和规模是否不断增长，管理手段是否先进，管理制度是否健全，在市场上的竞争力如何。对于工薪人群来说，主要分析其职场的发展潜力和发展空间。

(5) 品德。对于小微企业来说，需要对企业经营者过去的遵纪守法情况、奖惩情况、组织管理能力等方面进行调查。对于工薪人群来说，需要根据亲友的评价以及过去的征信记录来对个人品德情况进行分析。

二、贷款审批模式

随着小额信贷机构的迅速发展，小额信贷审批模式也在不断发生着变化。接下来，就小额信贷机构的几种主要审批模式进行简单介绍，其中包括信贷员模式、审贷会模式和集中审批模式。

（一）信贷员模式

规模较小或处于发展初期的大部分小额信贷机构一般都是采用信贷员模式，即一对一的审批模式（图4-1）。信贷员模式的优点在于审核流程简单、时效较短，较短时间内，客户就能获得所需资金。但是，信贷员模式也有缺陷：信贷员相互之间不交流信息，大多只依靠自己的经验做出决策，缺乏准确性和客观性，从而在一定程度上加大了贷款风险。

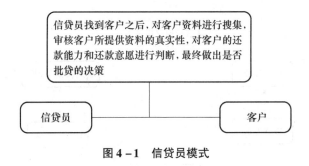

图4-1　信贷员模式

（二）审贷会模式

随着小额信贷机构的不断发展，审批模式也由最初的信贷员模式转变为审贷会模式，即将审贷会引入审批机构中（图4-2）。与信贷员模式相比，某笔贷款是否能获得审批，需要由整个审贷会决定，而不再由信贷员独自决定。审贷会由具有较强风险意识和判断能力的资深审核人员构成。审贷会模式的优势在于避免了信贷员模式的主观判断，加强了对风险的把控，但是审贷会的引入使得贷款审批的流程增多，审批时间延长。

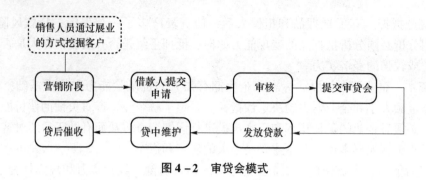

图4-2 审贷会模式

(三) 集中审批模式

集中审批模式是目前大多数小额信贷机构所采用的模式。小额信贷的集中审批贷款流程，主要是在当地销售人员提供的客户资料的初审基础上，进行进一步审核。具体来说，集中审批模式的审批流程包括以下几个步骤（图4-3）：

第一，借款人提交申请。借款人需要在前端销售人员那里提交征信报告、个人银行流水、其他自有资产等必需的材料，并根据要求填写贷款申请信息。

第二，资料搜集与识别。根据借款人在第一步中提交的资料，审核人员需要对资料进行搜集，对借款人的贷款用途、信用记录、收入情况、工作情况、家庭情况加以识别。同时，还需要对所有信息的真实性、有效性、合规性和一致性加以审核。

第三，调查与核实。一般来说，调查与核实包括两类：第一类是向借款人本人核实信息是否真实有效；第二类是通过有效联系人对借款人的工作收入、家庭信息进行侧面核实。

第四，确定贷款额度和贷款期限。

第五，发放贷款。

第六，贷后催收。

在上述几个步骤中，最为关键性的步骤包括：资料搜集与识别、调查与核实、确定贷款额度和贷款期限。

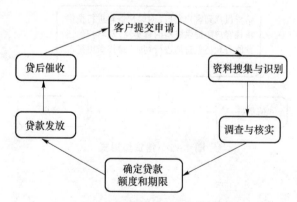

图4-3 集中审批模式的审批流程

活动二 掌握小额信贷的贷后管理

贷后管理是贷款全过程中的重要阶段，指贷款发放给客户使用之后，到该贷款完全终止前各个环节的管理。有效的贷后管理能够保障贷款资产的安全，防止金融风险。广义的贷后管理包括贷后检查、合同变更、贷款收回、贷款档案管理等内容。

一、贷后检查

贷后管理工作中，贷后检查是最基础性的工作。为了及时发现早期预警信号，并采取针对性的补救措施，小额信贷机构信贷管理部门或业务部门需要不间断地对借款人及其影响信贷资产安全的有关因素进行监控和分析。

贷后检查的主要内容包括：
(1) 定期检查借款人的贷款使用情况、偿债能力、资信状况、生产经营状况。
(2) 对借款合同履行情况、借款人偿债能力变化、贷款使用情况进行重点检查。
(3) 对保证人偿债能力的变化、抵押或质押物的现状及价值变化情况进行检查。
(4) 按照贷款的五级分类方法确定贷款风险等级。
(5) 其他需说明的情况。

贷款检查完毕后，需要根据检查内容做好贷后检查记录。

二、合同变更

在合同履行期间，经借款人申请，并经有关责任人各方协商同意，可对担保变更、分期还款额调整、贷款期限调整、贷款展期、还款方式变更、还款账号变更、合同主体变更等合同相关内容进行变更。借款人、保证人等合同当事人必须到小额信贷营业机构提出书面的变更申请。根据合同约定，在担保期内提出变更申请的，须事先征得担保人的书面同意。如需办理抵押或质押变更登记的，还须到原抵押或质押登记部门办理抵押或质押登记变更手续以及其他相关手续。

三、贷款收回

根据借款合同的规定，借款人应按时足额偿还贷款本息。一般来说，贷款收回可分为正常收回和提前归还两种情形。

（一）正常收回

正常收回是指借款人按照合同约定的还款时间及时偿还贷款本息。

在贷款到期前，小额信贷机构客户部门通过电话或书面形式向借款人发送还贷提示，提醒客户按时还本付息。贷款到期时，客户需要填制还款凭证，并递交会计部门。会计部门按照合同的约定，及时办理贷款本金和利息的扣收手续。若有抵押或质押的，还应将抵押物或质押物的权利凭证及时退还，并办理登记注销手续。贷款收回后，需要在信贷管理系统中对信贷数据信息进行及时登记。

（二）提前归还

根据客户是否自愿，可将提前归还分为信贷机构要求客户提前还款或强制收回和客户要求提前还款。下面对客户要求提前还款的操作流程进行简单介绍。

客户要求提前还款的，应于提前还款日前30天（或10天，各机构规定不同）以书面形式提交提前还款申请给小额信贷机构。收到客户的提前还款申请后，客户经理需审查其是否具备提前还款的条件，如提前归还部分贷款的还款金额是否符合最低额度要求，损失赔偿金客户是否同意支付，提前还款日之前所有的到期贷款本息是否已结清等，并给出是否同意提前还款的审查意见。客户经理将提前还款申请提交相关人员审批。提前还款经审批同意后，客户经理通知客户办理提前还款手续。提前还款没有经审批同意的，应通知客户，并做好解释工作。

如果是全额提前还款，则按照正常还款手续办理。

如果是提前归还部分贷款，不涉及部分抵押或质押权解除的，按正常还款手续办理。若涉及部分抵押或质押权的解除的，在客户按提前还款手续归还部分本金后，还应办理部分抵押或质押权的解除手续。

（三）贷款催（清）收

到期之日尚未归还的贷款业务列入逾期催收管理，从贷款业务到期的次日起，会计部门开始计收逾期利息。客户部门应制作逾期催收通知书，并与客户约谈，督促客户制订出切实可行的还款计划；如果客户不配合，可让律师向客户发出律师催收函。

如果和客户协商后，仍然不能落实还款计划，则可以采取法律手段对贷款违约进行处理，具体措施包括：①对客户的违约行为进行依法纠正；②停止发放未发放的贷款；③对逾期贷款计收罚息；④对抵押或质押物进行依法处理；⑤要求保险人依法履行保险责任；⑥依法追索保证人的连带责任；⑦依法行使债权人其他权利；⑧对损失类贷款加以核销。

四、贷款档案管理

贷款档案是指借款人在与信贷机构发生信贷业务关系的过程中形成的法律文件及有关档案资料，贷款档案可以是原件，也可以是具有法律效力的复印件。

贷款档案管理是根据档案法及有关制度的规定和要求，对贷款档案进行规范管理，从而保证贷款档案的完整、安全和有效利用。贷款档案管理包含了发放贷款后相关贷款资料的保存、归档登记、收集整理、借（查）阅管理、移交及管理、退回和销毁的全过程。

活动三　掌握小额信贷的不良贷款处理

一、不良贷款的统计

根据《贷款风险分类指导原则》，贷款可分为正常、关注、次级、可疑和损失五类；后三类即次级类、可疑类和损失类贷款属于不良贷款（表4-1）。

表4-1　贷款五级分类法简表

类型	特征
正常类	借款人一直能正常还本付息，没有足够理由怀疑贷款本息不能按时足额偿还
关注类	借款人虽然目前有能力还本付息，但是存在一些可能影响贷款本息全额及时偿还的不利因素
次级类	借款人的还款能力出现了明显的问题，依靠其正常经营收入已无法保证贷款本息的足额偿还，即使执行担保，也可能会造成一定损失

续表

类型	特征
可疑类	借款人无法足额偿还本息,即使执行担保,也一定会造成较大损失
损失类	借款人无力偿还贷款。在采取所有可能的措施和一切必要的法律程序之后,只能收回极少部分本息,或完全无法收回

二、不良贷款的财务处理

根据谨慎性会计原则,应当建立贷款呆账准备金制度,提取普通呆账准备金,并根据贷款分类的结果,提取专项呆账准备金(包括特别呆账准备金)。

(一) 计提比例

根据《金融企业呆账准备提取管理办法》(财金〔2005〕49号),金融企业承担风险和损失的资产应提取呆账准备,包括一般准备和相关资产减值准备。每年年度结束时,金融企业应当根据承担风险和损失的资产余额的一定比例提取一般准备。金融企业总行(总公司)负责一般准备的统一计提和管理。一般准备的计提比例由金融企业综合考虑其所面临的风险状况等因素确定,原则上一般准备余额不低于风险资产期末余额的1%。

金融企业应当对各项股权和债权资产进行按季检查,对各项股权和债权资产的可收回性进行分析。根据谨慎性原则,金融企业应当对各项资产可能产生的损失进行合理预计。对预计可能产生的长期投资损失,计提长期投资减值准备;对预计可能产生的坏账损失,计提坏账准备;对预计可能产生的贷款损失,计提贷款损失准备。

金融企业可参照以下比例计提专项准备:关注类计提比例为2%;次级类计提比例为25%;可疑类计提比例为50%;损失类计提比例为100%。其中,次级类和可疑类资产的损失准备,计提比例可以上下浮动20%。

(二) 账务处理

金融企业按规定提取的一般准备,在账务处理方面,作为利润分配处理。

一般准备属于所有者权益的内容。金融企业提取的相关资产减值准备计入当期损益。已计提资产减值准备的资产质量提高时,应在已计提减值准备的范围内转回,增加当期损益。经批准核销后,符合条件的资产损失冲减已提取的相关资产减值准备。对经批准核销并已纳入损益核算的表内应收利息,无论其本金或利息是否已逾期,均作冲减利息收入处理。已核销的资产损失,以后又收回的,其核销的相关资产减值准备予以转回,超过本金的部分,包括收回的表内和表外应收利息,应计入利息收入。转回的资产减值准备作当期损益增加处理。资产减值准备以原来的货币计提。

(三) 不良贷款的清收

不良贷款清收是指以货币资金净收回不良贷款本息。

不良贷款清收管理包括不良贷款的以资抵债、保全、盘活和清收。全口径不良贷款是清收管理的对象,重点管理实行五级分类后的可疑类、损失类贷款及其表内和表外、应收和未收的利息。

不良贷款保全是指已部分或全部丧失债权或第二还款来源时,对债权或第二还款来源进行重新落实。保全的标准为：
（1）已失去诉讼时效的贷款恢复了诉讼时效。
（2）原不符合条件的信用贷款或原担保手续不符合法律法规的贷款重新办理了合法有效的担保手续。
（3）原有法律纠纷或悬空的贷款重新落实了合格的承贷主体。

不良贷款盘活是指通过注入资金、债务重组等方式，使债务主体归还贷款本息的可能性增强。盘活的标准为同时符合以下条件：
（1）债务主体合格，因此具有正常的借贷关系。
（2）借款人按时支付当期利息、贷款本金及原欠利息的还款计划已经落实并按期支付，同时按期支付新增贷款的本息。
（3）具有有效和足值的抵押、保证担保。
（4）借款人保持正常的生产经营，获得净利润或较以前亏损大幅下降。
（5）贷款形态由不良转为正常。

不良贷款的清收措施包括实行处置清收、招标清收、依法清收、协调清收、责任清收等。不良贷款清收管理采取以岗位清收为主，集中清收、岗位清收和责任清收相结合的方式进行。集中清收是指将清收管理人员组成若干小组或将小额贷款发放管理基本单元作为单位，对具有清收责任的贷款进行清收；岗位清收是指信贷人员对所管辖区域内的贷款负有岗位清收责任；责任清收是指可以确定具体责任人的贷款，具体责任人负有终身清收责任。

不良贷款的清收标准为：
（1）通过变卖、拍卖、租赁抵押资产的方式获取货币收入，对不良贷款本息进行冲减。
（2）通过变现有价证券、贴现或兑付票据，对不良贷款本息加以收回。
（3）通过银行存款、现金，对不良贷款本息加以收回。
（4）根据小额贷款机构构建固定资产管理有关规定，确实需要用来抵债的资产审批手续办理完毕后，经折价入账对不良贷款本息进行冲减。

活动四　了解小额信贷的信息管理系统

一、小额信贷信息管理系统概述

（一）小额信贷信息管理系统的定义

小额信贷信息管理系统，是具有贷款形态分类、贷款定价、风险度测算、客户信用评级、信贷统计分析、信贷报表分析、网点贷款业绩考核、信贷员贷款业绩考核、贷款台账管理、业务申请审批管理、客户财务分析、客户信息管理等功能，具有较高相关智能，贯穿贷前、贷中、贷后全过程的计算机应用系统。

（二）小额信贷信息管理系统的作用

1. 信贷员用来分析贷款的有效手段

信贷管理信息系统终端广泛分布在小额信贷机构的业务主管办公室、机构有关部门、分支机构、业务网点中。信贷管理信息系统将所有客户、业务申请审批等信息，在中心机房的服务器中进行集中存储，并通过网络将服务器与工作终端连接起来。信贷员通过终端对客户信息进行搜集、整理和分析，提出业务申请，撰写贷后检查报告，管理贷后台账，并定期进行贷后分析。分支机构主管和总部各级管理人员，通过终端对客户申请信息进行查阅，对贷款申请进行审批，按个人或网点对贷款余额及贷款质量进行查阅，根据不同口径进行信贷业务的各种统计分析，并生成各类信贷报表。

2. 各级管理人员用来管理信贷的有效工具

该系统通过完善财务分析、贷款形态分类、风险度测算、信用评级等模型对小额贷款机构的信贷分析和信贷管理过程进行完善，通过先进的管理技术和手段使信贷管理体制水平得以提高，对相对理想的信贷管理体制的建立健全具有重要意义。

该系统的建立，是对传统工作方式的创新，使信贷员和管理人员有了一套自己的工作网络及软件系统。

二、小额信贷信息管理系统应有的功能

信贷信息管理系统以贷款台账、贷款项目信息、客户档案、客户基本信息等半结构化和结构化数据信息为基础，以信贷业务处理过程为主线，建立规范、完善的报表、统计、查询、决策和贷款管理机制，实现快速而准确的利息计算、批量计息、合同预警管理，实现风险预警自动化、领导决策科学化、客户服务自动化、客户信息全面化、数据采集实时化、信贷管理规范化、信贷审批电子化。

小额信贷信息管理系统的基本功能包括：

1. 管理客户基本资料

管理担保农户、担保企业、借款农户、借款小微企业客户基本资料，进行客户信用评估。

2. 信贷业务管理

进行借款合同管理、贷款信息万能查询、贷款风险度调整、贷款占用形态调整、贷款科目调整、信贷员/责任人调整、贷款时效清分、贷款五级分类、担保信息管理、抵押质押信息管理、贷款结息、贷款催收、贷款展期、贷款本息清收（实时计算出利息）、贷款收回、贷款挪用处理、贷款逃废债处理、贷款起诉处理、贷款呆账冲销等信贷业务管理。

3. 贷款审批管理

凡使用信贷管理系统的信贷人员、分支机构，在决策流程中都必须按照系统程序的设置和信贷制度要求进行操作。信贷管理系统中录入的数据一律由录入人负责，录入人对系统的调查、受理、审查、贷款审查委员会记录报备、审批、登记、上报、下达等进行指令性操作，一旦指令被系统确认，即视为对录入人员具有法律和行政效力。信贷管理系统记录的信息在信贷检查、报备、考核等管理工作中，与纸质文本记录的信息具有同等效力。

4. 报表管理

信贷机构五级分类报表统计、贷款发放统计、贷款余额统计、贷款收回统计（可按多种方式分别统计收回的本息，例如，按信贷员、责任人、信贷主任、借款人、贷款方式、贷款期限、风险度、形态、科目等进行统计），贷款发放明细清单、贷款收回明细清单、贷款余额明细清单、还款计划、担保信息清单、担保人清单、抵押质押清单、借款人贷款明细清

单、借款人清单、转形态报表、形态调整统计、贷款应收利息统计。

5. 预警提示管理

应转呆滞贷款提示、应转逾期贷款提示、正常贷款未结息提示、最大 N 户贷款提示、超时效贷款提示、到期贷款提示、分期贷款提示。

6. 内部管理

即年度任务与完成情况考核。

7. 数据维护

包括导入/导出数据、数据上报、数据备份/还原、数据删改、中央银行信贷登记接口等。

信贷客户部门和信贷管理部门人员要按照审贷部门分离的原则分别负责信贷管理系统数据的采集和录入。信贷管理系统对客户信息的采集实行内部主办人员责任制度：客户首次与小额贷款机构建立信贷关系时，首次接待人员即为主办人员，此后与客户建立信贷关系的分支机构即为辅办机构。主办人员负责登记、修改各类客户信息，是客户信息采集与管理的责任者，辅办机构只负责客户经济大事记的登记，不登记其他信息。

数据资料的采集、加工、上报必须满足及时性、规范性、准确性、完整性的要求，必须在业务发生的当天采集完信贷数据资料。

数据删除必须严格按照程序进行。达到保存期限的数据要想删除，需报小额信贷机构主管批准后方可进行，删除前要做好备份记录。

8. 系统维护

系统维护包括借款利率维护、信贷科目维护、信贷人员维护、系统用户注册管理、机构信息维护。

三、应用信息管理系统管理信贷流程

信贷管理系统的核心业务流程如图 4-4 所示。

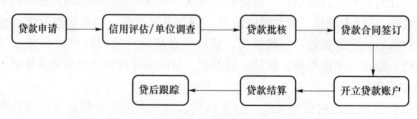

图 4-4 信贷管理系统的核心业务流程

（1）贷款申请：新增各类贷款（贴现、委托、自营）申请材料，包括贷款金额、申请原因及财务报表等，申请材料可以在线审批。

（2）贷款合同管理：根据申请资料自动生成各类合同，并可以补充相关的合同信息。合同可以在线查询、审批、导出并打印。

（3）放款通知：根据合同信息生成放款通知单，进行在线审核，审核完成的放款通知单可以在资金结算系统及时执行放款操作。

（4）贷款展期：借款人可以提交展期申请，系统需要记录展期期限、展期金额及展期原因，展期申请经审批后自动生成展期合同。

（5）贷款逾期处理：系统自动查找已经到期的合同，提交逾期原因、罚息利率、罚息

金额等逾期申请信息，审批后进行逾期处理。

（6）合同执行计划变更：根据合同实际执行情况，可以对放款计划和还款计划进行修改，系统对执行计划的状态、修改时间和版本号自动进行记录。

（7）统计报告及分析：可以在某一时点上对客户的各种贷款业务类型（贴现、委托、自营）进行汇总和明细查询统计，可以生成贷款应收本息明细表、贷款明细变动表、贷款台账等。

（8）综合授信：授信额度的授信产品包括保函、商业承兑汇票、包括银团贷款在内的所有自营类贷款等。

【延伸阅读】

财政部关于印发《金融企业呆账准备提取管理办法》的通知

财金〔2005〕49号

国家开发银行，中国农业发展银行，中国进出口银行，中国工商银行，中国农业银行，中国银行，中国建设银行，中国建银投资有限责任公司，交通银行，招商银行，中国民生银行，中国国际信托投资公司，中国光大（集团）总公司，中国民族国际信托投资公司，中煤信托投资有限责任公司，各省、自治区、直辖市、计划单列市财政厅（局）：

为了防范经营风险，增强金融企业抵御风险能力，准确核算损益，促进金融企业稳健经营和健康发展，现将《金融企业呆账准备提取管理办法》印发给你们，请遵照执行。

请各省、自治区、直辖市、计划单列市财政厅（局）将本办法转发给所辖各银行和其他相关金融机构执行，并做好监督管理工作。

金融企业呆账准备提取管理办法

第一章　总　则

第一条　为了防范经营风险，增强金融企业抵御风险能力，准确核算损益，促进金融企业稳健经营和健康发展，制定本办法。

第二条　本办法所称金融企业是指除金融资产管理公司外，经中国银行业监督管理委员会批准，在中华人民共和国境内注册的政策性银行、商业银行、信托投资公司、财务公司、金融租赁公司和城乡信用社等经营金融业务的企业。

第三条　本办法所称呆账准备，是指金融企业对承担风险和损失的债权和股权资产计提的呆账准备金，包括一般准备和相关资产减值准备。本办法所称一般准备，是指金融企业按照一定比例从净利润中提取的、用于弥补尚未识别的可能性损失的准备。本办法所称资产减值准备，是指金融企业对债权和股权资产预计可收回金额低于账面价值的部分提取的，用于弥补特定损失的准备，包括贷款损失准备、坏账准备和长期投资减值准备。其中，贷款损失准备是指金融企业对各项贷款预计可能产生的贷款损失计提的准备，坏账准备是指金融企业对各项应收款项预计可能产生的坏账损失计提的准备。

第二章　呆账准备的提取

第四条　金融企业承担风险和损失的资产应提取呆账准备，具体包括贷款（含抵押、质押、担保等贷款）、银行卡透支、贴现、信用垫款（含银行承兑汇票垫款、信用证垫款、担保垫款等）、进出口押汇、股权投资和债权投资（不含采用成本与市价孰低法或公允价值法确定期末价值的证券投资和购买的国债本息部分的投资）、拆借（拆出）、存放同业款项、应收利息（不含贷款、拆放同业应收利息）、应收股利、应收租赁款、其他应收款等资产。

对由金融企业转贷并承担对外还款责任的国外贷款，包括国际金融组织贷款、外国买方信贷、外国政府贷款、日本国际协力银行不附条件贷款和外国政府混合贷款等资产，也应当计提呆账准备。金融企业不承担风险的委托贷款等资产，不计提呆账准备。

第五条 金融企业应当于每年年度终了根据承担风险和损失的资产余额的一定比例提取一般准备。一般准备的计提比例由金融企业综合考虑其所面临的风险状况等因素确定，原则上一般准备余额不低于风险资产期末余额的1%。一般准备由金融企业总行（总公司）统一计提和管理。金融企业应当按季对各项债权和股权资产进行检查，分析各项债权和股权资产的可收回性，根据谨慎性原则，合理预计各项资产可能产生的损失。对预计可能发生的贷款损失，计提贷款损失准备，对预计可能产生的坏账损失，计提坏账准备；对预计可能产生的长期投资损失，计提长期投资减值准备。

第六条 贷款损失准备的计提范围为金融企业承担风险和损失的贷款（含抵押、质押、担保等贷款）、银行卡透支、贴现、信用垫款（含银行承兑汇票垫款、信用证垫款、担保垫款等）、进出口押汇、拆出资金、应收融资租赁款等。贷款损失准备包括专项准备和特种准备两种。专项准备是指金融企业根据《贷款风险分类指导原则》对贷款资产进行风险分类后，按贷款损失的程度计提的用于弥补专项损失的准备。专项准备的计提比例由金融企业根据贷款资产的风险程度和回收的可能性合理确定。金融企业可参照以下比例计提专项准备：关注类计提比例为2%；次级类计提比例为25%；可疑类计提比例为50%；损失类计提比例为100%。其中，次级和可疑类资产的损失准备，计提比例可以上下浮动20%。特种准备是指金融企业对特定国家、地区或行业发放贷款计提的准备，具体比例由金融企业根据贷款资产的风险程度和回收的可能性合理确定。

第七条 坏账准备的计提范围为存放同业款项、应收债券利息、应收股利、应收经营租赁款、其他应收款等各类应收款项。金融企业可参照《贷款风险分类指导原则》对计提坏账准备的资产进行风险分类，并根据风险分类结果参照贷款专项准备计提比例确定坏账准备的计提比例。金融企业在确定坏账准备的计提比例时，应当根据以往的经验、债务单位的实际财务状况和现金流量等相关信息予以合理估计。

第八条 长期投资减值准备的计提范围为股权投资和债权投资（不含采用成本与市价孰低法或公允价值法确定期末价值的证券投资和购买的国债本息部分的投资）。

对于有市价长期投资可以根据下列迹象判断是否应当计提减值准备：

（一）市价持续2年低于账面价值。

（二）该项投资暂停交易1年或1年以上。

（三）被投资单位当年发生严重亏损。

（四）被投资单位持续2年发生亏损。

（五）被投资单位进行清理整顿、清算或出现其他不能持续经营的迹象。

对于无市价长期投资可以根据下列迹象判断是否应当计提减值准备：

（一）影响被投资单位经营的政治或法律环境的变化，如税收、贸易等法规的颁布或修订，可能导致被投资单位出现巨额亏损。

（二）被投资单位所供应的商品或提供的劳务因产品过时或消费者偏好改变而使市场的需求发生变化，从而导致被投资单位财务状况发生严重恶化。

（三）被投资单位所在行业的生产技术等发生重大变化，被投资单位已失去竞争能力，从而导致财务状况发生严重恶化，如进行清理整顿、清算等。

（四）有证据表明该项投资实质上已经不能再带来经济利益的其他情形。

第九条　金融企业必须根据资产的风险程度及时、足额提取呆账准备。呆账准备提取不足的，不得进行税后利润分配。

第十条　金融企业总部及分支机构应于每季度终了后30天内向主管财政部门提供其呆账准备提取情况（包括计提呆账准备的资产分项、分类情况、资产风险评估方法、呆账准备计提比例及变更情况），并按类别提供相关呆账准备余额变动情况（期初、本期计提、本期转回、本期核销、期末数）。

第十一条　财政部驻各地财政监察专员办事处负责对当地中央管理的金融企业分支机构呆账准备提取的监督管理，对未按规定足额提取呆账准备，应当及时进行制止和纠正。

第三章　账务处理

第十二条　金融企业按规定提取的一般准备作为利润分配处理。一般准备是所有者权益的组成部分。

第十三条　金融企业提取的相关资产减值准备计入当期损益。已计提资产减值准备的资产质量提高时，应在已计提减值准备的范围内转回，增加当期损益。

第十四条　对符合条件的资产损失经批准核销后，冲减已提取的相关资产减值准备。对经批准核销的表内应收利息，已经纳入损益核算的，无论其本金或利息是否已逾期，均作冲减利息收入处理。

已核销的资产损失，以后又收回的，其核销的相关资产减值准备予以转回，超过本金的部分，包括收回表内应收利息和表外应收利息、计入利息收入，转回的资产减值准备作增加当期损益处理。

第十五条　资产减值准备以原币计提，即人民币资产以人民币计提，外币资产以外币或折合美元计提，人民币和外币资产减值准备分别核算和反映。

第四章　附　则

第十六条　金融企业可以根据本办法制定具体办法，报主管财政部门备案。

第十七条　本办法自2005年7月1日起施行。以前有关规定与本办法有抵触的，以本办法为准。

财政部
二〇〇五年五月十七日

资料来源：http：//www.mof.gov.cn/mofhome/jinrongsi/zhengwuxinxi/gongzuodongtai/200901/t20090123_110599.html

项目小结

$$\text{业务规范} \begin{cases} \text{贷款方式和贷款额度的确定} \begin{cases} \text{贷款方式：四种类型} \\ \text{贷款额度：确定的依据、确定的方法} \end{cases} \\ \text{小额信贷业务基本流程} \begin{cases} \text{贷款审批：客户群分析、贷款审批模式} \\ \text{贷后管理：贷后检查、合同变更、贷款收回、档案管理} \\ \text{不良贷款处理：统计、财务处理} \\ \text{信息管理系统：概述、功能、管理信贷的流程} \end{cases} \end{cases}$$

任务实战演练

1. 对不同贷款方式进行对比分析，找出其异同点。
2. 利用确定贷款额度的方法对小额信贷机构客户所申请的贷款进行额度确定。
3. 对所在地小额信贷机构开展实地调研，分析该机构的信贷业务办理流程，并撰写调研报告。

项目五

认识小额信贷的风险管理

引　言

小额贷款公司的创立是信贷制度的创新,对缓解微小企业、农村的资金短缺、发展经济、改善生产生活方面具有重大意义。作为一个新生事物,小额贷款公司发展过程中最为突出的是风险管理问题。如何加强风险管理,促其稳健经营,是小额贷款公司面临的重要挑战。

项目学习目标

知识目标

掌握小额信贷的风险概念、特点及类型。

掌握小额信贷风险产生的原因。

明确小额信贷的风险监控方式及预防性控制措施。

了解小额信贷不良贷款的催收方式。

掌握小额信贷的风险管理方式。

技能目标

分析小额信贷的风险及风险管理基本方法。

任务一　认识小额信贷的风险

案例引入

小额贷款公司致命伤　融资渠道被堵塞

2017 年 3 月 30 日讯,由于政策所限,小额贷款公司几乎没有杠杆或者说杠杆非常低。以浙江为例,浙江小额贷款公司的融资杠杆率不过 1 倍。由于非金融企业身份定位,"只贷不存"的小额贷款公司资金来源问题一直是制约其发展的瓶颈。在杠杆率受到严格限制的背后,包括银行信贷、发债和上市等小额贷款公司多种融资渠道也在被堵塞。在这两方面的夹击之下，小额贷款行业发展受到前所未有的严峻挑战。

据多位小额贷款行业人士透露，银行本来就对小额贷款公司贷款利率定价偏高，通常在基准贷款利率上浮30%甚至更高。从2016年开始，很多银行又把小额贷款公司列为禁入的行业，导致优质的小额贷款公司也无法从银行获取资金，而银行的信贷原本是小额贷款公司相对主要、低廉的融资渠道。一位国有大行的支行行长表示，年初有家比较优质的小额贷款公司申请一笔贷款，提供了其控股大股东的现金存单抵押，存单的额度远超过其融资的额度，该笔贷款申请在当地省分行过了，但到总行被打了回来。原因是2016年开始，该行总行将小额贷款行业刚性列入禁入的行业。"我们也很无奈，明明是笔稳赚不赔的生意。"部分嗅觉敏感的银行，早在2014年就开始收紧对小额贷款公司的贷款准入条件，虽然没有明确说断贷，但贷款条件明显比以前更为严苛。杭州市小额贷款协会会长、理想小额贷款总经理唐新民坦承，虽然公司发展一直不错，但资金瓶颈仍然是一直以来的最大困惑。"公司在资产端开发了很多有竞争力的创新产品，现在最大的问题还是在负债端。"

2016年，某国有大行收回了对理想小额贷款两亿多的贷款，尽管浙江分行并不认为理想小额贷款有潜在风险，但总行的一刀切政策没有商量的余地。"没办法，我们只好全部还掉了，现在理想小额贷款还有6.7亿的资本全部是自有资金，但是这个钱完全跟不上公司发展的需求。"唐新民表示。一方面是资产荒，一方面不认可优质小额贷款公司的资产，使得小额贷款公司定向债和ABS的发行也变得很艰难。"鉴于我们多年稳健经营，省金融办希望我们能作为线下小额贷款公司的代表在沪深交易所市场发债，但目前的大环境下，这些渠道都变得比以前要困难。"唐新民表示。因为A股融资渠道不畅，目前尚无一家小额贷款公司在A股挂牌。少数的小额贷款公司转向港股，更多的小额贷款公司囿于资格所限无奈转向新三板挂牌，但现在即使新三板的渠道也被堵住了。类金融企业（对"一行三会"监管外的金融类企业的统称）挂牌新三板在去年年初被叫停后，股转公司又严格限制了此类企业的融资，导致已挂牌小额贷款公司借此融资的难度加大；此外，由于经济环境持续低迷，小额贷款公司业绩也不乐观，业内人士预计小额贷款公司"撤退"新三板的现象也将增多。截至目前已有三家挂牌小额贷款公司陆续选择终止股票挂牌，包括佳和小额贷款、三花小额贷款和通源小额贷款。

资料来源：新浪财经网

请思考：该案例说明了小额信贷机构在经营过程中存在哪些风险？

活动一　掌握小额信贷的风险

一、小额信贷风险的概念

风险是指损失的可能性。 在金融行业中，随着经济形势的不断变化，金融体系的演变和金融市场的波动性显著增强，小额信贷机构对风险的理解也日益具体与深化。风险不等同于损失，风险是一个事前的概念，反映的是损失发生前的事物发展状态，而损失是一个事后概念，反映的是风险事件发生后所造成的实际结果。小额信贷客户分布在不同的地区和行业，受当地经营和社会环境的影响较大，客户的经营状况千差万别，贷款能否按时全额收回受到了客户的还款能力、还款意愿以及放贷机构等多方面的影响。

对于一个小额信贷的机构而言，其风险是指在经营管理过程中受到不确定因素的影响，而导致实际收益或损失与预期收益或损失可能产生偏差。对于整个小额信贷行业而言，由于其信贷业务针对人群及产生影响的特殊性，某一小额信贷机构单方面的信誉或形象遭到破坏，将可能导致社会公众对整个小额信贷行业失去信心。

在小额信贷的机构中，风险存在于各个环节，任何对主要风险的处理失当都可能造成巨大的经济损失，对作为债权人的小额信贷机构产生风险，甚至导致企业经营的失败。作为风险管理技术不如商业银行成熟，没有诸多历史数据可以借鉴的小额信贷机构，对于风险的管理是企业经营的重中之重。

二、小额信贷风险的特征

小额信贷风险是风险与小额信贷行业结合的产物，因此深入认识小额信贷风险的特征将有助于完善风险识别机制、防范机制、控制机制，以减少风险损失，增加收益。

首先，小额信贷的风险具有普遍特征：客观性、普遍性、损失性和可变性。客观性的意思是风险是客观存在的，不因主观意识而转移。因此，小额信贷机构只能采取风险管理的措施将风险可能造成的不利影响尽量降低，而不能随心所欲地选择风险水平。普遍性一方面是指任何经济主体都会面临风险，另一方面是指各个公司发展的各个环节都存在风险。因此，要增强风险意识，增强风险管理的水平。损失性是指风险有可能给经济主体带来损失。可变性是指风险不是一成不变的，各种风险是互相联系并可相互转化的。比如，一次大额的信用风险也可以导致小额信贷的流动性风险。

其次，小额信贷行业的风险也具备特有的特征。

（1）短、频、快。也就是说小额信贷风险产生的频率比较高，但是因为额度相对较小，一般风险能够很快消除。

（2）资金成本高，即风险与收益成正比。这与前面提到的客户资质较差相关。公司需要更高的风险溢价才愿意承担更高的风险。

（3）无形且不确定。小额信贷采取的模式大部分都是以个人信用为基础，通过个人流水及其他信用记录来审核客户资质，很多借贷行为都不需要像银行贷款一样要求客户抵押或质押。这就导致存在风险，并无法通过抵押及质押的方式来转移风险。

这些特征的产生与小额信贷机构客户息息相关。小额信贷单位面临的客户需求有三个。一是对短期资金周转的需求，这一需求的客户一般资质较低，自我融资能力不足，而且小于一般商业银行对客户的基本要求而导致短期资金周转问题。这些客户会对小额信贷产生需求。二是有新产品、新项目的公司希望把握发展机会却缺少资本，也有可能是个人需要学习培训以提高工作技能却缺少资金。三是其他资金需要，比如银行贷款即将到期，若不能及时归还，利息将高于小额信贷机构借款的利息，那么客户很可能选择向小额信贷机构借款并归还部分银行贷款。

三、小额信贷的风险类型

以巴塞尔银行监管委员会的业务特征及诱发风险的原因为标准，可以将传统的商业银行业务主要面临的风险分为以下6类：操作风险、信用风险、市场风险、法律风险、流动性风险、声誉风险。小额信贷公司不同于传统的商业银行，其风险具有一定的特殊性。操作风险、信用风险相对而言对小额信贷公司的影响较大,而其他的几类风险对小额信贷机构的影响较小。

(一) 操作风险

根据银监会印发的《商业银行操作风险管理指引》中的定义,操作风险是指由不完善或有问题的内部程序、员工和信息科技系统,以及外部因素所造成的损失。操作风险是指因操作流程不完善、人为过失、系统故障或失误及外部事件造成损失的风险,包括内部欺诈、外部欺诈、就业政策和工作场所安全性、业务操作、业务中断或系统内部流程管理、法律合规疏漏等风险。其导致的损失不容忽视,在有的金融机构中已经超过了因信用风险导致的损失。

(二) 信用风险

信用风险又称为违约风险,是指借款人到期不能偿还小额贷款公司的借款,从而给小额贷款公司带来的风险。相对于银行等金融机构,小额贷款公司的信用风险问题更为突出。虽然小额信贷在投放时要求对借款人的信用水平做出判断,但是这些判断并非总是正确的,借款人的信用水平也可能因为各种原因下降,因此经营小额信贷机构面临的一个主要风险就是贷款对象无力履约。这是小额信贷经营中最直接也是最主要的风险,只要小额信贷机构通过实际或默许的契约协议,将其资金借出、承诺借出或以其他形式放出,均可能产生信用风险。

(三) 市场风险

根据银监会印发的《商业银行市场风险管理指引》中的定义,传统商业银行中的市场风险是因市场价格(利率、汇率、股票价格和商品价格)的不利变动而使银行的表内和表外业务发生损失的风险。市场风险存在于银行的交易和非交易业务中。市场风险可分为利率风险、汇率风险、股票价格风险和商品价格风险,分别是利率、汇率、股票价格和商品价格不利变动多带来的风险。广义的市场风险还包括外部欺诈风险、行业和地域风险、外部经济环境风险、国家风险等。

(四) 法律风险

根据我国相关法律,例如《银行业监督管理法》《商业银行法》中规定我国金融机构的贷款主体资格设立有两个条件:一是依法设立;二是中资金融公司。但是政府颁布的《关于小额贷款公司试点的指导意见》《关于村镇银行、贷款公司、农村资金互助社、小额贷款公司有关政策的通知》等文件并不是所谓的法律而是行政规定,仅通过行政规定设立的小额贷款公司,其发放贷款并没有直接的法律授权,也没有法律上的依据。这样就使小额贷款公司的法律地位处于一个非常尴尬的局面,缺乏法律的直接认可,其权益的维护缺乏保障,相关的管理难以到位。

(五) 流动性风险

对于小额信贷机构而言,流动性风险是指其无法及时获得或者无法以合理成本获得充足资金,以偿付到期债务或其他支付义务、满足资产增长或其他业务发展需要的风险。小额信贷机构是由自然人、企业法人与其社会组织设立,不吸收存款,经营小额贷款业务的有限责任公司或股份有限公司。所以,对于小额信贷行业而言,其融资的来源比起一般可以吸收存款,并可以办理各种财务业务的商业银行来说,具有不可避免的单一性。因此,相对于商业银行，流动性风险对小额信贷的影响更为突出。

（六）声誉风险

声誉风险是指由小额信贷公司经营、管理及其他行为或外部事件导致利益相关方对小额贷款机构负面评价的风险。声誉是一个小额贷款机构通过长期经营努力，与新老客户一起建立的良好评价信赖关系而得到的无形资产。一旦发生危害声誉的风险事件，小额信贷企业赖以生存的信用就岌岌可危，展业更加困难，其所有经济价值将不复存在。

活动二　了解小额信贷的风险成因

小额信贷风险包括操作风险、信用风险、市场风险、流动性风险、法律风险、声誉风险等，产生这些风险的原因有很多，总体来说，有小额信贷本身的制度原因以及市场等外部原因。

一、操作风险的形成原因

操作风险在小额信贷机构发生的原因包括多个方面。一是员工操作失误。具体来说，在销售端，销售人员可能由于对产品大纲的理解有误、记忆有误、口误等原因导致在与客户沟通时传达错误信息，因此也有可能在申请单、各种文书填写方面出现错误，从而导致审核端发现这个操作失误而退回销售端，甚至误导审核过程出现风险；在审核端，审核人员可能由于对审核规则不熟悉、计算失误、面审过程中的口误、对审核操作系统不熟悉等原因而导致审核失误。二是违反操作规则，也就是指审核人员的逆程序操作。这样的操作可能会被人钻了空子而发生了内部欺诈。三是信贷决策失误，比如贷款投放方向错误。

二、信用风险的形成原因

信用风险产生的原因大致分为两类：一类是借款人主观还款意愿不足，另一类是借款人虽有还款意愿，但没有还款能力。表面看来一个是主观，一个是客观，但是现实中两者的分界线并不清晰而且借款意愿具有即时性。例如，借款人可能在申请借款时具有一定的还款意愿，因为当时有强烈的资金需求且该借款人本身并无欺诈动机。但是经过一段时间的还款，借款人可能由于借款时对还款压力估计不足而造成了还款困难甚至造成违约；还有可能是在合同期限内，借款人面临的变化导致借款人本身的意愿发生变化导致信用质量下降，并最终导致出借人的财产损失。

同时，我国小额贷款公司不属于银行类金融机构，所以为金融机构服务的征信体系不能供小额贷款公司使用，小额贷款公司不能实现信用信息的共享。在实践中，小额贷款公司客户的信用评估不得不依靠实地走访、面谈等人工方式，但是这样必然在客户数量扩张的情况下加大信息不对称的程度，这既增加了小额贷款公司的信贷风险，也加大了其运营成本，不利于小额贷款公司的发展。这种不共享的征信体系也会增加小额信贷在贷款过程中的信息不对称，增加信用风险形成的概率。

三、市场风险的形成原因

对于小额信贷行业来说，市场风险主要表现在利率风险上。《关于小额信贷机构试点的指导意见》将小额贷款机构的性质描述成为"由自然人、法人与其他组织投资建立,不吸收存款,经营小额贷款业务的有效责任公司和股份有限公司"。不得吸收存款这一点就决定了后三种风险在小额贷款机构的影响较小。小额信贷机构的资产主要是金融资产,所以利率一旦波动,资产价值也会随着变化,这样就会对整个公司业务造成多方面的影响。当利率向不利的方向变化时,公司的资产效应会减少,流动性降低,进而影响整个业务链条的安全性。具体来说,利率风险来源于合同规定利率政策变化期限与市场利率变化期限之间存在的差异,这种差异会导致最终实际收益的不确定性。

四、流动性风险的形成原因

流动性不足的结果是致命的,流动性危机甚至可能会导致一家小额信贷机构破产。失去了流动性,小额贷款公司赖以存在、运行的资金来源就得不到保障。可以说,流动性是小额信贷机构的基础。流动性风险产生的原因在于债权人要回收债务时,又一时找不到信贷的融资途径。原因也有可能是直接的,比如信用风险所导致。如果有个大客户牵涉金额巨大的违约,便有可能导致整个公司重大损失而引发流动性不足。流动性不足的原因也可能是由操作风险导致。

五、法律风险的形成原因

在我国,小额贷款公司的发展尚处于初级阶段,到目前为止还没有一部完整的法律来规范,只能依靠政府制定的一些行政规定来进行管理,具有一定的指导意义,但只是一种临时性的安排,缺乏系统性、完整性,对小额贷款公司性质也没有明确定位。这种临时性的制度安排使小额贷款公司没有办法对自己的利益进行维权,这是法律风险产生的根本原因。

六、声誉风险的形成原因

声誉事件是指引发小额信贷声誉风险的相关行为或事件。一旦发生声誉事件,必然导致外部市场对小额信贷公司做出负面评价。

【延伸阅读】 **部分小额贷款公司因"老赖"陷困境**

武汉某房地产开发商老板章某,多个楼盘项目成烂尾,欠小额贷款公司600万元,已从武汉失踪。名下有五辆跑车的钟女士,以借款拍电视剧为由向多家小额贷款公司借款,平均每家借款200万元,目前行踪不定。门槛低、审批活、放款快,这是人们对小额贷款公司的普遍印象。然而与此同时,单笔贷款过大、利息过高、风险控制不足等问题也暴露出来。

一些借款人因无力偿还贷款而跑路,为追回借出资金,有的小额贷款公司年诉讼案数百起,有的甚至聘请私人侦探寻找失联借款人。2015年5月,湖北省小额贷款公司协会成立风控委员会。记者获悉,我省小额贷款公司已进入分化期,部分公司经营变得异常困难。

老赖增多,造船厂拖欠借款3 500万元

武汉南华黄冈江北造船有限公司,在一年之内从小额贷款公司直接或实际借款7笔,每笔资金均为500万元。2013年1月5日和5月14日，江北造船公司两次向武汉市益明科技小额贷款有限公司借款，分别为500万元，借期分别为三个月和一个月，月息均为3%，借款到期后889.57万元本金不能偿还。2014年1月3日，江北造船公司向武汉市江岸区华创小额贷款有限公司借款500万元，2个月借期到期后，江北造船公司仍有484万元本金没有偿还。

还有来自小额贷款公司四笔间接借款逾期不能偿还，实际借款人均为江北造船公司，但均由他人签订《借款合同》，江北公司同时签订《保证合同》。四笔借款分别是：2013年3月1日和3月26日，以柳某、王某的名义，分别向武汉市武昌区融科小额贷款公司两次各借500万元；2013年4月26日，以武汉钢福工贸有限公司和武汉东创机械电子设备有限公司作为借款人，向武汉邦信小额贷款有限责任公司各借款500万元。

小额贷款公司一次放贷百万千万，在业内已不鲜见。2012年12月28日，江汉区中联信小额贷款股份有限公司（2014年7月8日工商登记变更为武汉信用小额贷款股份有限公司）向武汉泰隆达物资有限公司放款3 000万元；2013年4月15日，中联信小额贷款公司向广晟钢铁公司提供600万元流动资金贷款，借期6个月。2014年2月13日，江夏区建清生态农业科技园向武昌区汉信小额贷款股份有限公司借款600万元。藏龙岛一家制造公司向东西湖一家小额贷款公司借款2 000万元。

《湖北省小额贷款公司试点暂行管理办法》要求，小额贷款公司放贷应坚持"小额、分散"原则，尽力扩大客户数量和服务覆盖面，借款50万元以下客户的贷款总余额，要达到公司整个贷款余额的70%以上。小额贷款公司其余30%的资金，对单户贷款余额不得超过小额贷款公司资本金的5%。虽然我省有小额贷款公司注册资本高达15亿元，单户贷并不超标，但其暗藏较大风险。

官司难打，批量小额贷款欠债人成被告

受经济下行等因素的影响，一些借款人经营困难，还款出现变数。上述借款人从小额贷款公司借款百万千万元，均因逾期不能归还成为被告。江北造船公司在一次答辩时称，依据法律规定，有代为清偿能力的人才能作为保证人，江北造船公司在签订《保证合同》时就没有清偿债务的能力，小额贷款公司知道但仍和江北造船公司签订合同，存在一定的过错。注册资本1亿元的江北造船公司，近年来经营陷入困境。不仅拖欠采购液压系统、船用昼夜监视仪和焊接设备款被告上法庭，还有造船合同未能履行的诉讼。业内人士指出，船舶制造业属于资金密集型产业，且现在属于过剩行业，而部分金融机构将严重过剩行业列为高风险行业，收紧甚至关闭了融资"闸门"，小额贷款公司进入高风险行业放贷风险极大。

2014年5月26日至2015年3月5日，在短短九个多月，涉及富登小额贷款（湖北）有限公司判决书和裁定书达43份。其中，小额贷款公司直接发起民事诉讼的有17起，显示借款金额多在10万至50万元之间。在法院开庭时，有13起被告（每起均有多人）未到庭。中联信小额贷款公司，因贷款本息难以收回，也成了"诉讼大户"。有关借贷纠纷引发的民事起诉、诉讼保全申请、申请强制执行等司法文书，自2014年1月1日至2015年5月达418份，借款方涉及钢铁、地产、机械制造等行业。其中一笔3 000万元的贷款逾期未收回，2014年3月3日武汉中院开庭时，七名被告无一到庭。

重金追债，请私人侦探找人讨债

"法院判决一年多，一笔320万元的借款依然没有收回！"5月10日，武汉中企小额贷款有限公司总经理洪佳接受记者采访时表示。据了解，2013年3月7日，沈某向中企小额贷款借款320万元用于资金周转，借期6个月，通山腾达矿业公司为上述借款提供连带保证担保。至2014年1月6日，沈某未偿本息。法院开庭时，沈某和通山腾达矿业公司均未到庭。"还有好多借款没有收回，有的欠债人还玩失踪！"洪佳无奈地说。多家小额贷款公司负责人表示，若借款人无有效的担保，讨债手段非常有限。为找到失踪借款人，有的小额贷款公司甚至重金聘请私人侦探。小额贷款公司老板何先生，借给汉口花桥祝某数百万元无法追回。今年3月12日，何先生找到私人侦探，提供了祝某两辆轿车的车牌号，以及其岳母的家庭住址。私人侦探蹲守在祝某岳母家附近苦守一个多月，祝某终于现身。随后，通过进一步跟踪，找到了祝某新的住处。为此，小额贷款公司向私人侦探支付了2万元。

汉口某小贷公司出借给林某170万元无法收回，林某公司停业，其处于跑路状态。小额贷款公司找人无果，委托私人侦探讨债，服务费为债务金额的30%。据介绍，私人侦探耗时三个多月，发现林某的行踪及其资产，最终追回170万元本金和部分利息，私人侦探提取51万元。小额贷款公司算了算，这笔贷款最终亏了10万元。

根据小贷公司老板提供的手机号，记者联系上私人侦探郑某。他在电话中称，找人和讨债，都不能触碰法律的红线，需要投入大量人力，目前他接受小额贷款公司的委托中还有三名借款人没能找到。一是武汉某房地产开发商老板章某，多个楼盘项目成烂尾，欠小额贷款公司600万元，从武汉失踪；二是为两笔借款3 700万元提供担保的王某，其名下的八套住房卖掉六套抵押两套，王某对陌生电话一律不接；三是名下有五辆跑车的钟女士，以借款拍电视剧为由向多家小额贷款公司借款，平均每家借款200万元，目前行踪不定。

行业分化，资金成本放贷利率攀高

据湖北省小额贷款公司协会统计，截至2014年年底，湖北省已经获得审批的小额贷款公司有413家，注册资本金503.15亿元，平均注册资本1.22亿元，比上一年度345家小额贷款公司的注册总资本增加了30%。目前已开业的有371家，2014年年底贷款余额为445.67亿元，全年累计贷款756.44亿元。湖北省小额贷款公司协会秘书长靳红旗认为，我省小额贷款公司2008—2010年为启蒙期，2011—2013年为爆发期，2014年至今为分化期。我省小额贷款公司户均贷款笔数，从2013年的200笔降为2014年的155笔，其中有注册1亿元的小贷公司，2014年未发放一笔贷款，贷款最少的10家公司，平均贷款额仅为其注册资本的2.4%，显示这些小额贷款公司经营十分困难。

小额贷款专家认为，有担保抵押的优质客户，会从利率较低的金融机构贷款。银行一年期贷款基准利率为5.1%，小额贷款公司受法律保护的年利率只能是其4倍即20.4%。小额贷款公司的管理成本一般在10%左右，因此其资金成本要控制在10.4%以内。然而，小额贷款公司融资成本却越来越高。近年来，我省小额贷款公司通过发行小额贷款资产收益权和小额贷款私募债融资，资金成本的年利率在13%～15%。目前小额贷款公司放贷时，月息3%～3.5%还是"友情价"，月息3.5%～6%则是"新常态"。

小微企业社会征信档案缺失，其负债具有隐蔽性，这都对小额贷款公司的风险控制提出了挑战。靳红旗秘书长认为，风控也是小额贷款公司的核心竞争力，小额贷款公司的贷款受理、调查、审批、贷后管理、逾期处理等全业务流程要有风控措施。由于多数小额贷款公司的借款人，认为高息借款会降低其信用，不愿其信息被银行掌握，这影响到小额贷款公司加入人民银行的征信系统。目前，省小额贷款公司协会正在积极推动小额贷款公司加入人民银行征信系统。

资料来源http：//news.163.com/15/0524/15/AQD0UFCR00014Q4P.html

任务二　探索小额信贷的风险管理办法

案例引入

风控薄弱坏账频发 P2P 现暴力催收

在经济下行期，信贷机构委托第三方机构进行暴力催收行为再度出现。昨日中国小额信贷联盟给会员机构下发的一则关于防止过度负债和暴力催收的通知显示，部分 P2P 平台委托第三方机构进行催收。

在过程中出现了暴力催收行为。

在经济下行期，P2P 网贷整体坏账率都在上升，融 360 发布的最新网贷评级报告显示，部分平台的坏账率在 20% 左右。同时，由于 P2P 行业征信体系不完善，存在多个平台给一个借款人借贷的情况，这也成为暴力催收团队出现的导火索。

中国小额信贷联盟对会员机构相关负责人表示，P2P 行业内存在严重的过度负债（多家机构向同一客户发放超额贷款）的情况，而且随着过度负债造成的风险逐渐爆发。有些机构委托第三方机构进行催收，在过程中出现了暴力催收行为。

网贷 315 首席分析师李子川向北京商报记者表示，现在 P2P 行业确实存在暴力催收的现象，他表示，催收团队作为 P2P 平台线下团队的一个重要组成部分，如果平台采用暴力催收，肯定不会让其曝光，但私底下只要对催收有利，平台都会采用。

而暴力催收团队也显示出部分平台自身风控体系并不完善。一位 P2P 行业资深分析人士认为，平台作为信息的推荐者，有责任和义务为投资人提供代催收服务。仅仅公开借款人的个人信息无法对逾期借款人形成太大的威慑力，何况现在很多东西可以造假。但是 P2P 平台催收团队实力参差不齐，如何判断 P2P 平台催收团队实力，需要观察平台是否有专业的律师人员、催收负责人，能否组织人员进行分级催收。

中国小额信贷联盟建议 P2P 平台要加强风险管理，积极参与征信系统和联盟筹建的过度负债信息平台，从制度上防止过度负债。

资料来源：北京商报

请思考：为什么暴力催收事件频发？小额信贷机构该如何控制风险？

活动一　认识小额信贷的风险监控

小额信贷的风险监控是指小额信贷风险管理的过程中，根据事前设置各种风险预警和控制各种指标，分析、预报小额贷款风险的发生和变化的情况，提示小额信贷机构要及时采取风险防范和控制措施。

一、小额信贷风险监控依据

正常、关注、次级、可疑和损失五类法是国际金融业对银行贷款质量公认的划分标准。这种方法建立在动态监测的基础上，通过对借款人的现金流量、财务状况、抵押品价值等方面进行连续监测和分析，及时、准确地判断贷款的实际状况，而不再仅仅依据贷款的还款期限来判断贷款质量。小额信贷业依此对信贷资产进行了分类（次级类、可疑类和损失类贷款统称不良贷款）。

对小额信贷资产进行分类时，要以评估借款人还款能力为核心，把借款人的正常营业收入作为贷款的主要还款来源。主要考虑的因素为借款人的还款能力（借款人的现金流量、财务状况、影响还款能力的非财务因素等）。小额信贷机构应定期对全部贷款进行一次分类。如果借款人的财务状况或贷款偿还的因素发生重大变化，应及时调整对贷款的分类。对不良贷款应严密监控，加大分析和分类的频率，根据贷款的风险状况采取相应的管理措施。

贷款风险状况是不断变化的，即使贷款发放前已经对贷款进行了筛选，防止贷款发生问题，但在实际操作中，总有这样或那样的情况变化，导致贷款问题的发生。尽管贷款人出现贷款问题的原因各不相同，但是借款人出现问题时大多数已经有了明显的信号。贷款管理人通过检测和管理这些信号，可以及时发现贷款可能存在的问题，提高贷款的监控效率。

二、小额信贷风险监控的手段

根据定性和定量的分析方法，对风险性质及程度进行识别和监控。

（一）定性分析监控

主要包括对借款人法人代表素质、经营管理水平、内部控制能力、信誉程度和发展前景分析；宏观经济政策的变化对贷款风险所产生的影响；特定行业或地区的经济政策、经济环境、市场供求变化、价格震荡等情况可能会对贷款产生的影响；各种灾害等不可抗力的外部因素或诉讼、疫情等突发事件影响的分析。

（二）定量分析监控

主要是依据借款人的财务指标和经营指标，对借款人的信用风险进行分析和监测。监测借款人经营风险主要动态地根据借款人信用等级评定、贷款项目评估、贷款风险度计量以及贷款风险敏感性分析等方法确定。借款人信用等级评定主要是根据借款人财务指标设置评价指标，将评价指标划为不同分值，根据分值划分信用等级，根据信用等级识别贷款风险程度。贷款项目评估主要是通过对借款人财务指标和投资估算、筹资成本、项目效益测算和不确定性分析等量化指标评估，综合评价项目贷款风险。贷款风险度计量主要是通过设置贷款风险权重。计量贷款风险程度量化贷款风险。贷款风险敏感性分析是指对贷款风险的主要或关键影响因素的变化进行量化分析，测定和判断其对贷款风险的影响程度。

（三）操作风险监控

主要依据公司业务决策层是否具有较强的风险决策能力；员工是否具备所承担职责的业

务水平和综合素质；执行信贷管理制度和内部控制制度能力；风险管理是否覆盖贷款操作的各个环节；是否具有完善的信息管理手段等。

活动二　熟悉预防性控制措施

小额贷款的预防性控制措施是指在小额贷款风险管理过程中，根据事前设置的风险预警信号与风险控制指标，判断单个借款人或单笔贷款的风险程度和风险形成，并在此基础上通过对贷款资金风险分类、综合评价贷款资产质量状况，检测整个贷款的风险程度。小额贷款风险预警包括微观预警和宏观预警，微观预警是根据各种风险预警信号，及时判断单个借款人或单笔贷款风险程度和风险性质。宏观预警指的是在微观预警的基础上，通过对贷款风险分类监测，依据贷款组合风险分析，综合评价贷款的质量状况，判断行业的贷款风险程度。在小额信贷风险预警的基础上，对贷款质量状况和变动情况要进行全面、持续、客观、动态的评价和反映，以便及时掌握贷款质量状况和风险程度，迅速采取风险防范和化解措施。

一、风险预警信号的分类

由于小额贷款风险产生的原因多种多样，风险预警信号也相应地呈现多样性和多元化的特点。从广义上讲，小额信贷风险预警信用可以分为以下几类。

（一）市场类风险预警

其主要通过市场风险信号反映。市场风险信号一般包括国家或地区的整体风险信号，整个市场政策的变动，包括宏观经济政策、财政金融政策、农业政策、其他特定行业政策、信贷政策、汇率和利率政策等的调整、变动。其中，国家和地方政府与公司贷款密切相关政策调整、政策性资金来源的落实和承诺保证变动、贷款利息补贴和挂账贷款本金消化资金的到位异动，应当作为当前市场风险预警的主要信号和监测的重点。通过对各种政策风险信号进行识别、分析，及时发现危及贷款本息按期偿还的风险苗头，提前对市场风险预警做出反应。

（二）信用风险预警

其主要通过财务预警信号、市场预警信号、行为预警信号和其他预警信号反映。

1. 财务预警信号

财务预警信号一般包括借款人各项财务指标如流动性比率、资产负债率、存货周转率、应收账款收回率、现金流量等低于行业平均水平或有较大变动。

2. 市场预警信号

主要通过市场供求和价格波动信号进行综合反映。市场预警信号一般包括借款人所处行业或地区的宏观政策、特定行业政策、财政金融政策等，这些变化都可能对行业经济周期和市场发展前景产生不利变化；市场供求关系、产品价格发生持续性或大幅度的波动；贷款上限和贷款支持价格上限面临挑战；地区和行业信用环境以及整体经济环境恶化等。

3. 行为预警信号

行为预警信号一般包括借款人在其他金融机构存在违约记录，提供虚假资料套取贷款，违规开立存款账户，未按规定用途使用贷款，借款人贷款展期次数增加，借款人法人代表的变动，法人代表及其财务、会计人员发生违规违纪行为，主要股东或关联企业发生较大调整,改制改组不规范,担保物品价值下降或担保撤销,借款人未经本公司同意对外提供担保等。

4. 其他预警信号

主要是可能发生各种影响借款人经营水平的重大灾害或突发事件等。

(三) 操作风险预警

主要通过内部操作风险信号反映。操作风险信号一般包括贷款管理规章制度不健全,信贷、风控岗位责任不明确,信贷档案不规范,客户信息资料不全面以及信贷管理内控机制不完善等;对不符合贷款基本条件的借款人发放贷款、不按规定办理贷款担保、不按规定用途或超权限发放贷款;贷款"三查"或审贷分离操作不规范,信贷监管制度不落实,信贷信息资料缺乏,借款合同要素不全,信贷文本遗失或失效,数据统计失真,风险预测失误以及其他违反贷款管理制度的各种违规操作行为和工作失误等。

二、建立健全贷款风险预警系统

建立健全贷款风险预警机制,要建立微观风险预警与宏观风险预警相一致的预警体系。要运用信用征信系统、客户信息系统、行业或行情信息分析系统、信贷监管系统,对贷款运营各环节和各种状态下的风险信息进行收集、整理、识别、反馈,对影响贷款安全的主要风险信号进行前瞻性判断,并制定处置方案,落实各环节的责任,提出防范和控制风险的预防性和补救性措施。

三、小额信贷风险预警模型应用

贷款的催收评分结果由评分系统自动计算实现,定期发布。根据评分结果,小额贷款机构可以将贷款客户细分,针对不同的客户群及时、准确地制定不同的贷后管理策略。风险预警模型评分越高的客户人群在未来出现贷款问题的可能性越小,客户风险也越低。随着时间的推移,客户行为和贷款风险得到了确认,对风险预警模型的预测能力便可以进行检验。模型成熟稳定后,就能基于风险预警的分析结果,对催收作业管理政策和策略进行决策和调整,从业提高整个催收工作的管理效率和质量。

活动三 了解小额信贷不良贷款催收

根据小额信贷风险预警和监测对不良贷款进行控制管理,就会涉及不良贷款的催收。不良贷款的催收事关小额信贷业务和小额信贷机构的生死存亡,对小额信贷机构具有非常重要的意义。

实践证明,小额贷款机构通过内部催收或委外催收可以大幅挽回问题贷款,减少贷款损失,更重要的是可以帮助延长诉讼时效,降低法律诉讼的发生概率,从而减少法律诉讼对机构业务经营带来的直接和间接影响。

一、催收业绩指标管理

(一) 催收操作衡量指标

催收工作的相关人员,包括催收员、催收团队管理者,需要掌握自己及团队的催收操作情况，以便及时做出调整与改进。此时，需要以催收操作指标为参考。

1. 通话量

指一段时间内催收员或催收团队在执行电话催收操作时拨打的电话的总行为次数，包括无人接听、正在通话中、停机等未打通的电话数量。通话量是电话催收中一个最基础的操作指标，反映了催收员工作的努力程度。

2. 联络率

反映一段时间内电话催收动作中，催收员与逾期客户本人及相关联系人沟通的程度，一般用连通联络量与总通话之比计算。广义上讲，电话一旦接通就算取得联络，无论接听者是否为预期联系人，也无论对方是否配合沟通。狭义上讲，有效联络特指催收员联络到逾期客户本人，并进行了有效沟通。联络率可以帮催收员评估自己为达成催收目标在特定时间内拨打电话的数量。联络率越高，在同样的联络目标要求下，催收员需要拨打的电话总数就较少。

3. 承诺还款率

指一段时间内承诺还款的次数与有效联络次数的比例。承诺还款是逾期客户对催收人员口头还款的状态。承诺还款率在一定程度上反映了催收员的回款谈判的能力，也为催收资源（包括时间、精力、力度）在不同案件上的分配提供了参考。承诺还款率越高，说了催收人员的谈判能力越强，逾期客户的还款意愿越高，未来还款的可能性越大。催收人员可以将时间和精力投入到那些未能取得有效联络或者未承诺还款的客户身上。但需要注意的是，承诺还款并不意味着实现还款，在实际判断中还需要结合其他指标进行综合分析。如果客户习惯性违诺，那么即使是承诺还款率高的，催收员也要谨慎对待。

4. 履约率

指在一定时间内，在一定逾期贷款中，实际还款的笔数与承诺还款的次数之比。这个指标显示了客户的诚信水平与逾期特点，履约率越低，说明客户群的信用品质越差，催收员便需要加大催收力度，并对逾期客户的承诺保持警惕。

（二）催收业绩衡量指标

催收部门通过对催收业绩进行定期或不定期的调查，评估部门自身对逾期贷款控制水平的变化情况，并预测未来的催收任务量与任务结构，以提前预备工作与人员。目前普遍采用的催收业绩衡量指标有以下几种。

1. 回收率

指一定时间内贷款收回额占贷款发放额或累计额的比例，计算公式为：贷款累计回收率＝本期贷款累计回收额/本期贷款累计发放额×100%，本期到逾期贷款回收率＝本期到逾期贷款累计回收额/本期到逾期贷款累计额×100%。回收率是催收部门追求的核心绩效目标，催收工作中的一切努力和辛劳都是为了增加回收金额及提高回收率。

2. 滚动率

指从一个时间区间滚动到下一个时间区间的贷款余额比例或贷款账户比例。例如，如果过去三个月，每月从逾期1~30天状态转变为逾期31~90天状态的贷款滚动率平均值为40%，那么可以预计，在1~30天的贷款余额中，约有40%会继续保持逾期状态进入下一期，其余60%的逾期贷款会在逾期31天内得到回收。当然，滚动率也有其自身缺陷：只是简单地取历史平均值，而忽略外部经济环境变化、市场营销策略变化等因素对逾期贷款的影响。因此,滚动率要在信贷业务处于相同的信用标准、营销策略等条件下使用。

3. 损失率

指小额贷款机构发放出去的贷款中,坏账损失占各项贷款平均余额的比重,其计算公式为:贷款损失率=坏账损失/各项贷款平均余额×100%。坏账损失是指由于借款客户资金使用不善造成的各项损失,从而形成资不抵债、根本无法收回贷款的状况。各小额信贷机构对坏账的认定标准不尽相同,损失率指标反映了小额贷款机构信贷工作和催收工作的协同质量水平。

二、常见的催收方式

目前,电话催收、外访催收和委外催收是较平常的催债方法,而网络拍卖、曝光个人信息、诉讼则是后期硬性的解决途径。其各自的特点及适用情形如下:电话催收,即催收人员利用电话进行沟通,避免了人情压力与尴尬,减少了直接冲突,但效果因人而异。外访催收,即在电话催收未果之时,以合情合法的现场外访予以辅助。外访催收是一种非常直接有效的催收方式,很多银行及小额信贷机构都在用。委外催收,即将不良贷款项目委托给有相应资质的第三方催收公司进行催收。能够节省委托单位的人力物力,凭借专业的第三方机构更好地回收欠款,但成本较高。网络拍卖,在法律法规许可的条件下,将债务人的资产如房子、车子、债权等,做成适合散户投资的产品,在互联网上予以拍卖,能以较快速度归还逾期款项。诉讼催收,即向法院提起诉讼进行催收,诉讼类型包括民事诉讼、刑事诉讼两种。诉讼催收针对的欠款人群主要是有能力还款却不还的借款人。曝光个人信息予以施压或加入黑名单,即P2P平台通过曝光逾期用户的个人信息来进行催收,但操作不慎就有涉嫌侵犯隐私的嫌疑,业界极少采用。

值得一提的是,诉讼催收常常是平台或第三方担保,通过债权转让获得诉讼权进而起诉债务人。业内人士认为,前者易触碰银监会明确的四条红线之一,即"平台本身不得提供担保"。理由是,平台自己回购债权的行为实际上就是一种自我担保。小额信贷企业的催收行为,在保证及时有效地收回欠款时,必须在符合相关法律、法规的前提下展开。现行的催收规定,可参考《民法通则》《民事诉讼法》《最高人民法院关于适用〈中华人民共和国民事诉讼法〉若干问题的意见》《合同法》《最高人民法院关于人民法院审理借贷案件的若干意见》,以及地方各高等法院出台的相关审理意见等。

三、不同逾期时段的催收重点

对于小额贷款公司而言,处理逾期案例和进行客户催收司空见惯。催收者表示,在催收中不仅要讲求策略,更要把催收举措落到实处。下面就不同逾期时段的客户分别进行介绍,帮助催收者更好地处理各种逾期(表5-1)。

表5-1 不同逾期时段的催收重点

逾期1~5天的催收方式	1. 关注客户逾期的原因。 2. 不致电联系人,或者只是致电联系人了解客户近况,并不透露客户贷款信息。 3. 以热情服务客户为主,用提醒的方式进行催收

续表

逾期 6~17 天的催收方式	1. 有意识地关注客户本人的联系方式、工作信息、居住信息等是否变更、及时更新数据。 2. 致电联系人了解客户近况，并不透露客户贷款信息，对知晓客户贷款的透露贷款信息，并要求联系人督促客户还款。 3. 加大催收的频率，每天不同时段至少通过两个电话 3 次以上联系客户
逾期 18~30 天的催收方式	1. 在联系到客户的情况下向客户充分说明逾期实践过程的不利影响，并将升级催收方式。 2. 在联系不上客户情况下可对联系人透露贷款信息，并让联系人代为转告客户还款事宜，也让其联系人转告再不处理还款将产生的不利影响。 3. 再次加大催收的力度，每天不同时段通过所有联系人电话联系客户
对严重逾期的客户的催收方式	1. 电话催收和短信催收的频率再次加强，并不断更新客户新的信息，需找新的突破点。 2. 外访、信函催收增加，多种催收手段同时交叉进行。 3. 对联系人的施压加大力度，增加联系人代偿的可能性。 4. 营业部建立和维护客户的催收档案，开讨论会交流总结

四、小额信贷的催收系统

目前，很多小额信贷企业的催收工作还停留在纯人工判断的操作阶段，各企业管理水平和业务流程差别较大，存在较多风险隐患。催收系统是专门针对信贷风险管理工作中的贷后催收管理推出的完整催收解决方案，满足信贷机构对催收过程监管的要求，在系统部署安全能力、网络安全管控、数据安全管控等方面均有高标准，保障催收业务安全、规范、各部门协调有序工作，提升催收员的成功率及效率。

活动四　认识小额信贷风险管理

从本质上来说，小额信贷机构是经营风险而盈利的机构。公司管理水平的高低、风险政策的好坏直接影响小额信贷机构的存亡。正确地识别、计量、监测、控制风险是小额贷款机构保持稳定增长的关键，风险管理已经成为小额贷款公司的机构管理的核心内容之一。一方面，完备的风险管理必定包括良好的预警机制，在风险出现之前提前预警、采取措施，相应地减少了公司为应付风险所付出的成本。另一方面，风险管理体系也会降低监管成本、经营成本，积极、合适的风险管理会将小额信贷所承担的风险转换为盈利。

一、风险管理的具体流程

风险管理通常都需要实行全程管理。各个环节分别把关、风险落实、管理到位。完善业务流程各环节的风险管理制度和风险评价方法，保证所有环节的各类风险都能得到有效控制，建立风险预警机制，加强操作风险、道德风险的防范。

小额信贷机构风险管理流程可以概括为风险识别、风险分析、风险监测和风险控制这四个步骤。前三个步骤是为第四步做准备的，下面分别介绍这四个步骤。

(一) 风险识别

风险识别是小额贷款公司针对小额贷款业务而开展的第一个风险管理程序，是指风险发生之前，就通过预先设定的一系列方式及时辨别其前导因素变动，并分析风险发生的潜在原因。有关贷款申请人持续经营与未来偿债能力的重要风险是风险管理工作的基础，如果起始的风险没有识别出来，那么后续的一系列风险管理工作都是无效的。

(二) 风险分析

风险分析是在识别风险的同时，对相关的风险点或者风险因素通过分析程序进行验证，并针对风险点可能会对借款人的还款能力产生多大的影响进行分析的活动。风险分析和风险识别一样是风险管理程序中的基础环节。通过对借款人的经营环境、道德品质、经营活动与规模、经营的财务状况和现金流状况进行分析，对其还款能力做出恰当的预测。为建立一个有效的内部控制制度，必须有效识别和持续评价面临的各类风险，特别是对经营目标有负面影响的重要风险。内控制度还必须随时进行修改和完善，对新的或者以前没有控制的风险进行控制。风险管理最重要的两个因素是高质量的风险管理信息系统和高素质的风险分析人员。

(三) 风险监测

风险监测是在风险发生之后对一些可量化的关键风险指标以及不可量化的风险因素进行监测，同时，将重要结果风险监测报告的形式定期提交给决策层，以便及时制定相关政策，控制风险进一步发展的步骤。风险监测报告除了一些常规指标之外，要对因新变化而不再有影响的旧的风险遗存进行清理，对新出现或最近需要注意的风险进行重点提示。风险监测的另一个含义是指对某个具体的风险事件有管理政策的情况持续跟进，监控其实施过程及结果。总之，风险监测及报告就是要满足不同风险层级、不同职能部门对风险了解及需求，以辅助其决策。

(四) 风险控制

风险控制是指小额信贷机构对已经过风险识别、风险分析步骤的风险因素采取分散、对冲、转移、规避、补偿等风险管理策略，对其进行管理和控制的行为。风险控制应该以已有的所有有效数据信息为基础，以减少风险事件带来的不良影响为目标，以整个公司的战略目标、公司文化为背景进行。

二、贷款风险的防范和控制

贷款风险的防范与控制是指针对可能发生的各种风险，在贷款发放前所采取的预防措施以及在贷款发放后、收回前应当采取的风险控制措施，其目的是控制贷款风险的发生、扩大和恶化。应对不同性质的贷款风险采取不同的防范措施，也可以对同一种类贷款风险同时采取多种风险防范和控制措施。

(一) 实行借款人贷款资格认定制度

应当对借款人的经营状况、经营效益、资信情况定期进行综合评价，根据有关政策规定及贷款风险程度进行贷款资格认定。

(二) 实行有效的贷款管理方法

贷款风险防范与控制按照区别对待、分类管理的原则，根据借款人的实际情况和贷款性质、种类，分别采用授信管理、逐笔核贷管理和项目管理的方法。

1. 授信管理

通过对借款人进行信用评级，核定借款人一定时期内的授信额度，集中统一控制借款人信用风险。根据借款人的不同信用状况分别实行内部授信和公开授信。结合公司贷款业务的性质和贷款的特殊要求，确定借款人的基本授信和特别授信。

2. 逐笔核贷管理

根据借款人资信状况和贷款的风险性质及程度，对不符合授信管理条件的，继续实行逐笔审贷、钱物挂钩、购贷销还等贷款管理制度。

3. 项目管理

对各种专项贷款，要按照项目管理程序，对贷款项目进行立项、评估、审批、实施、验收、评价的管理过程，以确保贷款项目的成功。

（三）选择有效的贷款方式

应根据借款人的实际情况和贷款性质、种类，分别选择担保贷款和信用贷款方式。选择信用贷款方式的借款人，除另有规定外，原则上要有相应的风险补偿金和一定比例的自有流动资金，并分别采取贷款风险补偿金管理和自有流动资金比例管理的方式。

1. 贷款担保

对不确定性风险因素较多的贷款，可以按照有关管理制度，分别采取贷款保证、抵押、质押担保方式。

2. 贷款风险补偿金管理

对借款人采取贷款补偿金方式，作为贷款风险补偿。借款人在贷款前，提供符合有关自筹要求的一定比例的补偿金，存入指定的贷款补偿金存款账户。补偿金在贷款本息未结清前，不参与借款人的购销经营活动，专项用于经营风险。借款人还清贷款本息后，全额退还补偿金。

3. 自有流动资金比例管理

可以根据贷款种类和性质，确定借款人自有流动资金比例最低限额。

（四）严格执行贷款操作规程

实行贷款审贷分离和贷款审批授权制度，按照贷款"三查"程序规范操作，签订借款合同，确保要素完整，合法有效，规避操作风险。

（五）完善监管制度

对借款人库存实施有效监管，控制贷款风险。坚持实行库存检查制度和货款回笼制度。定期检查或抽查责任人的管户情况，发现问题及时处理。

（六）加强对贷款管理制度执行情况的检查和稽核

信贷部门要定期或不定期对信贷人员落实贷款管理制度和操作规程情况进行检查。风控部门要及时组织对信贷人员贷款操作规范情况的稽核，以促进各项管理制度的落实，做到规范和及时操作。

（七）鼓励借款人投保

鼓励借款人对库存商品和其他符合保险规定条件的财产办理保险，转移贷款风险。

（八）防范和控制借款人改革改制风险

对借款人实行合并、分立、股份制改造、破产等涉及公司债权的改制行为，要全程参与，落实贷款债权，防止借款人逃废、悬空债务。对需要办理债务转移手续的，要规范签订债务转移协议，确保债务落实手续合法有效。确保要素完整、合法有效，规避操作风险。

【延伸阅读】 **如何利用大数据降低小额信贷业务风险？**

小额信贷，说起来很简单，其实是一个高技术难度的活。因为你不仅要放出去，还要连本带利地收回来。要放出去是很容易的，可是要完整地收回来，还是有很大难度的。我们知道，小额信用贷款是符合国家政策支持，具有普惠金融属性的，还仍有巨大市场发展空间的信贷业务，同时它也是一项高风险的业务。

利用大数据风控模型进行风险测量和识别是当前小额信贷业务中非常热门的发展方向。可是如何利用大数据技术识别小额信贷业务的风险呢？

根据当前国内信用环境和大数据技术的发展现状，在小额信贷业务的操作过程中，可以在贷前、贷中和贷后三个环节，利用大数据风险技术定量评估客户风险情况，防范小额信贷业务发生违约损失的风险。

大数据风控是指通过各种渠道采集用户数据，根据数据进行行为分析，构建用户画像，利用风控模型识别判断贷款申请者资料的真实性和有效性，从定量的角度评估客户的信用状况。贷款机构在运用大数据进行风控时，需建立自身的大数据收集系统、风险评估模型、信用衡量体系、风险定价模型等功能模块，对自身体系内以及体系外用户的海量数据进行搜集分析，紧密结合贷款消费场景，直接将数据模型应用到小额信贷业务贷前、贷中、贷后的各个环节中，利用信息技术和大数据实现小额信贷业务的流程化、自动化。

一、在贷前环节，利用大数据判断客户资质

在贷前环节，大数据系统主要是收集数据，初步评估客户风险，决定该笔贷款是否继续受理。在小额信贷业务开展前期，贷款机构可以充分利用移动互联网技术，让客户自主通过手机终端填写客户贷款申请信息，通过用户授权的方式，利用信息技术抓取部分用户行为数据，利用大数据模型初步识别用户欺诈风险。

在初步审核用户的真实性后，贷款机构结合外部一些公开的数据资源如公安、法院等数据，利用信息技术将平台信贷政策自动嵌入该流程中，充分利用平台自身内外部的大数据，结合客户申请信息进行客观的客户资质判断，如果能够符合本机构政策偏好，及时通知客户申请通过，否则善意提醒客户暂时还无法申请该笔贷款。在贷前申请环节，这里涉及大量的风控模型和信息获取方式，本文在这里不深入讲述。

在贷前环节，通过初步的数据收集，利用大数据模型进行预评估，通过自动化的方式，可以识别大量风险客户，尤其是一些欺诈客户，规避小额信贷业务中的欺诈风险。

二、在贷中环节，利用大数据识别还款能力

在贷中环节，利用更多维度的数据，更加客观地评估客户还款能力和信用风险。在客户通过申请后，可以利用电话外呼的方式与贷款客户进一步确定贷款意向。在贷款申请意向明

确后，需要进一步收集客户信息。此时，系统可以通知客户可以补录个人职业信息（公积金信息）、家庭联系人、资产状况等信息，以提升信用额度。

在贷中环节，贷款机构可以充分利用黑名单数据、人行征信、资产信息、职业信息等各种外部大数据，全面评估客户还款能力。将贷前环节的客户数据和贷中环节收集的数据，综合进行判断，根据评分卡模型，给定客户评级，初步核定用户额度。如果此次贷款用户申请额度小于系统自动初审额度，则可以通过电话或者视频再次核实用户真实性，一旦审核通过，通知用户进行在线签约，后续用户可以线上申请自动放款。如果客户申请额度大于系统核定额度，则进入人工审核，以最终核定用户额度。

在贷中审批环节，大数据不仅要核实信息的真实性，还要评估贷款申请人的还款能力和信用状况，利用更多维度的数据，更加客观、全面地评估客户的资信。因此这里可能有很多数据需要外部采购，需要投入一定的成本。

三、在贷后环节，利用大数据跟踪贷后风险

在贷后管理过程中，充分利用移动互联网 SNS 等技术，及时跟踪贷款人及贷款紧急联系人的日常活动，及时了解贷后风险。如有小额信贷有消费场景的，还应该充分利用大数据分析关联客户的消费场景，确定贷款用途。在后续客户每次登录客户端时，都自动收集客户信息数据，进行识别和判断，一旦发现隐性风险，立即启动风险应急预案。

对于贷款首期逾期的客户，要立即启动微信、微博、短信等工具进行还款提醒，还可以辅助电话外呼进行催收，咨询客户逾期原因，商议客户还款期限。根据收集的结果，循环不断地调整贷前、贷中的大数据风控模型的参数和权重，完善优化风控模型，最大限度地降低贷款逾期违约风险。

综上所述，在小额信贷业务展业过程中，贷款机构可以充分利用大数据技术识别客户的欺诈风险和信用风险，大幅降低小微信贷业务的风险成本。相信随着各种数据源的不断开放、大数据风控模型技术的不断进步，大数据风控将在小额信贷业务中发挥更加重要的作用。

资料来源：http://www.southmoney.com/P2P/201612/955424.html

小额贷款公司经营存在四大风险

《法制日报》记者近日从湖北省武汉市中级人民法院获悉，2014 年该院一审审结涉小额贷款公司民商事案件 34 件，立案标的额近 4.5 亿元。"还有些案件标的额达不到中级人民法院立案标准，这类案件在区级法院审理的要多一些。"武汉市中级人民法院民三庭法官吴伶俐告诉《法制日报》记者。通过分析近年来审理的涉及小额贷款公司诉讼案件，法官们发现，小额贷款公司在经营活动中存在的超范围经营、高息放贷、担保形式单一及手续不完善、内部管理和风险防范能力弱等经营风险，亟待引起监管部门和行业管理部门的重视。

超范围经营现象较为普遍

2008年5月4日,中国银行业监督管理委员会和中国人民银行联合发布《关于小额贷款公司试点的指导意见》(银监发〔2008〕23号),正式推进我国的小额贷款公司工作。中国人民银行公布的数据显示,截至2014年年底,小额贷款公司的贷款总余额是9 420亿元,全国小额贷款公司数量8 791家,从业人员11万,行业利润430亿元。银监会和央行的指导意见明确,小额贷款公司应面向农户和微型企业,按照小额、分散原则发放贷款,同一借款人的贷款余额不得超过小额贷款公司资本净额的5%。2008年9月8日,《湖北省小额贷款公司试点暂行管理办法》出台,办法规定小额贷款公司70%的资金应发放给同一借款人贷款余额不超过50万元(含50万元)的小额借款人,其余30%的资金对单户贷款余额不得超过小额贷款公司资本金的5%。

"从'小额、分散'原则来看,监管部门是希望小额贷款公司能够填补金融市场领域的空白,弥补银行金融机构的不足,缓解农户和小微企业融资贵、融资难问题。"吴伶俐说。但从诉讼情况来看,受理的案件中并无一般意义上的农户作为被告,相关企业主要为钢铁、物资、贸易、开发公司等资金密集型的行业,且部分案件集中多次向同一借款人放贷,贷款金额也高达上千万元或数千万元。

梳理武汉中院2014年审结的34件涉小额贷款公司案件,《法制日报》记者发现,其中有不少是房地产公司,如武汉市武昌区普提金小额贷款有限责任公司诉荆门市生都置业有限责任公司案等。

除房地产外,这些案件中的被告还涉及煤矿、贸易等资金密集型行业,如武汉市江汉区银河小额贷款股份有限公司诉通山县老虎槽煤矿有限责任公司案、武汉市益明科技小额贷款有限公司诉十堰国杰工贸有限公司案等。

对于贷款金额违反规定的情形,武汉市江汉区人民法院近日审理的一起涉小额贷款纠纷刑事案件具有代表性。检方指控,被告人湖北咸宁嘉洪电动车实业有限公司负责人洪某涉嫌以伪造的国有土地使用证等作抵押担保,与武汉市江汉区富邦小额贷款股份有限公司签订了贷款期限为一年的《借款合同》,后者一次性跨区域贷款人民币2 700万元给嘉洪公司。

多家小额贷款公司向同一借款人放贷的情形也多有存在。如武汉南华黄冈江北造船有限公司就曾先后被武汉市益明科技小额贷款有限公司(1 000万元)、武汉市江岸区华创小额贷款有限公司(500万元)起诉到法院,讨要借款。

高息放贷问题仍然存在

《关于小额贷款公司试点的指导意见》规定,小额贷款公司按照市场化原则进行经营,贷款利率上限放开,但不得超过司法部门规定的上限,下限为人民银行公布的贷款基准利率的0.9倍,具体浮动幅度按照市场原则自主确定。

"但在诉讼案件中,部分小额贷款公司约定的利率高于法定标准,或虽约定的利率未超出法定标准,但以加收财务顾问费或咨询费或约定高额违约金、赔偿金等形式变相收取高息。"吴伶俐告诉《法制日报》记者。

武汉东湖新技术开发区法院审理的潮曦小额贷款(湖北)有限公司与廖水清、湖北东顺金属物资有限公司等借款合同纠纷案，就具有一定的代表性。

法院审理查明，2014年3月20日，原告潮曦小额贷款公司与被告廖水清签订了《借款合同》，约定原告向被告廖水清提供贷款290万元，贷款期限为8个月，贷款利率为月息2%；若借款人未如约归还贷款导致贷款逾期，应就逾期部分，从逾期之日起，按照逾期贷款罚息利率向原告支付利息，直至清偿本息为止，"逾期贷款的罚息利率为贷款利率上浮50%，且原告有权解除本合同，提前收回贷款"；借款人对于应付而未按期支付的利息，应向原告支付复利，"复利标准为本合同正在执行的贷款利率上浮100%"。

法院虽认定双方的《借款合同》属有效合同，但认为《借款合同》约定贷款利率为每月2%，罚息为每月3%，"该利息加罚息的约定超过了中国人民银行同期贷款利率的4倍"，对超过部分不予支持。

担保手续不完善埋下隐患

在小额贷款公司贷款案件中，小额公司一般都会要求借款人提供担保。

"小额贷款公司的担保多为个人或公司的信用担保，以实物资产抵押、质押担保较少，有的案件表面看担保人众多，但实际能履行担保责任的人少，担保人过多反而影响诉讼效率。"吴伶俐说。有的保证担保不注重审查担保人的签名，公司担保的没有公司董事会或股东会决议；部分采取实物担保的，未能办理相关抵押登记手续，影响了借款债权的正常实现。

武汉中院审理的江岸区华创小额贷款有限公司诉武汉南华黄冈江北造船有限公司、武汉南华高速船舶工程有限公司、陈宗良、王晓东、柳丽华、张谨、张瑞毅、熊胜桥借款合同纠纷一案就具有典型性。该案中，南华高速船舶与陈宗良等6名自然人全部是担保人。

法院审理查明，2014年1月3日，华创公司与南华公司签订《贷款合同》，约定南华公司向华创公司贷款500万元；同日，华创公司与南华高速船舶及陈宗良等6名自然人分别签订了《保证合同》，分别约定各方为南华公司的主债务提供500万元担保，保证方式为连带责任保证，并约定了保证范围。

这起案件的争议焦点之一就是担保合同是否有效。庭审中，南华高速船舶认为，其对外提供担保未经公司董事会批准因而担保无效。

武汉中院审理后认为，我国公司法并未明确公司未经股东会或股东大会决议对外提供担保导致担保合同无效，本案南华高速船舶是否对对外担保作出决议属公司内部决议程序，不能约束第三人，故南华高速船舶应对南华公司的债务向原告承担连带担保责任。

贷前审查不严增大风险

"小额贷款公司是有限责任公司，但少数公司内部治理结构不健全，风险防控能力不强。"吴伶俐说。部分公司对贷款的贷前审查不严格，缺乏对借款人资质、借款用途的有效审查，容易出现扎堆放贷现象；贷中、贷后的跟踪管理不完善，贷款操作不规范，常出现委托个人放贷、收息的情形，加大了资金风险。

在前述江汉区法院审理的小额贷款纠纷刑事案件中，检方在起诉书中称，经依法审查查明，2008年9月16日，咸宁市国土资源管理局挂牌出让土地，被告人洪某所在的咸宁嘉洪电动车实业有限责任公司参与竞拍位于咸宁经济开发区的国有建设用地200亩;被告人盛某采取偷盖和伪造印章的方式,先后为洪某伪造了编号为"咸国用(2007)第148号""咸国用(2009)第46号"国有土地使用证。

被告人洪某以上述伪造的国有土地使用证及其该土地证办理的房产证作抵押担保,向武汉市江汉区富邦小额贷款股份有限公司借款2 700万元,并将贷款资金用于偿还其前期借款和支付高息。

"小额贷款行业是民间金融的重要力量,但由于民间金融市场放开和发展的时间不长,立法和监管制度上仍然存在缺陷,金融活动中的违法违规现象还十分普遍,需要行业协会和监管部门不断完善市场规则和管理机制,促进立法的完善。"吴伶俐说。

据了解,中国人民银行将牵头制定规范小额贷款等非存款类放贷公司的总则条例,该法规目前已形成较为成熟的草稿。

资料来源:http://news.xinhuanet.com/legal/2015-05/21/c_127824762.htm

项目小结

小额信贷风险管理
- 认识小额信贷的风险
  - 基本概述:概念、特点、类型
  - 了解小额信贷的风险成因
- 探索小额信贷的风险管理办法
  - 认识小额信贷的风险监控
  - 熟悉预防性控制措施
  - 了解不良贷款的催收
  - 认识小额信贷的风险管理

任务实战演练

1. 分析我国小额信贷的风险类型及形成原因。
2. 结合实际,分析小额信贷的风险预警的信号。
3. 思考小额信贷风险管理的流程和方法。

认识小额信贷企业的组织管理

引 言

项目六主要介绍了小额信贷企业的组织架构内容,对小额信贷企业部门的职能进行详细介绍。学生通过学习小额信贷企业的企业文化,能够建立企业文化的工作理念。同时,本项目为大家介绍了小额信贷企业人力资源管理的主要内容以及对于小额信贷员的绩效管理制度,让学生提前掌握小额信贷企业的薪酬机制。

项目学习目标

知识目标

掌握小额信贷企业的组织架构及企业部门职能。
掌握小额信贷企业人力资源管理的内容及绩效管理。
了解小额信贷员工岗位规范。

技能目标

掌握小额信贷员工销售技巧。
熟练运用小额信贷企业人力资源管理的内容对员工绩效内容进行管理。
熟练掌握小额信贷员工岗位规范的内容。

任务一 认识小额信贷企业的组织结构

案例引入

××××小额贷款有限公司

××××小额贷款有限公司是在中国人民银行、银监会政策许可下,经湖南省人民政府金融工作办公室批准成立的怀化市首批正规专业小额贷款公司,注册资金1亿元人民币。公司拥有高素质的专业化团队、科学的管理制度、严谨的风险控制体系,并由资深金融专家和银行、证券、房地产、汽车、法律、税务等方面专业人才组成的顾问智囊团,经办人员均具有多年银行信贷、投融资管理工作经验，熟悉银行信贷审批手续，以及国际国内投资融资渠道，能及时、迅速、热情地为客户提供专业、全面的服务，满足企业各类资金需求。坚持企业化管理、市场化运作，按经济规律经营，探索解决个人以及中小企业资金难的问题。

公司秉承诚信为本的基本原则，以创新金融服务充分发挥自身灵活、便捷、高效的优势，致力于为企业和个人提供全面的贷款融资咨询及服务，包括方案的设计、方式的对比分析、申请以及与相关手续的办理，通过专业的、个性化的、一对一的顾问式服务，创造企业个人服务平台。为符合国家政策导向和具有发展潜力以及创新型的中小企业、高新科技企业以及诚信的个人、个体经营户、"三农"产业提供方便、快捷、专业的贷款融资及理财服务。

公司凭借积累的资源优势：一方面依托金融机构，源源不断地向其推荐优良客户，配合做好各项金融创新业务；建立起广泛的企业、个人客户群，起到了金融机构与广大客户间纽带、桥梁的作用。"比银行更快，比民间更低"为服务宗旨，"没有苛刻的抵押、没有漫长的等待"为服务手段；向中小企业、微小企业、涉农企业、农户及个人、个体户、民间、创业、经营、短期、到期、循环、信用、资金拆借。开展小额、分散的抵押贷款、无抵押贷款。并根据客户具体经营状况，可以按月、按季还款；对老客户下一次续贷时，我们将给予额度、利率、期限方面等信贷优惠。

展望未来，公司将坚定不移地走高质量融资发展创新之路，严格按监管要求和市场化原则自主经营、公平竞争、诚实守信，以"稳健经营，服务社会，共同发展"为经营理念，努力创建一个内控严密、运营安全、规范的现代金融企业，为中小企业融资，为怀化地方经济发展做出贡献。

怀化贷款公司网址：http://www.dk0745.com/

请思考：你了解小额信贷企业的构成吗？小额信贷企业的组织构架是如何构建的？

活动一　熟悉小额信贷企业的组织架构

一、小额信贷企业的定义

小额信贷企业是由企业法人、自然人和其他社会组织投资设立的，并不吸收公众的存款，经营小额信贷的股份有限公司和有限责任公司。和银行来相比，小额信贷企业经济业务更加迅速和便捷，适合个体工商户和中小企业的中短期资金需要。和民间借贷的方式相比，小额信贷企业贷款途径更加规范，贷款利息可以由贷款双方协商。

小额信贷企业拥有独立的法人财产和享有法人的财产权利，是企业法人，并以全部的财产来承担债务的民事责任。小额信贷企业公司的股东权利是拥有资产收益权、参与重大决策以及对企业管理的权利，认缴的出资者以及认购股份的有限公司要依法承担相关责任。

二、小额信贷企业的组织架构

（一）小额信贷企业的组织架构分类

小额信贷企业组织架构如图6-1所示。

项目六 认识小额信贷企业的组织管理

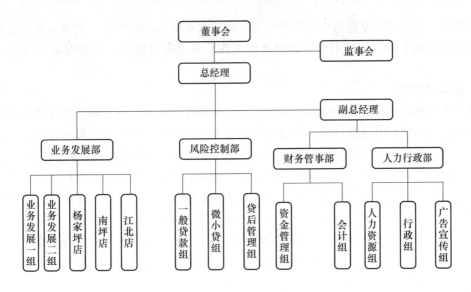

图 6-1 小额信贷企业组织架构

小额信贷企业的决策和企业的发展方向主要由董事会决定,董事会对小额信贷企业定位起到了重要作用。公司实行在董事会领导下的总经理负责制。在总经理领导下,公司部门之间相互联系、相互协调。小额信贷企业由董事会统一领导,监事会监视总经理工作,由副总经理实施管理工作,主要负责管理以下四个部门:业务发展部、风险控制部、财务管理部、人力行政部。根据小额信贷企业组织架构的特点来进行分析,各部门具体职责如下。

1. 业务发展部

小额信贷企业的业务发展部主要负责公司的信贷业务审核、信贷业务开发、信贷业务办理以及信贷后期的管理维护工作。小额信贷企业的业务发展部主要工作职责包括市场营销、业务办理、贷后管理、客户维护等。

小额信贷企业的市场营销的基本工作内容主要包括市场调研、广告策划、市场开拓等;小额信贷企业的业务办理工作内容主要包括产品的推荐以及咨询、贷前是否尽职的调查等;小额信贷企业的贷后管理工作内容包括贷款用途、贷款流向、合同执行、还款途径、还款追踪、担保资产、风险警示、催收等;小额信贷企业的客户维护工作内容包括客户的评级系统管理、优质客户维护、客户走访等。

2. 风险控制部

小额信贷企业的风险控制部能够有效地防范风险、规避风险的发生,并让小额信贷企业减少不必要的损失,并且能够有效防范风险带来的损失。风险控制部是每个小额信贷企业必须设立的部门。有效地设置风险控制部门,能够给小额信贷企业带来更多的收益和利润。

风险控制部的主要职责包括以下几点:第一,风险控制部可以制定有效的内部审批程序和操作的规章,让风险管理规章制度真正实施,同时也制定与合作单位相关的合作协议;第二,风险控制部要对业务部送审的贷款业务资料进行审核,并对风险初步认定的资料进行审核;第三,风险控制部对公司贷款合同以及信贷协议的文本规范进行法律性的审查,并对文本内容进行修改;第四,风险控制部负责大额业务的贷款申报,根据审批的意见审定成文,并且监管落实,如按照业务的操作规程来督促业务部进行贷款后续的跟踪和调查,监管项目审批条件的落实。同时,金额较大和风险较大的贷款项目,在业务部的相关指导下进行现场监督和检查，并按照季度进行信贷资产分类。在贷款业务部的配合下，负责对不良贷款进行资产保全和处置工作，负责不良贷款的追偿工作，制定风险转化，最大限度地保护公司的利益。

3. 财务管理部

财务管理部是小额信贷企业最重要的部门，对企业的经济业务发展、企业经济效益发展起到了决定性作用。财务管理部可以对公司的工程项目的可行性研究以及对项目评估的资产分析情况进行分析，并对董事会以及总经理的财务报告做整理编报。财务管理部的作用是：负责公司的资金监管和管理，运用货币计量的单位对公司经济业务发展做核算与分析，并做出决策与预测，进行监督，从而提高经济效益和减少节支。财务管理部还负责与政府部门的财务工作进行沟通，例如与财政局、银行等财务管理部门进行联络和沟通。财务管理部还负责完善会计政策和财务管理，进行预测管理、固定资产核算以及税务管理等工作。财务管理部负责资金的调整和管理，负责编制月度、季度、年度财务情况的说明分析表，同时向公司的领导报告公司的经营情况等。

4. 人力行政部

人力行政部是人力资源和行政管理的简称。人力资源部是小额信贷企业对公司管理进行服务的职能部门，主要协助公司处理日常工作，主要参与公司的服务和协调工作。人力资源行政部主要是为小额信贷企业提供人力资源的重要部门，也是日常运行的重要行政部门。人力行政部主要负责小额信贷企业的人力资源、行政管理以及营销办公管理，包括文档管理、制度管理、办公支持、考勤纪律、公关事项等。人力行政部还负责员工的绩效考核、职位管理、薪酬奖金、人事调整、员工的招聘、员工培训、员工档案管理等工作。

（二）小额信贷企业的岗位职责分类

1. 总经理岗位职责

总经理主要是小额信贷企业业务执行的最高负责人。实际上，总经理所在的层级，根据公司规模的不同而不同。在中小企业发展过程中，总经理就是整个组织职务最高的管理者和负责人。若是在规模较大的企业中，总经理的角色是集团或分支机构的最高负责人。在董事会的领导下，总经理需要贯彻并执行董事会的决议，主要负责管理和领导小额信贷企业的全部工作。总经理负责组织和编制企业的公司年度和季度经营规划，制定小额信贷企业的业务发展策略和措施，并且安排组织实施管理。总经理负责公司年度和季度决算、预算等相关重要的财务费用收支情况的审批工作。总经理主要还负责安排副总经理的行政、财务、业务工作等，明确副总经理的职责、权限、检查、监督和管理的工作，并安排工作任务。总经理组织协调管理各部门的工作，听取部门汇报工作，负责上报总结材料、把关政策性的工作，审核签发文件。同时，总经理主持有关部门、机构汇报工作，负责制定本公司的企业文化建设和战略方针。

2. 常务副总经理工作职责

常务副总经理主要负责协助总经理制定公司的发展战略、经营计划以及业务发展计划等，组织和监督公司各项规划与计划的实施，再负责将公司的内部管理制度化和规范化。常务副总经理组织编制年度工作营销计划和营销费用以及内部利润的指标计划等工作。常务副总经理负责指导公司的人才队伍建设工作，向总经理推荐重要岗位人选，同时负责协调各部门之间的关系，管理财会、行政与客户供应商之间的工作关系，以及推进企业文化间的建设工作，开展小额信贷企业的形象宣传工作。在总经理缺席的情况下，常务副总经理可以代理执行总经理的工作，并可以接受授权的其他工作意见和行使表决的权利。

3. 风险总监岗位职责

风险总监岗位是小额信贷企业根据风险控制的体系要求设立的岗位，目的是建立并完善小额信贷企业的风险管理组织。风险总监要在组织管理项目资料的过程中，进行审核并根据项目的具体情况来提出风险防范的政策性建议。风险总监主要负责带领部门员工完成公司的新产品研发和业务操作的流程化，能够指导小额信贷企业宏观经济周期的分析工作，能够为业务主管部门做操作。同时风险总监应能够监控项目的评审以及贷款业务所产生的风险，指导客户经理完成信贷业务风险测评工作。

4. 财务总监岗位职责

财务总监要在董事会和经理层的领导下，完成小额信贷企业的会计工作、报表工作、预算工作等，并负责制订公司的利润计划、信贷业务投资、信贷规模、信贷前景、开支预算与成本等工作。财务总监负责建立健全小额信贷企业内部核算、指导数据管理、管理财务的规章制度、组织小额信贷企业相关部门正常开展经济活动，并做好财务计划、成本计划，尽量降低成本、减少开支以及提高效率等工作。财务总监还监督管理公司的财务状况，负责遵守国家法律法规、遵守董事会的相关决议等。

5. 行政总监岗位职责

行政总监负责规范和完善小额信贷企业的行政管理系统，制定并完善小额信贷企业相关行政制度，能够提供各项行政后勤支持等。行政总监根据小额信贷企业的发展战略和人力资源的规划战略来制定公司中长期人力发展规划战略，建立和完善人力资源系统，并制定实施相关管理制度等。同时，行政总监岗负责部门团队的管理工作，为甄选各类中高级人才做相关策划和安排，并进一步完善小额信贷企业的人才储备以及团队梯队的建设工作。行政总监还会定期向管理层提供人力资源战略和组织建设、行政管理等方面的建议，为小额信贷企业的决策发展提供技术和信息支持，同时及时处理小额信贷企业管理的重大行政人力问题，并负责企业文化建设的指导工作。

活动二　掌握小额信贷企业的企业文化

一、对信贷文化的认知

信贷是不同经济主体之间在经济关系中产生的一种货币借贷行为，主要分为广义的信贷和狭义的信贷。广义的信贷主要是指金融机构存贷款和结算行为的总称，狭义的信贷主要是指银行或者小额信贷机构的货币借贷行为，因此，信贷文化并不是字面上简单的信用贷款，信贷文化是信贷管理工作中的价值取向和行为规范等，信贷工作的管理人员就是信贷文化的载体和表现形式。

信贷文化主要是发展小额信贷企业的重要组成部分，也是小额信贷企业能够延续长期发展的信贷活动形式之一，也是能够沉淀和积累小额信贷企业经营管理的行为规范和价值总和。总的来说小额信贷企业文化主要包括信贷对象的选择、信贷业务的取向以及信贷风险的认知等内容。信贷文化对于小额信贷企业业务的拓展和提高起到了支撑的作用，也更能够夯实小额信贷企业的业务基础。

在小额信贷企业业务发展的过程中，发展信贷文化是其必不可少的任务之一。对信贷工作而言，信贷文化是保障信贷员工谨慎严密地按照信贷规章执行的有利保障措施，在信贷员工真正工作之时，执行信贷过程中，信贷文化就能够保障员工在道德层面上免受风险。即使再好的制度和文化也需要员工依法履行。因此，信贷文化能够贯穿整个信贷工作，进行有力保障，它是除制度外管控信贷的利刃。

二、小额信贷文化存在的问题

小额信贷企业是我国金融业的一支重要力量。由于小额信贷企业文化沉淀的影响以及人员基本素质、区域经济环境等多方面因素制约，仍然还存在着很多缺陷。

（一）有市场定位、缺客户群体

作为近几年发展较快的金融机构，绝大多数的小额信贷企业的目标对象是小企业和个体工商户，通过联动城市来融入国家。个体工商户是促进当地城市发展的小型的工商户；小企业则是指劳动力、劳动手段或劳动对象在企业中集中程度较低或者生产与交易数量规模都非常小的企业。但是在业务发展的过程中，部分小额信贷企业必须要避免急功近利，不受短期利益的影响，要充分地实现和客户共成长的长期经营的理念。因此，在拓展业务的过程中，主要采取的是稳固客户群体的方法，着重建立健全自身的客户群体，加强客户的培育能力，依靠地方政府的扶持、完善自身的经营体系和结构，扩大客户群，这样就可以保障小额信贷企业形成市场前景较好、客户群体较稳定的良好局面。

（二）有风险意识、缺防范体系

通过近些年来的发展，各个小额信贷企业都具备了信贷风险防范的意识，但是目前很多却未形成适合自身的风险防范体系，主要表现在：一是缺乏风险分析工具、风险预警和风险管理的流程等。对客户风险分析和市场价值的判断很多采用定性和经验式的研究方法。二是对风险防范比较重视事后化解，却轻视了事前防范的方法和事中控制的手段。三是信贷企业的信贷决策层和执行层之间的信息传递和信息沟通缺乏平台和制度，导致了许多信贷决策在执行中有所失误。

（三）有服务措施、缺服务创新

在金融产品同质的今天，很多优质客户的具体要求都存在差别化、特色化和个性化的服务要求，因此，信贷营销的最终意义在于服务，而小额信贷企业受到了人才、科技、政策和市场准入要求的制约。近些年来，信贷服务基本上都集中在传统的质押和担保贷款业务，缺少了满足客户的个性化需求服务，因此，造成了小额信贷企业打造特色化信贷服务品牌的困难性，难以为客户打造个性化较强的信贷产品和信贷服务，从而造成了小企业和个体工商户的依赖和忠诚度的弱化，也使得信贷风险比较集中。

三、小额信贷文化的内涵和特点

小额信贷企业文化既具有金融信贷的文化特点，也具备独特的个性化特点。因此，小额信贷企业文化的内涵特点主要包括三个内容：市场定位、风险防范和服务手段。

（一）市场定位是小额信贷企业文化的基础

小额信贷企业目前离不开信贷业务市场，而且必须要有市场规模作支撑，才可以取得一定的规模效益。目前小额信贷企业在金融行业中拥有一定的规模效益,也必须立足小企业,构建小额信贷企业的金融服务体系和信贷文化的体系。所以,小额信贷企业必须明确自身的市场定位和优势从而赢得市场份额,将有限信贷资源通过渠道营销向客户推广出去,从而赢得有效的市场份额和稳定的效益来源。

(二)风险防范是小额信贷企业文化的核心

小额信贷企业经营的基准点最主要的是效益,但效益的取得主要是建立在贷款回收的基础上。影响信贷业务经营的最关键因素是信贷资产本身的价值,而信贷资产价值的本质就是对信贷风险的衡量,即是用风险来换取收益。在实际工作过程中,通常会在业务拓展和风险之间艰难抉择,这就要求在决策过程中理性地判断,从风险防范为核心去发展,确保在决策过程中对风险有百分百的把握。损失就是由发放贷款之后的变化因素而造成的。因此,风险防范就是小额信贷企业发展壮大的核心力量。

(三)服务手段是小额信贷企业文化的底色

小额信贷企业的信贷营销和商品营销一样,是以服务作为保障的。在信贷市场中,由卖方市场逐步向买房市场转变。小额信贷企业对小企业和个体工商户的信贷支持,是双方共赢。它能够主动为客户提供个性化和差别化的金融服务,提升客户对小额信贷企业的忠诚度和满意程度。

四、打造小额信贷企业文化

信贷文化形成经历了漫长的过程,它的形成也需要经历"文化倡导—制度强化—经营管理过程的潜移默化的影响"这样一个过程。所以,构建合理良好的小额信贷企业是不能一蹴而就的,需要长期和持久地倡导和培育。

(一)规范管理,建立科学的信贷审贷机制

信贷需求具备复杂性、多样性和差异性,在客观上要求小额信贷企业建立分权事宜、专业分工和相互制约的多层次信贷体系。信贷审批和操作流程要讲求程序性,更讲求科学性和专业性,既要讲控制也要讲效率。最主要的是改革和完善现有审批流程,逐步推进小额信贷企业的审贷分离、专家审贷和独立决策等流程,最大限度地防范信贷审批过程的道德风险,尽可能地避免信贷决策中的经验。

(二)奖罚分明,建立有效的员工激励机制

小额信贷企业应该根据自身的实际情况来明确信贷业务的评估标准,主要包括业绩评估的定性指标和定量指标。因此,还应该有明确的业绩评估流程,通过实行按业绩获报酬来分配制度和用人制度,运用内部的利润核算、内部价格转移和市场成本等指标,核算信贷人员的业绩,并和其收入与晋升挂钩。同时,能够全面推行信贷责任的认定和追究制度,对于违规者进行追究和从严处罚,从而促使信贷员建立良好的员工激励机制。

(三)以防为主,建立系统的风险预警机制

信贷风险,要坚持以预防为主,因此,小额信贷企业要建立一套科学合理的信贷风险预警体制和评估体制,在信贷风险出现之前,也要争取主动,同时,要对信贷风险进行准确评估,早做处置的准备。信贷风险预警和评估涉及信贷操作流程,系统风险预警机制是调整和统一的有效方法,通过这种方法,能够给信贷风险最大限度进行量化,从而使内部相关个体对信贷风险的预测和评估达成共识。

（四）规范处置，建立系统的风险处置机制

信贷风险不可回避，小额信贷企业不仅不可能完全杜绝信贷风险，而且应该允许一定限度的风险存在，这是由小额信贷企业自身特点决定的，是经营与发展的需求，因此信贷风险的产生极其复杂。小额信贷企业应该以信贷风险预警作为基础，对信贷风险进行全程的控制，从而适时处置。对于信贷风险的处置应该采取规范性的操作，形成体系，进而使涉及的信贷风险相关业务有章可循。

五、践行小额信贷企业文化

（一）树立品牌，建立现代营销服务机制

小额信贷企业的信贷营销应该从以产品为中心转为以客户为中心，从业务营销转到服务营销。在市场细分的基础上，能够通过充分利用内部因素，来对外部可控因素做出积极的反应，用已有的创新金融产品为客户提供系列化的金融服务，即从客户的实际需求出发来互利共赢、共同发展，从而为客户提供个性化的信贷服务，进而持久地赢得客户，来强化客户的忠诚度，树立小额信贷企业的信贷品牌。

（二）以人为本，建立立体的员工培训机制

任何文化的发展都以人为本，信贷文化也遵循其规律。因此，建立良好的信贷文化，必须要重视小额信贷企业的信贷员队伍建设，重点抓好两个方面：一是"德"，即职业道德和职业忠诚。二是"能"，即业务素质和学习能力。因此，要加强文化同化，通过感知来进行培训，让信贷员对小额信贷企业的信贷文化从"了解"到"溶解"，另一方面，要加强信贷员的专业素质培养，不断改善心智模式和更新知识结构，通过专业素质培训来侧重政策解读、财务分析和创新能力的培养，进一步掌握市场营销和法律知识的内容。

任务二　了解小额信贷企业人力资源管理

案例引入

小额信贷企业："投资"员工的未来

某小额信贷企业从2003年开始校园招聘。随着中国金融业务的迅速增长，新招聘大学生的人数以每年100%的速度增长，仅2005年新入职的大学生就达到400余人。为了使这些新人尽快适应公司的业务发展，同时也使这些大学生们在职业生涯的起步阶段走得更稳，该小额信贷企业实施了系统的新员工发展培训计划，全面培养应届毕业生的技能及素质。新员工培训分为如下几个步骤：

来自全国各地的大学生入职后，首先汇聚到天津总部全国培训中心参加为期两周的入职培训。

入职培训结束后，这些意气风发的新人被输送到集团各分支机构和职能部门。

为了在日常工作中对新毕业的学生们给予持续的激励和辅导，培训中心通过每月编辑的电子培训刊物（E-Magazine）不断向他们传递工作方法和自我激励与发展的信息，协助他们稳步地完成从学生到公司所需要的职业员工的角色转换。

在帮助毕业生尽快适应新环境、快速成长而提供各种学习与发展机会的同时，也对他们的工作技能和业绩表现进行紧密的跟踪与评估，从而确保培养和保留符合公司发展需要的具有胜任能力的人才。

该企业认为，使员工去留的原因有很多，建立员工的忠诚度是重要原因之一，因此公司必须对员工有所投资，即投资员工的未来，帮助员工实现梦想。这就是公司能吸引到最好的员工，这也是该公司在市场竞争中占有更大优势的奥秘。

请思考：你了解小额信贷企业的人力资源概念吗？小额信贷企业的人力资源管理内容包括哪些？

活动一　了解小额信贷企业人力资源管理

一、人力资源管理系统

人力资源管理系统（Human Resources Management System，HRMS），通过提高内部员工的满意度、忠诚度，从而提高员工贡献度，即绩效，帮助管理者通过有效组织管理降低成本和加速增长来创造价值链利润。人力资源管理系统从人力资源管理的角度出发，用集中的数据将几乎所有与人力资源相关的信息（包括组织规划、招聘管理、人事在职离职档案、员工履历、劳动合同、奖惩管理、办公用品、医院保险、调动管理、培训管理、绩效管理、考勤管理、计时工资、计件工资、宿舍管理、员工自助、领导审批等）统一管理起来。人力资源管理系统包括人事日常事务、薪酬、招聘、培训、考核以及其他内容管理，也指组织或社会团体运用系统学理论方法，对企业的人力资源管理的方方面面进行分析、规划、实施、调整，提高企业人力资源管理水平，使人力资源更有效地服务于组织或团体目标。

人力资源管理系统按照需求描述可以分为人事档案、合同管理以及薪酬管理等方面。

（一）人事档案

人事档案分为在职、离职、退休、后备四个人员库。小额信贷企业人事档案管理也可根据企业自身情况来进行分类，小额信贷企业的人事档案可以包括薪酬记录、考勤记录、绩效记录、培训记录、社保记录、调岗记录、调薪记录、奖惩记录等人事管理内容。

小额信贷企业需要建立自身的人事档案系统，通过系统支持在线完成人事业务的办理，包括入职、转正、调岗、调薪、奖励、处分、离职、复职等。这些业务既可以直接办理，也可以通过小额信贷企业建立的人事系统工作平台进行审批处理。业务办理的结果直接记录在人事档案中；可以对人事档案的所有内容进行查询。小额信贷企业要建立适合自身特色的人事档案系统，发展一批适合自身的小额信贷员工，通过人事档案的有效管理，对小额信贷员工的信贷业务进行追踪，对绩效考核方案提供理论依据。

小额信贷企业的目标是运用最有价值的资源即小额信贷员工来实现企业的利润最大化。因此，必须通过有效的人事考核流程来评判信贷员的绩效。建立全面完善的信贷员工人事档案，发展自身企业文化，制定与企业业绩紧密相连、具有连贯性的人力资源方针和制度，是企业最有效利用资源和实现商业目标的必要前提，应努力寻求人力资源管理政策与商业目标之间的匹配和统一。当企业文化合理时，人力资源管理政策应起支持作用；当企业文化不合理时，人力资源管理政策应促使其改进。创造理想的企业环境，鼓励员工创造，培养积极向上的作风，人力资源政策应为合作、创新和全面质量管理的完善提供合适的环境。

（二）合同管理

小额信贷企业人力资源部可以对信贷员工的劳动合同、培训合同、保密协议等有权进行新签、续签等合规操作。在合同管理期间进行有效组织，有效管理，能够提供劳动合同期满提醒、未签劳动合同人员提醒、合同续签提醒等业务操作，并对信贷员工的合同管理进行系统核查，对不符合规定的信贷员工进行整理并归档。

（三）薪酬管理

可以根据企业制定的薪酬管理制度进行合理的薪酬分配，可以采取薪酬计算公式、等级表等方式来进行，实现岗位工资、级别工资、工龄工资、学历津贴、考勤扣款、社保扣款、绩效奖金、个人所得税等环节上的细分。

对薪酬管理可以实现一月多次发放工资，支持多次工资合并计税，支持年终奖的十二个月分摊计税；薪酬数据支持分部门管理，各分公司或部门可以独立管理本部的薪酬；薪酬数据支持在线批量编辑；薪酬发放支持标准的工作流审批，员工可以在线进行薪酬申诉，每月薪酬数据自动记录在人事档案中。小额信贷企业需要制作薪酬报表，包括：各部门员工薪酬明细表、各部门及岗位薪酬汇总表、部门月工资条打印表、职务薪酬汇总表、部门及岗位薪酬多月合计表、部门及岗位多月薪酬对比表、员工薪酬多月合计表等。薪酬管理能够有效改善和提升信贷员工的工作状态和热情，对企业发展和管理人才起到了一定的作用。

二、人员招聘和录用

（一）改善组织的劳动力结构与数量

招聘与录用活动是以组织战略和计划为基础，根据人力资源计划确定人员需求，并在某段时间某个地点招聘所需要的员工。通过有目的、有计划地录用工作人员，组织可以控制人员类型和数量，改善人力资源结构，保证年龄结构、知识结构、能力结构等符合组织发展的整体目标。

（二）保障员工能充分发挥自身能力

招聘与录用为信贷员工提供了一个公平竞争上岗的过程，保证每个员工都能充分发挥自身能力。组织对每一位应聘者一视同仁，按照公平、公开、公正招聘与录用，遵守法律规定和承担应有的社会义务。通过招聘与录用，组织可以发现最佳人选，减少明显不合格或不合适的人员进入组织，减少人员受聘后离职的可能性，帮助员工找到适合自己的工作岗位，提升组织和个人的效率。

（三）提高组织的管理效率

招聘与录用是一项成本管理活动。高效率的招聘与录用通过招聘宣传，选择交通便利的招聘地点，吸引、鼓励和促进更多的申请人员应聘，以低成本为组织增加合格的人才。有效的招聘与录用能保证组织落实计划、人员稳定、综合效益提高。

三、激励机制

建立目标责任制，每年、每季、每月下达工作责任目标，使企业经济指标层层落实，使每个员工既有目标又有工作压力,产生强烈的动力,努力完成任务。分管副总可针对完成情况,在每月例会上表扬并发放奖金奖励、张榜公布。

针对重要销售业务或项目,挑选优秀员工组建临时团队,以完成任务为目标导向,激发临时团队成员的创新激情,提升团队成员的责任感。完成任务后,根据团队成员对此工作的贡献和表现进行表扬或奖金奖励。

四、员工绩效管理

系统支持定性及定量两种绩效考核方式,如360度考核、量化考核等考核方式。考核结果将自动记录在员工档案中;薪酬模块可以自动引用绩效考核结果,直接根据信贷员工的完成度来进行绩效工资的发放;员工可以在线进行考核申诉与反馈。

小额信贷企业人力资源系统内置绩效报表,包括:绩效考核结果一览表、绩效考核记录一览表、考核结果单指标分析表、考核评分记录明细表、各部门量化指标分析表、部门考核等级汇总表;绩效数据支持分部门管理,各分公司或部门可以独立管理本部的绩效。通过各数据报表对信贷员工的绩效管理进行合理分析与评价,实现员工绩效的公平性、合理性,完成小额信贷企业信贷员的培养。

五、员工培训发展

培训管理员可以向员工进行培训需求调查;各部门上报培训需求,汇总成为培训计划,计划内容包括培训的时间、地点、参与人、预算等。培训计划可以在线申报,由培训计划生成培训的实施方案,详细记录培训实施情况。同时,还可以进行培训评价管理,记录员工在每次培训中的评价。培训记录要将自动记入员工档案。培训数据支持分部门管理,各分公司或部门可以独立管理本部门的培训。员工系统培训配备的报表主要包括以下几个方面:各部门培训计划费用统计表、各部门培训计划人数统计表、各部门培训实施费用统计表、各部门培训实施人数统计表等。

员工的培训能够帮助小额信贷企业培养一批适合自身发展的信贷员,它对企业发展和业务推广起到决定性的作用,因此,要及时对信贷员的各项能力进行培训和提升,以便更有效地完成信贷业务。

活动二 认识小额信贷员工岗位规范

一、小额信贷员的基本职责

(一)联系客户

众所周知,互联网已以不可阻挡的形势渗透进了人们的生活,暂不论网贷发展如何或者到底客户是否相信网上信息,但人们都会习惯性地进行互联网搜索和查询,了解贷款的基本常识。随着上网群体的年轻化,这种形势只会越来越明显。因此作为小额贷款信贷员,无法拒绝网络,相反要好好利用,尤其是新入行的小额贷款信贷员,可能利用互联网优势超越老信贷员。

小额贷款信贷员开展网络推广的优势和劣势一样明显。优势在于小额贷款信贷员对自身产品的了解，加上合理的定位和形象的塑造，依托正规贷款公司，就可以很容易地为客户解答疑问，获得客户信任；劣势在于小额贷款信贷员对于网络推广知识的缺乏，有劲没处使。下面为大家介绍一下小额贷款信贷员可以使用、实用、易掌握的网络推广方法。

（1）建立互联网聊天平台：如新浪博客，可以撰写或者复制贷款相关的教程、指南、流程等文章，结合自身的贷款产品特点，合理插入相关产品信息，最后加上自己的联系方式。注意样式要清晰，行距要稍微大一点，最好加上图片。

（2）贷款平台推广：以上方式可以说是自己主动出击，但出击后是否有稳固的后方，这就需要入驻贷款平台，让你的身份有理有据，更易获得客户信赖。目前大部分贷款平台不显示小额贷款信贷员联系方式，只显示某某经理，这种方式并不能让客户确认是你本人，因此建议在发布贷款产品时直接展示联系方式。

（3）分类信息网站：分类信息网站当然是免费的，这是最大的优势，而且目标明确，只需发布所在城市信息即可。信息太多，免费发布无法受到客户的关注。贷款公司参差不齐，甚至有骗子出没，在信任感上无法与专业网站相比，对自身形象有一定的影响。但还是推荐使用的，毕竟多一次展示多一次机会。

（二）开发客户

小额信贷前期的市场调研很重要。找到了机构的目标群体，然后有针对性地对这部分群体进行开发。很多小额信贷机构，信贷员采取划片区开发客户的方式，在自己的区域内挨家挨户走访，并当场问是否需要贷款。可采取广告宣传、互联网营销、海报、广告等主要手段多管齐下。但无论方式如何，最首要的还是要有自己明确的发展目标和策略，这样才能有效发展。

（三）营销产品

1. 中心人物带动法

中心人物带动法是指在某一待定的范围里，有目的地发展一些有一定影响力的中心人物，并在这些中心人物的协助下，把该范围里的一些个人或组织变成自己的准客户。

实际上，中心人物带动法是由连锁式介绍法演变而来的。采用这种方法来寻找准客户，关键在于如何取得"中心人物"的信任和合作。这些中心人物既可以是我们的贷款客户，也可以是愿意合作的朋友，他们了解其周围环境，并能对其他消费者产生一定的影响。由于这一批有影响和带动作用的中心人物的帮助，我们才能够较容易地寻找新客户。

通过中心人物带动法我们可以达到以下目的：①信贷员可以集中精力向少数有影响力的对象做细致的说服工作，以取得其信任和支持。②由于中心人物的"影响力"，可以给我们的信贷产品带来较大的影响力。

2. 扫楼法

扫楼法是指信贷员在不太熟悉或完全不熟悉销售对象的情况下，直接拜访组织和个人，从中寻找客户的一种方法。

通过扫楼法我们可以达到以下目的：①信贷员可以借机调查地区或行业客户的需求情况；②可以积累工作经验；③可以扩大影响；④如果事先做了必要的选择和准备，拜访技巧得法，则可以争取更多的新客户。

扫楼法是信贷员在业务拓展中常用的一种寻找客户的方法，在采用这种方法寻找客户之前，必须做好必要的准备工作，并且要在销售行动开始之后适时调整行动方案。最好将其与其他方法配合使用，并做到随机应变，取得良好的开拓效果。

3. 连锁式介绍法

连锁式介绍法是指信贷员在销售时，请求现有客户介绍未来可能的准客户的方法。这种方法要求我们设法从自己的每一次销售面谈中了解到更多客户的名单，为客户拜访做准备。事实上，在长期的业务实践中我们发现，各客户之间有着相似的贷款融资动机，各客户之间也有着一定的联系和影响。连锁式介绍法就是根据各客户贷款动机的相互联系和相互影响，根据各位客户之间的社会联系，通过客户之间的连锁介绍，来寻找新客户。

实践中主要采用如下方法：①充分利用自身的各种关系，如亲戚、朋友、老师、同学的介绍；②每次洽谈时，有计划地请对方介绍两三位有同样贷款需求的朋友；③直接请现有客户代为推荐一下我们的贷款产品，并可以辅之以一定的奖励或佣金；④请现有客户以名片、便笺、电话、传真手段进行连锁介绍。

通过连锁式介绍法可以达到以下目的：①避免了我们主观判断的盲目性，将我们个人单枪匹马的活动变成了广大客户群众性活动，有坚实的群众基础。②利用该方法寻找客户，相对于我们唐突式的拜访来说，更容易赢得被介绍客户的信任。③利用该方法寻找客户，其成交率一般较高。

二、小额信贷员的基本素质

小额信贷员从事信贷客户开发与管理工作，必须具备一定的素质、知识和技能，一个合格的小额信贷员应该具备以下基本素质：①能够在发展市场、运用营销技巧以及在鼓励他人去完善新的方法等方面比别人看得更远，为客户选择适宜的信贷产品；②能够善于向顾客表达自己对信贷业务的观点和看法，让顾客对信贷员有所依赖；③能够具备根据本职工作进行广泛而深入思考的能力，专业知识较强，并对公司所有信贷产品有详细的了解；④一旦确定了基本目标和策略，能很快将其付诸行动，并且能够有效地利用信贷公司内外的一切资源留住顾客；⑤能与高层管理人员建立良好的工作关系，能通过合适的渠道将其建议提交给高层管理者，能有效地说服别人接受其建议并且能知道如何从其他部门获得必要的支持；⑥能主动向上级管理者提供关于业务状况的重要信息，而不是被动地等待管理部门来询问；⑦懂得如何去了解客户对产品和营销活动的反应，追踪顾客后续信贷需求，能够成为忠诚的信贷员；⑧具备良好的职业素养，比如敬业爱岗、守信、遵纪守法、办事效率高、经营作风稳健、具有开拓创新精神等。

三、小额信贷员的知识要求

1. 经济学知识

包括经济规律理论（价值规律、供求规律、竞争规律）、通货膨胀理论、宏观调控理论、厂商理论、市场理论、现代企业制度理论、产业结构理论、经济周期理论、企业集团理论、公司治理理论等。

2. 法律知识

包括《民法通则》《公司法》《经济合同法》《企业破产法》《担保法》《中国人民银行法》《商业银行法》《票据法》《保险法》《贷款通则》等。

3. 管理学知识

包括计划、指挥、协调、控制、激励、决策、战略、组织设计等内容。

4. 会计学知识

客户经理应该了解会计假设、会计科目、账户、会计分录、记账法、会计凭证、会计恒等式等。对资产、负债、所有者权益、收入、费用、利润等概念客户经理也应该知晓。

5. 金融学知识

客户经理应该了解货币、货币流通、银行信用、利息和利息率、金融资产、汇率、金融体系、货币供给、货币需求、货币均衡、货币层次、国际收支、国际信贷等概念。对银行经营状况如何进行分析，客户经理也应掌握。

活动三 掌握小额信贷员工职业发展与绩效管理

一、小额信贷员工职业发展

（一）小额信贷员工的特点

小额信贷员职业发展指的是一个人对其一生中所承担职务的相继历程的预期和计划，这个计划包括一个人的学习与成长目标，及对一项职业和组织的生产性贡献和成就期望。根据企业发展，需要对小额信贷员开展适宜的职业发展培训。小额信贷员的特点如下。

1. 知识性

只有做好经济、金融、财务、法律、税收、市场营销、公关、心理等多方面的知识储备才能做好客户管理和服务工作。

2. 综合性

包括服务对象的综合性、客户金融需求的综合性、营销手段的综合性以及职业技能的综合性。

3. 服务性

指全新的客户服务理念、全方位的客户服务内容、现代化的服务手段。

4. 开拓性

指金融产品营销开拓和客户市场开拓。

（二）小额信贷员的工作职责

1. 市场调研

充分发挥与市场距离最近，与客户距离最近的优势，掌握辖区客户结构，确定目标市场，了解金融市场的发展变化、同业的营销措施以及客户所在行业的市场动态。

2. 识别需求

经常主动了解客户的金融需求，在各种信息中识别有效需求、真实需求，了解客户所有的需求并挖掘客户潜在的需求。

3. 营销产品

在了解、挖掘、识别客户需求的基础上，将多种金融产品有机结合起来，制定满足客户需求的金融服务方案，积极营销，增加客户对金融产品和服务的消费量。

4. 客户维护

在为客户提供服务、满足需求的同时，拓展和维护银企关系。创新业务不断跟踪市场和客户需求的变化，获取业务创新的第一信息，快速传递，及时反馈，配合产品经理寻求新的产品开发方向，积极做好新产品的推广工作。

5. 风险管理

及时跟踪客户的业务经营发展状况及变化，对客户的信用风险进行分析、预警和控制，及时提出客户风险控制额度调整建议，采取有效措施保全资产。

二、小额信贷员工绩效管理

为调动员工的工作热情，提高工作质量和效率，充分发挥员工的积极性和创造性，全面公正地评价小额信贷员工的工作业绩，需要对小额信贷员工进行绩效管理。所谓绩效管理，是指用员工的一定工资额度与所从事的信贷岗位的工作质量和数量进行量化的一种考核方式。工作业绩越突出返还工资比例越高，反之则越低。

一般来说，绩效管理按年度终了进行兑现，便于对绩效考核项目进行评定。对小额信贷员工的绩效金额，一般采取绩效挂钩金额公式进行计算。

计算公式：绩效挂钩金额 =（工资表实发金额 + 岗位津贴 + 保留奖金 + 职工风险金）× 60%

小额信贷员工绩效管理主要从四个方面进行衡量，包括贷款存量指标、中间业务指标、贷款利息收回率指标、贷款业务部指标。

1. 贷款存量指标

贷款存量指标主要是考核客户贷款面及贷款存量，贷款存量余额包括正常、逾期和呆滞。

贷款存量指标计算公式为：该项目得分 =〔（本人管辖贷款户数÷本公司信贷员人均贷款户数）×55% +（本人管辖贷款余额÷本公司信贷员人均贷款余额）×45%〕× 分值

2. 中间业务指标

中间业务指标主要是财务管理咨询以及委托贷款任务。财务管理咨询按完成任务比例计分，超额完成任务可超额加分。委托贷款任务，如若完成任务可得满分，完不成任务不得分。

3. 贷款利息收回率指标

贷款利息收回率包括正常及逾期贷款利息收回率以及客户小额信用贷款推广工作。其中，正常贷款利息收回每欠1户（次）就要扣取相应的绩效奖励。农户小额信用贷款推广工作指标可根据信贷员所管辖经济区域下达指标，年末按完成比例计分。

4. 贷款业务部指标

小额信贷员工业务收入达不到考核指标按完成比率乘以权重作为贷款业务部指标分数，超过考核指标本项得分按照超额部分提取奖金，当月计算，次月发放。出现贷款损失，且贷款损失率大于一定比例，则考核总分为零，并按照责任追究制度追究，同时收入指标超出考核指标部分的奖金暂停发放，责任追究完毕后再予以处理。业务员的劳动纪律和贷后管理由主管领导和综合管理部共同进行管理和考核。

[延伸阅读] **小额贷款有限公司薪酬管理暂行办法**

一、总则

（一）为有效激励公司经营人员的积极性与创造性，完善公司薪酬激励机制，促进公司经营业绩的有效提升与持续发展，遵照《中华人民共和国劳动法》和公司有关规定，特制定本管理办法。

（二）本办法适用于公司全体人员。

（三）本办法的制定遵循兼顾外部竞争力与内部公平性、依责与依绩原则。

二、职能部门

（一）股东大会设薪酬考核委员会，其为薪酬管理的职能机构，履行薪酬管理职责：

1. 根据各岗位的主要范围、职责、重要性拟定薪酬管理与绩效考核制度提交股东大会审议。
2. 负责对薪酬制度执行情况进行监督。
3. 负责审查公司员工职责履行情况并对其进行年度绩效考评。
4. 负责评价公司薪酬制度体系存在的问题和提出完善建议。
5. 其他规定或授权的薪酬管理事项。

（二）公司文员为日常薪酬管理事务承办人员，协助薪酬考核委员会开展薪酬管理相关工作和月度考核工作。

三、薪酬结构

（一）全体员工均实行年薪制，公司实行定时与不定时工作时间相结合原则，年薪中已包含员工除法定节日外因工作需要的加班加点部分的应得报酬。

（二）员工年薪由标准年薪（基本工资＋考核工资）、效益年薪、股东会特别嘉奖等部分构成。

（三）标准年薪定义：包括基本工资与考核工资，其中考核工资也视作员工的风险抵押金，由年度考核后兑现发放。

1. 基本工资：体现员工所在岗位的内在价值和技能，反映其工作的复杂程度和担负责任大小，包含社会统筹保险（养老保险、医疗保险、失业保险、工伤保险、女工生育险等）。
2. 考核工资（风险抵押金）：是对员工完成年度工作目标情况的一种激励性薪酬，按照年度工作目标实际完成情况考核兑现。

（四）效益年薪定义：是股东会对公司员工超额完成年度工作目标或经济指标的奖励性薪酬，依据公司年度工作目标或经济指标超额完成情况设定奖励提取比例。

（五）股东会特别嘉奖定义：股东会特别嘉奖是对年度工作中或某一项目、某一事件中做出突出贡献的经营人员工作的奖励。

（六）交通费补贴：总经理、副总经理300元/月，客户经理200元/月，其他人员100元/月。

（七）通信费补贴：总经理400元/月，副总经理300元/月，文员及客户经理200元/月，财务人员100元/月。

四、薪酬标准与发放

（一）标准年薪的发放与分配

1. 基本工资：以股东会核定其标准年薪的70%，按月发放，考核年薪按年度考核后发放。

2. 考核工资：以股东会核定其标准年薪的30%为考核基数（风险抵押金），年终由公司综合考评小组月考情况进行综评后据实发放。

（二）效益年薪的发放与分配

1. 效益年薪的发放与分配必须建立在公司超额完成年初股东会下达的年度经济目标的基础上。

2. 公司超额完成年度经济目标任务，其效益年薪以超额完成净利润为基数按超额累进制分段提取，具体提取比例为：

——超额完成年度目标10%部分（含10%），超额部分按10%提取。

——超额完成年度目标10%~20%部分（含20%），超额部分按20%提取。

——超额完成年度目标20%以上，超额部分按30%提取。

3. 公司提取效益年薪按《公司经营管理考核办法》考核结果报股东会批准后执行。

4. 若员工年终考核得分低于60分者（不含60分），不得享受本年度公司的效益年薪。

（三）福利和补贴按国家社会保险政策和公司有关福利政策规定执行

（四）股东会特别嘉奖

资料来源：https://wenku.baidu.com/view/b985a74fcf84b9d528ea7aa4.html

项目小结

小额信贷企业组织管理
- 组织架构
  - 基本概念：小额信贷企业的定义
  - 类型：企业的组织架构分类、企业的岗位职责分类
- 企业文化
  - 存在的问题
  - 内涵和特点
  - 打造小额信贷企业文化
  - 践行小额信贷企业文化
- 小额信贷员岗位
  - 基本职责
  - 基本素质
  - 知识要求
- 职业发展与绩效管理
  - 小额信贷员工的特点
  - 小额信贷员工绩效管理

任务实战演练

1. 请以4~5人为一组，比较了解全国知名小额信贷企业的组织管理模式以及人力资源管理模式。

2. 小额信贷企业管理的流程包括哪些？

3. 请对阿里小额贷款企业运作模式进行分析并对其企业文化进行说明。

项目七

认知小额信贷监管

引 言

近年来,我国小额信贷市场进入了蓬勃发展的机遇期,但我国的小额信贷仍处于起步阶段,在资金来源、信用体系构建等方面依然面临诸多考验,这也为我国小额信贷的发展增添了不确定因素。因此对小额信贷进行监管是非常必要的。本项目的主要内容包括小额信贷的监管动机、监管方式、监管原则和小额信贷监管的基本情况等。

项目学习目标

知识目标

了解小额信贷监管的必要性。
掌握小额信贷的监管方式和监管原则。
了解我国小额信贷市场格局。
熟悉我国小额信贷监管框架。

技能目标

能分析我国小额信贷的监管方式。
能分析我国小额信贷的监管原则。

任务一 了解小额信贷监管的基本原理

案例引入

2017 年网络小额贷款监管趋严,小额信贷改革势在必行

在消费金融市场飞速发展、P2P 网贷借贷部分业务受限等背景下,随着重庆、广州、江苏等地陆续出台了鼓励网络小额贷款的相关文件,网络小额贷款牌照数量获得了较快的发展。据大数据显示,截至 2017 年 3 月 27 日,全国共批准了 82 家网络小额贷款牌照(含已获地方金融办批复未开业的公司),其中广东省最多,有 29 家。有业内人士表示,未来网络小额贷款的监管将趋严。

持牌者六成为上市公司。数据显示，网络小额贷款牌照自2015年7月起在全国范围内试点运行以来，截至2017年3月27日，全国已经有82家网络小额贷款公司，其中有51家为上市公司背景，是由上市公司直接或间接入股。网络小额贷款成为继P2P之后，上市公司又一热捧的领域。此外，网贷限额后，有不少网贷公司也开始申请网络小额贷款牌照。有业内人士表示，网贷平台无法"曲线救国""P2P和网络小额贷款最大的区别是，网络小额贷款是自有资金放贷，不吸储，不吸收投资人的资金；而P2P是信息中介，进行撮合交易，对接投资人资金和借款人需求。"

早在2015年7月18日，人民银行等十部门发布的《关于促进互联网金融健康发展的指导意见》中，就将网络借贷分为个体网络借贷和网络小额贷款，其中对于网络小额贷款下了定义，"是指互联网企业通过其控制的小额贷款公司，利用互联网向客户提供的小额贷款。"并且首次为网络小额贷款提供了政策指导，规定网络小额贷款应遵守现有小额贷款公司监管规定，发挥网络贷款优势，努力降低客户融资成本。未来牌照发放或将收紧，网络小额贷款主要利用自有资金开展贷款业务，资金来源显得尤为重要。研究员王海梅就对新快报记者表示，作为小额贷款公司的监管部门，各地金融办也陆续出台了适用于本地的相关政策，明确了小额贷款公司的资金来源。"从各地出台关于网络小额贷款的政策来看，资金来源较为多元，不仅可通过自有资金、捐赠资金和银行融资等银监会规定的资金来源开展业务，还可通过资产证券化、向主要股东定向借款等方式融资进而开展业务。"

各地也在针对性地制定网络小额贷款的准入门槛。2016年11月，广州市越秀区人民政府办公室发布就下发《广州民间金融街互联网小额贷款公司管理办法》，规定注册资本不得低于1亿元，主发起人与其关联方合计持股比例不得低于35%，且申请前一个会计年度总资产不低于10亿元，净资产不低于5 000万元，资产负债率不高于70%，权益性投资比例不超过净资产的50%。

有媒体报道，江苏正在研究制定互联网小额贷款公司的试点管理办法。不过与广州相比较严格，对互联网小额贷款最低注册资本金的要求就达到2亿元。同时规定，互联网小额贷款公司的经营重点，要放在扶持小微企业方面，例如要求支持中小微企业和个人的小额贷款余额占比不低于70%。贷款期限也要符合中小微企业实际经营的用款需求，期限在3个月以上的贷款余额占比不低于70%。即使获得网络小额贷款牌照，也会面临一些运营难点。网络小额贷款业内人士表示，"网络小额贷款牌照与消费金融牌照不同，消费金融有10倍杠杆率，5亿元注册资本金可以放贷50亿元，网络小额贷款牌照都是2倍杠杆起步，随着业务发展，可以慢慢申请提高杠杆率，会限制规模发展，此外网络小额贷款公司目前无法接入央行征信，在放贷时如何风控也是发展难点。"

我们的信贷市场正在收紧，各项法律法规以及相关政策都在不断调整完善。但是小额信贷市场和网络贷款却是十分紊乱的，为了促进信贷市场健康发展，改革势在必行。

资料来源 http://www.sohu.com/a/132940785_524739

请思考：什么是小额信贷监管？为什么要进行小额信贷的监管？

活动一 熟悉小额信贷监管的必要性

小额信贷监管即相关监管机构依据法律、法规，运用行政手段和法律手段对开展小额信贷业务的机构、小额信贷业务和相关市场的活动进行规范、限制、管理与监督的总称。2006年中央"一号文件"允许私有资本、外资等多种资本参股社区金融机构，鼓励由自然人、企业法人或社团法人发起的小额贷款组织发展。一方面表明，政府对小额信贷的积极作用已经有了足够的认同，小额信贷的发展有了更为宽松的社会制度环境。另一方面，小额信贷机构如雨后春笋般迅速增加（截至2016年年末，全国共有小额贷款公司8 673家），同时一些传统金融机构也在参与小额信贷业务，小额信贷市场越发混乱，并且小额信贷业务具有特殊性，其所面对的风险问题也越发突出，因此相关监管部门对小额信贷机构、小额信贷业务和相关市场进行监管是非常有必要的。

一、从市场角度分析

市场经济完全的自由放任并不能使小额信贷市场运行实现规范合理和效率最优，这就需要借助政府的力量，从市场外部通过法令、政策和各种措施对小额信贷市场主体及其行为进行必要的管制，以弥补市场缺陷。与其他行业相比，小额信贷行业是一个特殊的高风险行业，风险大、贷款额度小、经营成本高，这种特殊性决定了国家需要对该行业市场进行监管来克服市场缺陷。

二、从经济发展角度分析

小额信贷作为金融的创新，促进了资本融通的渠道，尤其是在助力农民、小微企业的发展上更是发挥了传统金融所无法替代的作用，为市场增加了前所未有的活力，使得资源得到进步的优化配置，小额信贷行业的出现在一定程度上解决了部分地区金融机构网点覆盖率低、金融供给不足、竞争不充分等问题，切实提高金融服务覆盖率，照顾到偏僻地区，标志着金融改革获得了实质性的推进，小额信贷行业使长期活跃的民间资本纳入了正规范畴，尤其在农村金融市场中发挥了拾遗补阙的作用。但是我们也看到了小额信贷行业在其实际运营过程中所暴露的问题，如不能根据市场导向的方式有效提供小额信贷服务、向客户提供全方位的金融服务，解决客户贷款利率过高等多方面的问题，在一定程度上损害了小额信贷行业的秩序以及声誉。为了更好地维护金融市场秩序，促进我国社会经济发展，加强小额信贷监管是十分必要的。同时，这也是保障各方利益、维护小额信贷及金融市场稳定和促进我国社会经济发展的必要措施。

三、从风险管控角度分析

小额信贷行业在经营过程中所面临的一个主要问题便是风险隐患，也可以说控制小额信贷风险是加强监管的一个直接目的。其所存在的风险隐患，主要包括：①信用风险大。首先，由于小额贷款机构贷款对象多为"三农"或小微企业，本身抗市场风险的能力较弱，还款能力可能出现问题。其次，小额贷款业务征信系统不够完善，造成小额贷款公司无法全面了解客户信用状况，无法及时查询、了解借款人的信用信息，也会增加小额信贷机构的信用风险。最后，抵押担保不落实或权利被悬空，会出现恶意欠贷问题。②经营风险大。小额贷款额度小、分散、经营成本高，因此在一定程度上也增加了小额信贷公司的经营风险。③一些小额信贷机构违规开展相关投资理财业务，出现管理者携款潜逃或者经营不善拖欠投资者投资款，严重侵害了投资者的利益。因此，从风险管控角度来看，加强监管是尤为必要的。

四、从小额信贷机构角度分析

开展小额信贷业务的机构类型较多，包括存款业务的小额信贷机构和非存款类的小额信贷机构，有存款业务的小额信贷机构多为传统的商业银行，它们管理较为规范，公司治理比较完善，因此不过多进行分析。本部分主要分析占据小额信贷行业半壁江山的小额贷款公司。总的来说小额贷款公司治理缺失，基础管理弱化，部分小额贷款公司没有按照公司法中的要求，设立"三会"——董事会、股东大会、监事会；内部控制机制不够健全，对客户信用评定制度不够规范，存在一定的风险隐患；员工缺少一定的理论基础和实际的操作经验，整体素质不高；部分小额贷款公司贷款管理甚至还处在封闭式、手工处理阶段，"贷款三查"流于形式，过度依赖借款人的社会关系和较高利率对风险的覆盖，贷款安全难以得到有效控制。因此从小额信贷机构的角度来说，需要政府对小额信贷机构加强监管。

面对小额信贷市场的不规范和其特有的风险，小额信贷市场能否良好地持续性地发展，关键在于监管部门的监督和引导是否到位。这就需要我国的相关监管部门采取必要的监管措施，积极引导和监督小额信贷市场的健康发展，积极促进和保护小额信贷市场的发展，建立有效的监管体系，在市场准入、市场运营和市场推出方面都应该出台相应合理的措施，树立适宜的监管原则，以保证我国小额信贷的有序、科学的发展。

活动二　掌握小额信贷的监管方式

目前各国对小额信贷机构的监管基本上区分为审慎性监管与非审慎性监管。针对存款类小额信贷机构和非存款类小额信贷机构的不同特征，必须注意区分审慎性监管和非审慎性监管。

一、审慎性监管

（一）审慎性监管的概念

审慎性监管是指在监管过程中遵循审慎的基本原则，为保护整个金融体系和小储户的安全，由专门的金融行政部门执行的监督管理工作。审慎性监管主要适用于吸收公众存款的小额信贷机构。当监管的目标是维护整个金融体系的稳定并且保护存款人存款的安全时，监管是审慎的。

（二）审慎性监管的目标

审慎性监管涉及政府监督被管制机构的财务稳健性，这种监管的目标是确保金融机构保持偿付能力，改善公众对金融体系的信心，防止金融系统性风险的发生，维护金融稳定。由于小额信贷贷款资金规模不大，因此小额信贷的审慎性监管主要是保护小储户账户的安全性，减少他们的损失。

（三）审慎性监管的手段

对小额信贷采取审慎性监管的手段主要包括：

1. 最小资本要求

在确定小额信贷的最小资本数量时，不仅应考虑市场融资需求，同时还需充分考虑监督机构的监督能力。如最小资本要求过低，则所需监督的机构数量可能过多，但又无足够资源进行监督。因此，需要在新机构的数量和监督的有效性之间进行权衡。根据我国的实际情况，开始时可以提高最小资本的准入门槛，以使监管当局有足够的能力对其进行有效的监督；积累经验后，可适当调整最小资本要求的数额。

2. 资本充足率

各国对小额信贷机构的资本充足率要求较传统银行更严，最低资本要求普遍高于巴塞尔协议8%的要求，多在10%~20%。在制定小额信贷机构资本充足率时不能过高或者过低：过高，可能会降低小额信贷机构的资本回报率或引起更高的利率；而过低，可能会加大小额信贷机构的风险。小额信贷的资产风险较高，同时其风险暴露具有不同于传统商业银行业务的特征，因此在决定其资本额时，需根据历史数据调整其资产的风险权重，这样可以有效地防范风险。

3. 机构限制和安全性设施

可以适当放宽对小额信贷机构分支机构的限制，对其安全性设施要求也不应过高，但为保证客户存款的安全，小额信贷机构可在商业银行设立专门账户存放客户存款。

4. 担保限制

担保限制主要是指无抵押贷款的限制。由于小额信贷的客户通常无法提供相应的抵押物，无抵押贷款的限制阻碍了小额信贷机构向穷人和小微企业服务的拓展。适当放宽对无抵押贷款的限制，有助于小额信贷服务于社会经济。

5. 贷款合同和相关文件备案

对于小额信贷机构而言，贷款合同和相关文件备案要求应比传统商业银行更简单一些，这是由于小额信贷具有贷款次数多、重复率高、数额小、期限短等特点。因此如对小额信贷机构的要求与传统商业银行一致，会增加小额信贷机构的负担。

6. 风险集中度

小额信贷的贷款金额小且分散，通常不会过于集中在几个大客户上，尽管如此，小额信贷机构仍然面临着风险集中问题。首先，大多数小额信贷机构，尤其是非银行类的小额信贷机构的主要资产为贷款，同时由于小额信贷机构的业务范围受限于同一地理区域，因此其同质性相对较高，故风险集中度仍然是监管当局非常关注的问题。一方面，监管当局可以通过限制单笔贷款、单个客户贷款的规模分散贷款集中的风险，另一方面，可以鼓励小额信贷机构丰富资产的构成，适当增持证券类资产，如风险较小的国债等。

7. 内部人借贷

内部人主要包括董事、发起人、股东、管理者和雇员等。小额信贷机构公司治理相对薄弱，内部人更容易获得优惠的贷款条件，更容易贷款重组。在发展中国家，这一问题尤其值得关注。各国管理内部人借贷的方式归纳起来包括以下两种：一种是严格限制，这是避免利益冲突的最有效方法，容易实施。如玻利维亚对私人金融基金、合作金融机构及银行，尼泊尔对合作金融机构等，都是有严格限制的；另一种是将内部人贷款额限制在资本的一定比例之内，如加纳、乌干达、印尼都将内部借贷控制在资本的10%以内。

对于小额信贷机构的审慎性监管除了以上七点之外，还包括备付金与流动性要求、贷款分类、内部治理以及存款准备金的要求等。

二、非审慎性监管

（一）非审慎性监管的概念

由于只贷不存的小额信贷机构不涉及存款人利益的保护，从而也不存在所谓的挤兑效应，其社会贡献大、风险外溢小，因此对不吸收公共存款或者仅仅吸收借款人的现金抵押或强制性储蓄的非存款类小额信贷机构实施非审慎监管。

非审慎监管是指金融监管当局没有保障小额信贷机构稳定发展的责任，而只提供指导原则以及不涉及金融监管当局绝对保障力的指导性标准和行为准则。

（二）非审慎性监管的目标

非审慎性监管的目标是确保小额信贷作为一种普通商业活动能够以互惠互利的原则合法进行。

（三）非审慎性监管的内容

非审慎监管实际上要解决的是为小额信贷机构设计行为准则，包括小额信贷机构模式和信贷业务准入、防止欺诈和金融犯罪、建立信用服务体系、明确利率政策，税务和会计处理等。

1. 信贷业务准入

各国对从事信贷活动的许可形式大致有三类：第一类，没有特定的准入要求，即备案制管理。任何非政府组织或实体无须申请特许牌照，申请人只要提交相关资料就可从事信贷业务。第二类，有选择的准入管理，即许可证管理。申请人提交符合监管要求的相关资料，监管当局颁发许可证。第三类，作为特许牌照管理，只有获得监管当局经营许可的机构才能从事信贷业务。在确定准入制度时，必须保证制度与特定管理目标相结合，如有助于政府在出现问题时采取措施等。

2. 防止欺诈和金融犯罪

主要是防止洗钱行为的发生。在这方面，小额信贷机构适用于与传统银行同样的法律法规，但不一定要由负责银行审慎监管的相关监管部门执行。

3. 建立信用服务体系

通过建立健全完善的征信系统及采用风险计量技术可以为中低收入人群获得信贷服务奠定良好的基础。目前我国也有一些与小额信贷相关的征信平台建立起来，不少小额贷款公司在开展信贷业务之前也会通过相关的征信平台了解客户的信用，只是这个过程还在逐步完善中。

4. 利率上限"松绑"

贷款利率的设定必须综合考虑多项因素，包括资金的成本、贷款的损失和经营的成本。资金的成本和贷款损失的成本与贷款的数量成比例，而经营成本并不随贷款数量成比例变动。对于小额信贷机构来说，由于贷款额度小、分散，其经营成本必然高于商业银行，因此，小额信贷机构的贷款利率必须高于传统商业银行利率才能达到财务的可持续性。对小额贷款上限利率的设定如果太高，没有实际意义；如设限太低，专业小额信贷机构可能会因为贷款收益无法覆盖成本而亏损破产，从而加大微小企业及低收入人群的融资难度。

利率上限或将"松绑"。最高人民法院最新发布的《审理民间借贷案件适用法律若干问题的规定》明确规定，民间借贷年利率超过年利率24%的将不受保护。但其同步规定，"经金融监管部门批准设立的从事贷款业务的金融机构及其分支机构，因发放贷款等相关金融业务引发的纠纷，不适用本规定。"换言之，未来小额贷款公司的年利率上限可能将不受24%、36%两条红线的限制。

5. 税务和会计处理

在增值税的处理上，各国的实践不一，一些国家只对审慎监管框架下的银行给予优惠的增值税政策，一些国家对合作金融机构采取了不同于银行的增值税政策。小额信贷机构应有一套标准的会计制度和相应的审计规则，而针对金融交易和金融行为的税收优惠应该依据交易属性而不是根据机构性质来制定。

在我国"营改增"之后，小额贷款公司税负负担加重。按照"营改增"之前的政策，小额贷款公司属一般工商企业，需缴纳税项包括5.56%的营业税及附加税、25%企业所得税，以及自然人股东20%的股东分红个人所得税，税负约占营业收入的30%。而在"营改增"之后，税务部门将小额贷款公司定位为非金融机构的其他服务业，但在征税时，按照金融机构6%的标准来执行。实际由于小额贷款公司的增值税可抵扣项目很少，导致小额贷款行业普遍税负增加。

非审慎性监管还包括保护借款人利益、制定与利息相关的政策、制定便于国际投资的政策等内容，这里不过多介绍。

三、审慎性监管和非审慎性监管的关系

审慎性监管执行过程更复杂、困难，需耗费更多资源。由于非审慎性监管大都具备自主实施，而审慎性监管需要专门的监管机构来执行，因此耗费的资源更多，执行过程也更为复杂和困难。

审慎性监管和非审慎性监管并不总是可以明确区分。同一个监管规则可能会同时实现审慎性监管目标和非审慎性监管目标。

根据监管目标合理使用监管规则。当监管目标是非审慎的，则应避免使用审慎性监管规则，否则会花费更多不必要的资源，此时只需放在一般商业法规下并由执行相关法规的政府部门来管理即可。

活动三　了解小额信贷监管原则

一、灵活性、适时性原则

小额信贷作为一种金融创新服务，是我国实体经济发展，构建和谐金融、和谐社会的重要力量，政府应采取宽严适中的监管框架、灵活的监管手段，引导和规范小额信贷主体的灵活性和创新性以及小额信贷机构的运行，为其提供发展空间，促进小额信贷机构可持续发展。各国的监管框架设计应根据当前内外部环境的变化包括本国小额信贷开展的实际情况及小额信贷机构的实际性质和类别，针对本国不同的小额信贷机构，制定不同的法律监管制度，并且不断修订和完善，各国在制定监管政策时不能照搬国外的监管政策，本国的监管政

策、监管模式及监管内容应与本国的状况相适应。

同时,由于小额信贷贷款对象一般存在额度小但借款频率快等特点,且我国的信用评级较为简单,违约风险较高,在此背景下,一些小额信贷机构开展工作困难,这就要求我国相关监管机构在监管时,宽严适中、灵活处理,充分调动起小额信贷市场上各个机构开展业务的积极性,激励它们进行公平的竞争,创新金融业务和产品,使我国小额信贷市场繁荣发展。

二、分类监管原则

从小额信贷引进我国至今,经历了五个阶段:完全的项目小额信贷试验阶段、项目小额信贷与非政府组织小额信贷共同试验阶段、政策性小额信贷扶贫项目阶段、正规农村金融机构小额信贷阶段、探索商业性小额信贷阶段。这五个阶段经历了从纯扶贫性质到可以自负盈亏、独立发展再到商业化、可持续性发展的转变。同时小额信贷市场所依赖的供给主体也不同;最初,小额信贷业务仅仅作为国际援助机构扶贫项目的一个组成部分或者一种特殊的资金使用方式;再到扩大试验范围,由国际援助机构提供运作资金和技术,以非政府组织形式运作;再到政策性金融机构、正规金融机构等组织开展实施;2006年银监会关于调整放宽农村地区银行业金融机构准入政策之后,新型农村金融机构包括小额贷款公司、村镇银行等逐步介入小额信贷业务;当前普惠金融、互联网金融时期,则需要小额信贷相关的各主体协同合作,开展小额信贷业务。

由于各个小额信贷的供给主体在开展小额贷款业务时,有不同的存在目的、不同的资金来源、不同的资金运用途径、不同的业务开展模式,因此监管当局在制定相关政策时,必须充分针对这些金融机构的不同点制定出不同的监管政策,但同时这些监管政策必须与市场监管大环境一致。这是分类监管原则的一个方面。

分类监管原则的另一方面:针对不同类型的机构,应适用不同的监管模式。如提供小额信贷业务的中国农业银行、各种村镇银行等银行类金融机构主要受银监会等监管。而对于小额信贷公司其监管部门又有所不同。如北京市的小额信贷公司,其市级主管部门为市金融工作局,负责小额贷款公司试点工作的统筹协调、审批、监督、风险防范与处置;区县主管部门负责所在区县小额贷款公司初审、日常监督管理、风险防范与处置;中国人民银行营业管理部对小额贷款公司的利率和资金流向进行跟踪监测;区县财政局是小额贷款公司的财务会计日常监管部门;山东省小额信贷公司的省级主管部门为省金融办,在相关单位和部门的支持配合下,指导和督促小额贷款公司的监管和风险防范与处置工作。省级联席会议其他部门(省金融办、经济和信息化委、公安厅、财政厅、工商局、人民银行济南分行、山东银监局组成山东省小额贷款公司试点工作省级联席会议)根据职责分工,做好小额贷款公司的监管工作,及时识别、预警和防范风险。

三、扶贫、减贫和可持续发展相统一的原则

与其他金融服务不同,小额信贷机构经营目标具有双重性:一方面要追求服务于低收入人群和小微企业的社会目标,达到扶贫、减贫目的;另一方面要能经受住市场竞争考验的可持续的财务目标。只有小额信贷机构自身能够实现可持续发展,其对低收入人群和小微企业的融资支持才能持续不断,实现经营目标的双重性。

四、政府监管、行业自律和内部监管三结合原则

对小额信贷机构及其业务实施监管应遵循内外部三结合原则。首先是来自政府的外部监管，主要制定相关法律政策。我国的外部监管部门主要是银监会，它依靠政府相关部门制定的一系列政策法规对小额信贷相关机构进行监管。其次是来自行业的自律监管。组建相关行业自律协会对能促进小额信贷行业自律，进一步规范小额信贷行业形象和质量提升，如 2005 年成立的中国小额信贷发展网络（会员包括来自非政府组织形式的小额信贷机构，也有部分商业银行等其他金融机构）形成了相关自律规则，该协会的目的在于通过加强行业自律来保证小额信贷事业的健康发展。除此之外，不少省份城市也组建了小额信贷协会，如成都市组建了小额信贷协会，共同签署了行业自律公约，小额贷款公司依法合规经营，坚持不准吸收存款、不准超过规定利率发放贷款、不准以非法手段收取贷款、坚持不准搞账外经营的"四不准"原则。最后还要充分调动起小额信贷供给主体的内部监管，这需要开展小额信贷业务的各类金融机构建立完善、全面、审慎、有效、独立的内控机制，有效控制金融机构风险，保证金融机构健康稳健经营。

【延伸阅读】 **小心！个人小额贷款存在哪些风险**

随着人们对高品质生活水平的追求和消费意识的超前，贷款变成了人们生活中不可或缺的一部分。每当我们遇到资金问题时，第一时间都会想到贷款，个人小额贷款是可以帮助借款人解决实际问题的，在所有贷款产品中申请办理的人数也比较多。但很多你不了解的是，个人小额贷款是存在很多贷款风险的。下面小编就来给大家介绍一下。

据小编了解，个人小额贷款存在以下贷款风险：

1. 个人征信系统不健全。个人消费信贷风险主要来自借款人的还款能力与个人信用风险，也即个人收入的波动幅度和道德品质修养水平，其中个人信用状况还与整个社会的信用环境密切相关。

2. 商业银行自身管理存在缺陷，致使潜在风险增大。目前，国内商业银行虽然不断加强制度建设，但整体管理水平依然不高，难以跳出"一放就乱，一抓就死"的怪圈，且相关的法律法规不健全。

3. 盲目营销，无规划发放消费信贷，形成巨大的风险隐患。近年来，为扩大盈利水平，抢占市场份额，各家商业银行纷纷鼓励分支机构大力发展个人消费信贷业务。

4. 利息不规律翻番，延期还款粗暴要账、利用客户个人信息诈骗等。

5. 如今的小额贷款公司没有被纳入银行征信系统，不能与银行共享信息资源，这样就加大了经营的风险，从而使得小额贷款公司办理业务的顾客也得不到保障，双方之间的不信任影响了小额贷款的安全性，与此同时，小额贷款在相当大程度上缺乏优惠的政府支持，而且其法律地位也不是十分明显。

资料来源：http://www.haodai.com/zixun/126622.html

非存款类放贷组织条例（征求意见稿）亮点及《意见稿》全文

国务院法制办公室于2015年8月12日就《非存款类放贷组织条例（征求意见稿）》公开征求意见。

《意见稿》亮点如下（《意见稿》全文附后）：

1. 非存款类放贷组织，是指经营放贷业务但不吸收公众存款的机构。即《关于促进互联网金融健康发展的指导意见》中所指网络小额贷款亦须受该条例监管。

2. 非存款类放贷组织须经省级人民政府监督管理部门批准取得经营放贷业务许可。即未来以投资咨询公司、资产管理公司、担保公司等名义经营放贷业务的机构也将纳入许可监管。

3. 法律、行政法规以及国务院决定对特定组织经营放贷业务另有规定的，不适用本条例。典当行、证券期货经营机构、消费金融公司、汽车金融公司、贷款公司等非存款类放贷组织不适用该条例。

4. 有限责任公司不得低于500万元，股份有限公司不得低于1 000万元。与《中国银行业监督管理委员会、中国人民银行关于小额贷款公司试点的指导意见》对小额贷款公司注册资本的最低要求一致。

5. 规范了非存款类放贷组织的经营行为和金融消费者权益保护的内容。即非存款类放贷组织主要运用自有资金从事放贷业务，也可以通过发行债券、向股东或银行业金融机构借款、资产证券化等方式融入资金从事放贷业务。

非存款类放贷组织条例（征求意见稿）

第一章 总 则

第一条 为了促进信贷市场健康发展，规范非存款类放贷组织经营行为，公平保护借贷当事人的合法权益，制定本条例。

第二条 在中华人民共和国境内发生的、不吸收公众存款的放贷业务，适用本条例。

法律、行政法规以及国务院决定对特定组织经营放贷业务另有规定的，从其规定。

第三条 本条例所称非存款类放贷组织，是指在工商行政管理部门注册登记，并经省级人民政府监督管理部门批准取得经营放贷业务许可，经营放贷业务但不吸收公众存款的机构。

本条例所称放贷，是指向借款人借出本金并按约定收回本金及其收益的行为，包括以各种其他名义支付款项但实质是放贷的行为。

本条例所称经营放贷业务，是指放贷主体以发放贷款为业并从中获取收益的行为，包括虽未宣称但实际从事放贷业务。

本条例所称监督管理部门是指经省级人民政府授权负责对非存款类放贷组织具体实施监督管理措施的部门。

本条例所称综合有效利率是指包含费用在内的所有借款成本与贷款本金的比例。

第四条 除依法报经监督管理部门批准并取得经营放贷业务许可的非存款类放贷组织外，任何组织和个人不得经营放贷业务。但下列情形除外：

（一）法律、行政法规授权特定组织经营放贷业务。

(二) 国务院决定可以经营放贷业务的其他情形。

有以下情形之一的，不属于本条例所称的经营放贷业务：

(一) 雇主给雇员提供的帮扶性质的贷款。

(二) 日常业务或主要业务不涉及发放贷款的组织或个人偶尔发放的贷款。

(三) 集团控股公司成员之间发放的贷款。

(四) 基于人情往来不以营利为目的发放的贷款。

(五) 保险公司提供的保单质押贷款。

(六) 融资租赁业务。

(七) 其他不以经营为目的的贷款情形。

第五条 非存款类放贷组织和借款人之间从事借贷活动应当遵循平等、自愿、公平、诚实信用和风险自担的原则。国家依法保护借贷双方当事人的合法权益。

第六条 依照本条例设立的非存款类放贷组织不得以任何形式吸收或变相吸收公众存款。

第七条 国务院银行业监督管理机构、中国人民银行在金融监管协调部际联席会议制度的框架内，依据本条例制定公布非存款类放贷组织监督管理规则，指导省、自治区、直辖市人民政府对非存款类放贷组织进行监管和风险处置，协调国务院有关部门解决非存款类放贷组织监督管理及发展中的重大问题。

第八条 各省、自治区、直辖市人民政府负责辖区内非存款类放贷组织的监管，可授权专门部门作为非存款类放贷组织的监督管理部门。各省、自治区、直辖市人民政府可以依据本条例及第七条规定的监督管理规则制定实施细则。

非存款类放贷组织跨省、自治区、直辖市开展业务的，由注册地监督管理部门和业务发生地监督管理部门根据属地原则履行监督管理职责，并建立信息共享和监管协作机制。

第九条 国务院银行业监督管理机构、中国人民银行督促省、自治区、直辖市人民政府按照本条例规定，切实履行相关职责。

第二章 设立与终止

第十条 设立非存款类放贷组织，应当采取有限责任公司、股份有限公司的组织形式。

非存款类放贷组织名称应当包含"放贷""贷款"或"贷"字样。任何单位和个人未经监督管理部门批准，不得在名称中使用"放贷""贷款""贷"或类似字样，法律、行政法规、国务院决定另有规定的除外。

第十一条 担任非存款类放贷组织的董事、监事、高级管理人员，应当具备相应的任职专业知识、3年以上金融、法律、会计或其他相关业务的从业经验和良好的品行、声誉。

除《中华人民共和国公司法》规定的情形外，有以下情形之一的，不得担任非存款类放贷组织的董事、监事、高级管理人员：

(一) 因贪污、贿赂、侵占财产、挪用财产或者破坏社会主义市场经济秩序，被判处刑罚，或者因犯罪被剥夺政治权利的。

(二) 因采用非法手段催收债务或非法泄露客户信息受到过刑事处罚的。

(三) 被列入全国法院系统失信被执行人名单的。

第十二条 非存款类放贷组织申请经营放贷业务许可，应当具有与业务规模相适应的实缴注册资本。但有限责任公司的注册资本不得低于等值500万元人民币，股份有限公司的注册资本不得低于等值 1 000 万元人民币。

第十三条　非存款类放贷组织申请经营放贷业务许可,应当向监督管理部门提交下列文件、资料:

(一)申请书,内容包括拟设立非存款类放贷组织的名称、所在地、注册资本、业务范围等。

(二)章程草案。

(三)拟任职的董事、监事、高级管理人员的资格证明、信用报告、信用承诺书和无本条例第十一条第二款第一项、第二项所列犯罪记录的声明。

(四)股东名册。

(五)法定验资机构出具的验资证明。

(六)营业场所、安全防范措施和与业务有关的其他设施的资料。

(七)经营方针和计划。

(八)未被列入全国法院系统失信被执行人名单的声明。

(九)监督管理部门规定的其他文件、资料。

第十四条　非存款类放贷组织应依法向工商行政管理部门办理公司名称预先核准,并以工商行政管理部门核准的名称,向监督管理部门申请经营放贷业务许可。

监督管理部门收到完整申请材料后,应当在 20 日内作出许可或不予许可的书面决定。经审查决定不予许可的,应当书面说明理由,并告知申请人享有依法申请行政复议或者提起行政诉讼的权利。经审查决定许可经营放贷业务的,监督管理部门应当自作出决定之日起 10 日内向申请人颁发经营放贷业务许可证。

非存款类放贷组织应当在取得经营放贷业务许可证后,依法向工商行政管理部门申请设立登记。

省、自治区、直辖市人民政府监督管理部门设立非存款类放贷组织统一登记公示系统,向社会公布本辖区内非存款类放贷组织的名称、住所地、营业执照及经营放贷业务许可证等相关信息。

第十五条　非存款类放贷组织取得经营放贷业务许可证后,可依法在省、自治区、直辖市内经营。跨省、自治区、直辖市经营放贷业务的,应当经拟开展业务的省、自治区、直辖市人民政府监督管理部门批准,并接受业务发生地监督管理部门的监督管理。

第十六条　非存款类放贷组织有下列变更事项之一的,应当经监督管理部门批准:

(一)变更持有资本、股份或投票权总额 30% 以上的股东。

(二)合并或分立。

非存款类放贷组织有下列变更事项之一的,应当自变更事由发生之日起 3 日内向监督管理部门备案:

(一)变更董事、监事、高级管理人员。

(二)变更名称。

(三)变更营业场所。

(四)修改章程。

(五)监督管理部门规定的其他变更事项。

非存款类放贷组织变更董事、监事、高级管理人员应当符合本条例第十一条高管任职资格管理规定。变更事项涉及公司登记事项的,按规定向当地工商行政管理部门申请变更登记;涉及经营放贷业务许可证所载事项的,应当向监督管理部门申请换证。

第十七条 非存款类放贷组织解散的,应当经监督管理部门批准,并自解散完成之日起5日内将经营放贷业务许可证交回监督管理部门予以注销。

非存款类放贷组织依照《中华人民共和国企业破产法》破产的,应当经监督管理部门批准,并自破产程序终结之日起5日内将经营放贷业务许可证交回监督管理部门予以注销。

监督管理部门应当制定重大风险事件处置预案。非存款类放贷组织发生重大风险事件导致破产,可能影响区域金融稳定的,监督管理部门应当及时处置,并向省、自治区、直辖市人民政府、中国人民银行和国务院银行业监督管理机构报告。

第十八条 非存款类放贷组织有重大违法违规情形,严重危害金融秩序和公共利益的,监督管理部门有权予以撤销。

第三章 业务经营

第十九条 非存款类放贷组织应当主要运用自有资金从事放贷业务,也可以通过发行债券、向股东或银行业金融机构借款、资产证券化等方式融入资金从事放贷业务。

监督管理部门可以综合辖区内非存款类放贷组织整体资信状况、盈利能力等因素,合理确定非存款类放贷组织融入资金余额与资本净额的比例上限。

第二十条 非存款类放贷组织发放贷款前,应当与借款人签订书面合同,合同一般包含以下基本要素:

(一) 借贷双方名称或者姓名和住所。

(二) 贷款金额。

(三) 贷款利率及各项费用。

(四) 综合有效利率。

(五) 贷款期限及发放日期。

(六) 借款用途。

(七) 放贷和还款方式。

(八) 违约责任。

(九) 债务催收和争议解决方式。

(十) 保证或抵押、质押条款。

(十一) 提前偿还条款。

(十二) 合同签订日期。

第二十一条 非存款类放贷组织应当在其经营场所、相关宣传资料、互联网站中公告其所经营的贷款种类、期限、利率水平、收费项目和标准、综合有效利率及其他相关信息,应当以简明易懂的语言向借款人说明其所经营的贷款种类、期限、综合有效利率及其他主要条款,并进行充分的风险提示。

非存款类放贷组织与借款人签订书面贷款合同时,对免除或限制贷款人责任、规定借款人主要责任的内容,应当采用足以引起借款人注意的文字、符号、字体等特别标识,尽到明确的告知义务,并向借款人作充分的说明。

第二十二条 在贷款存续期内,非存款类放贷组织应当定期向借款人提供书面通知,列明偿还本金及利息的金额、时间、方式以及到期未偿还的责任。非存款类放贷组织将个人债务逾期信息报送金融信用信息基础数据库、市场化征信机构,应当最迟在报送前5日书面提示借款人。

非存款类放贷组织应当根据借款人书面申请,以书面形式告知借款人已还款项信息、未还款项信息及其他相关信息。

第二十三条 非存款类放贷组织经营放贷业务,与借款人自主协商确定贷款利率和综合有效利率,但不得违反法律有关规定。

贷款合同中约定的贷款本金额与实际贷出的金额不一致的,以实际贷出的金额作为贷款本金额。

第二十四条 非存款类放贷组织的贷款资产可以转让。

第二十五条 非存款类放贷组织应当完善内部治理机制,制定本组织的业务规则,建立、健全本组织的风险管理和内部控制机制。

第二十六条 非存款类放贷组织经营放贷业务,应当对借款人的信用情况、贷款用途、还款能力等进行审查。

非存款类放贷组织应当在贷款发放以后,持续跟踪调查贷款投向和借款人的还款能力。

非存款类放贷组织应当建立贷款损失拨备、贷款减免和呆账核销制度,防范贷款风险。

第二十七条 非存款类放贷组织经营放贷业务,不得违反借款人意愿搭售产品或附加其他的不合理条件。

非存款类放贷组织不得采取欺诈、胁迫、诱导等方式向借款人发放与其自身贷款用途、还款能力等不相符合的贷款。

第二十八条 非存款类放贷组织根据业务需要,可以依照《中华人民共和国广告法》自行或委托他人设计、制作、发布广告,广告中应当清楚展示经营放贷业务许可证编号,并明确开展业务的地域范围。任何未取得经营放贷业务许可的组织或个人,不得发布贷款广告。

广告经营者、广告发布者应当要求非存款类放贷组织提供经监督管理部门批准的经营放贷业务许可证,并在广告中清楚展示经营放贷业务许可证编号。

第二十九条 非存款类放贷组织应当以合法、适当方式为逾期借款人提供还款提醒服务。非存款类放贷组织采用外包方式进行债务催收的,应建立相应的业务管理制度,明确外包机构选用标准、业务培训、法律责任等,不得约定仅按欠款回收金额提成的方式支付佣金。

非存款类放贷组织和外包机构进行债务催收时,不得有下列行为:

(一)使用或威胁使用暴力或其他违法行为来损害他人的身体、名誉或者财产。

(二)侮辱、诽谤或者以其他方式干扰他人正常工作和生活。

(三)使用误导、欺诈、虚假陈述等手段,迫使借款人清偿债务。

(四)向公众公布拒绝清偿债务的借款人名单,法律、行政法规另有规定除外。

(五)向债务人、担保人以外的其他人员进行催收。

(六)其他以不合法、不公平或不正当手段催收债务的行为。

第三十条 非存款类放贷组织应当建立健全和严格执行保障信息安全的规章制度,妥善保管业务经营中获取的借款人和第三人信息。

非存款类放贷组织应当与其工作人员及开展合作的第三方服务机构签订保密协议,禁止工作人员和第三方服务机构泄露在工作中获取的借款人和第三人的商业秘密、个人隐私及其他个人信息。

第三十一条 非存款类放贷组织应当按照《征信业管理条例》规定，及时、准确、完整地向金融信用信息基础数据库提供信贷信息，可以根据《征信业管理条例》的规定，向征信机构提供、查询借款人的信用信息。鼓励非存款类放贷组织与市场化征信机构合作，防范信用风险。

非存款类放贷组织向金融信息基础数据库或者其他主体提供信贷信息，应当事先取得信息主体的书面同意。

第四章 监督管理

第三十二条 监督管理部门对非存款类放贷组织及其经营行为进行监督管理，依法履行下列职责：

（一）依法行使审批权。

（二）根据本条例及配套规则制定实施细则。

（三）根据本条例对非存款类放贷组织进行监督管理，查处其违法、违规行为，依法撤销有重大违法违规行为的非存款类放贷组织。

（四）根据本条例规定开展行业统计分析和评估工作。

（五）根据本条例第十七条规定处置重大风险事件。

（六）对本辖区行业自律组织的活动进行指导和监督。

（七）法律、行政法规规定的其他职责。

第三十三条 监督管理部门依法履行监督管理职责，可以采取下列措施：

（一）对非存款类放贷组织进行现场检查。

（二）进入涉嫌违法行为发生场所调查取证。

（三）询问当事人和与被调查事件有关的单位和个人，要求其对与被调查事件有关的事项作出说明。

（四）查阅、复制非存款类放贷组织与检查事项有关的文件、资料，对可能被转移、隐匿或者毁损的文件、资料予以封存。

（五）检查运用电子计算机管理业务数据的系统。

（六）信息收集、分析评估等非现场监管措施。

（七）法律、行政法规规定的其他措施。

监督管理部门应当建立非存款类放贷组织违法行为举报奖励制度，并制定奖励和保护举报人的具体规则。

第三十四条 非存款类放贷组织应当按照监督管理部门要求，依法向其报送资产负债表、利润表以及其他财务会计、统计报表和资料。

监督管理部门应当按照中国人民银行制定的金融统计基本框架建立健全非存款类放贷组织统计分析制度，依法定期收集、整理和分析非存款类放贷组织统计数据，向省、自治区、直辖市人民政府、中国人民银行、国务院银行业监督管理机构报送本辖区非存款类放贷组织行业统计数据等相关信息。

中国人民银行及其分支机构基于履职需要，可以要求非存款类放贷组织提供前款规定的统计数据之外的其他统计数据和相关信息。

省、自治区、直辖市人民政府、中国人民银行、国务院银行业监督管理机构有权对监管部门报送的行业统计数据进行质量评估。中国人民银行有权对非存款类放贷组织根据本条例规定提供的统计数据进行质量评估，并向监管部门提出对本辖区非存款类放贷组织进行统计检查的建议。

第三十五条 非存款类放贷组织应当参照执行中国人民银行发布的关于金融机构反洗钱和反恐怖融资的规定，防范洗钱和恐怖融资风险。

第三十六条 非存款类放贷组织行业建立全国性行业自律组织，履行自律、维权、协调、服务等职责，接受国务院银行业监督管理机构、中国人民银行的指导。非存款类放贷组织应当成为全国性行业自律组织的成员。

各省、自治区、直辖市可成立本省、自治区、直辖市的行业自律组织，并接受省、自治区、直辖市人民政府监督管理部门、国务院银行业监督管理机构省一级派出机构以及中国人民银行省会（首府）城市中心支行以上分支机构的指导。

第五章 法律责任

第三十七条 任何组织或个人未经监督管理部门批准经营放贷业务的，由监督管理部门依法取缔，并处累计发放贷款金额或者注册资本金额（以较高者为准）3倍罚款；情节严重的，并处累计发放贷款金额或者注册资本金额（以较高者为准）5倍罚款；构成犯罪的，依法追究刑事责任。

第三十八条 非存款类放贷组织有下列情形之一，由监督管理部门责令改正，并处违法行为所涉金额3倍罚款；情节严重的，责令停业整顿或吊销经营放贷业务许可证，并处违法行为所涉金额5倍罚款；构成犯罪的，依法追究刑事责任：

（一）吸收或变相吸收公众存款的。

（二）违反本条例第十五条规定，跨省、自治区、直辖市经营放贷业务的。

第三十九条 非存款类放贷组织违反本条例第十六条第一款规定的，由监督管理部门责令限期改正，并自违反之日起，每日处5 000元罚款；逾期不改正的，责令停业整顿或吊销经营放贷业务许可证，并自逾期之日起，每日处1万元罚款。

非存款类放贷组织违反本条例第十六条第二款规定的，由监督管理部门责令限期改正，并自违反之日起，每日处3 000元罚款；逾期不改正的，责令停业整顿或吊销经营放贷业务许可证，并自逾期之日起，每日处5 000元罚款。

非存款类放贷组织变更董事、监事、高级管理人员不符合本条例第十一条高管任职资格管理规定的，由监督管理部门责令限期改正，并自违反之日起，每日处5 000元罚款；逾期不改正的，责令停业整顿或吊销经营放贷业务许可证，并自逾期之日起，每日处1万元罚款。

第四十条 解散或破产后的非存款类放贷组织未按照本条例规定将经营放贷业务许可证交回监督管理部门予以注销的，由监督管理部门责令改正，并自应交回许可证之日起，每日对直接责任人员处5 000元罚款。

第四十一条 非存款类放贷组织未履行本条例第二十一条、第二十二条规定的信息披露义务的，由监督管理部门责令改正，并自违反信息披露义务之日起，每日处5 000元罚款；逾期不改正的，责令停业整顿或吊销经营放贷业务许可证，每日并处1万元罚款；给借款人造成损失的，依法承担民事责任。

第四十二条 非存款类放贷组织有下列情形之一，由监督管理部门责令改正，并处违法行为所涉金额3倍罚款；情节严重的，责令停业整顿或吊销经营放贷业务许可证，并处违法行为所涉金额5倍罚款；给借款人造成损失的，依法承担民事责任；构成犯罪的，依法追究刑事责任：

（一）约定的贷款本金与实际贷出的金额不一致的。

（二）采取欺诈、胁迫、诱导等方式向借款人发放与其自身贷款用途、还款能力等不相符合的贷款的。

（三）违反借款人意愿搭售产品或附加其他不合理条件的。

第四十三条 未取得经营放贷业务许可的组织或个人发布或安排发布贷款广告，由工商行政管理部门依照《中华人民共和国广告法》有关规定处理。

非存款类放贷组织违反本条例第二十八条规定，发布或安排发布的贷款广告中未清楚展示经营放贷业务许可证编号的，或未明确开展业务的地域范围的，由工商行政管理部门依照《中华人民共和国广告法》有关规定处理。

第四十四条 非存款类放贷组织违反本条例第二十九条规定进行债务催收的，由监督管理部门责令改正，给予警告，并处涉案贷款金额3倍罚款；情节严重的，责令停业整顿或吊销经营放贷业务许可证，并处涉案贷款金额5倍罚款；对责任人员给予警告，并处涉案贷款金额2倍罚款。给借款人造成损失的，依法承担民事责任；构成犯罪的，依法追究刑事责任。

外包机构违反本条例第二十九条规定进行债务催收的，由监督管理部门责令改正，给予警告，并处涉案贷款金额3倍罚款；对选任外包机构存在过失的非存款类放贷组织给予警告，并处涉案贷款金额2倍罚款；情节严重的，责令停业整顿或吊销经营放贷业务许可证。给借款人造成损失的，由非存款类放贷组织和外包机构依法承担民事责任；构成犯罪的，依法追究刑事责任。

非存款类放贷组织或外包机构在债务催收过程中有违反治安管理行为的，由公安机关依照《中华人民共和国治安管理处罚法》处罚。

第四十五条 非存款类放贷组织及其工作人员或者与非存款类放贷组织合作的第三方服务机构，违法提供、出售或泄露非存款类放贷组织在经营放贷业务过程中获取的借款人或第三人商业秘密的，由工商行政管理部门依照《中华人民共和国反不正当竞争法》等法律法规处罚。

非存款类放贷组织及其工作人员违法提供、出售或泄露其在经营放贷业务过程中获取的借款人或第三人的个人隐私及其他个人信息的，由监督管理部门对非存款类放贷组织责令改正，并处50万元罚款；情节严重的，责令停业整顿或吊销经营放贷业务许可证，并处100万元罚款；对责任人员给予警告，并处20万元罚款；构成犯罪的，依法追究刑事责任。

与非存款类放贷组织合作的第三方服务机构，违法提供、出售或泄露非存款类放贷组织在经营放贷业务过程中获取的借款人或第三人的个人隐私及其他个人信息的，由监督管理部门责令改正，给予警告，并处50万元罚款；对选任第三方服务机构存在过失的非存款类放贷组织给予警告，并处20万元罚款；情节严重的，责令停业整顿或吊销经营放贷业务许可证，并处100万元罚款。给借款人造成损失的，由非存款类放贷组织和第三方服务机构依法承担民事责任；构成犯罪的，依法追究刑事责任。

非存款类放贷组织违规查询企业和个人信用信息，或滥用合法查询获得的企业和个人的信用信息，由征信业监督管理部门依照相关法律法规处理。

第四十六条 非存款类放贷组织违反本条例第三十四条第一款、第三款规定未履行资料报送义务的，或提供虚假、隐瞒重要事实的报表、报告等文件资料的，由监督管理部门或中国人民银行及其分支机构责令改正，给予警告，并处 20 万元罚款；情节严重的，并处 50 万元罚款。其中，属于统计违法行为的，由县级以上人民政府统计机构依法追究法律责任。

第四十七条 非存款类放贷组织及其工作人员不配合监督管理部门检查监督的，由监督管理部门责令改正；情节严重的，对单位处 50 万元罚款，对个人处 20 万元罚款；情节特别严重的，责令停业整顿或者吊销经营放贷业务许可证，对单位处 100 万元罚款，对个人处 50 万元罚款。

以暴力、威胁方法阻碍检查监督人员依法执行公务的，依法追究刑事责任。

第四十八条 监督管理部门从事监督管理工作的人员有下列行为之一的，依法给予行政处分；构成犯罪的，依法追究刑事责任：

（一）违反规定进行检查、调查的。
（二）泄露因行使职权知悉的商业秘密或者个人隐私的。
（三）违反规定对有关机构和人员实施行政处罚的。
（四）其他违反规定履行职责或未及时履行法定职责的行为。

第六章 附则

第四十九条 本条例规定的期限以工作日计算，不含法定节假日。

第五十条 非存款类放贷组织通过互联网平台经营放贷业务的，应遵守本条例有关规定。

国务院银行业监督管理机构制定网络小额贷款的监管细则。

第五十一条 本条例自　　年　　月　　日起施行。本条例实施之前发布的相关规定与本条例不一致的，以本条例为准。

本条例实施之前设立的非存款类放贷组织，应当在本条例实施之日起 90 日内申请经营放贷业务许可证。逾期未申请或申请未获批准的，不得继续从事放贷业务。

资料来源：http://mt.sohu.com/20150812/n418716093.shtml

任务二　掌握我国小额信贷监管的基本情况

案例引入

中国小额信贷联盟：行业监管原则日趋明朗

中国经济网北京 11 月 6 日讯（记者　蒋诗舟）　昨日，中国小额信贷联盟发布小额信贷信息中介机构（P2P）行业自律公约（修订版）。随着监管原则日趋明朗，P2P 行业开始进行合规性调整，行业自律也发挥着越来越重要的作用。由此，联盟 P2P 行业委员会对原有行业自律公约做了补充完善。

发布会上，中国小额信贷联盟秘书长白澄宇对修订版的行业自律公约进行了详解。白澄宇表示，P2P 行业自律公约在原则上与即将出台的监管原则是一致的，且明确倡导 P2P 会员机构开展小额信贷业务。

信而富 CEO 王征宇博士提出，P2P 应该遵循信息中介的本质，平台自身不得提供担保。他认为，P2P 行业从未有过真正的担保，所谓担保只是大部分 P2P 机构市场营销的噱头和获取客户的手段，小额分散、公开透明以及依托大数据核心技术的风控体系才是实现行业去担保化的路径。

据中国经济网记者了解，公约规定，在资金管理方面，平台需严格界定自身的信息中介服务特征，只提供风险评估、出借咨询等服务，不得占据、集取、挪用、控制客户的出借资金。P2P 信息中介机构的运营资金与所服务的出借人、借款人的资金必须完全分离。此外，平台应有足够的运营资金覆盖基本的运营成本，以保证即使没有新的业务增长，现有资金也可以持续到将所有贷款逐笔收回。

公约规定，中国小额信贷联盟及 P2P 行业委员会负责监督实施此公约，负责向 P2P 信息中介机构传递行业管理的法规、政策及行业自律信息，维护 P2P 信息中介机构的正当权益，并对 P2P 信息中介机构遵守本公约的情况进行督促、指导和检查。

公开资料显示，中国小额信贷联盟，原名为"中国小额信贷发展促进网络"，由国内小额信贷机构以及国内外支持小额信贷事业的机构和个人组成的全国性首家小额信贷行业协会。值得注意的是，中国小额信贷联盟于 2012 年成立 P2P 行业委员会，2012 年 12 月发布并签署了 P2P 行业自律公约，目前已经有 130 余家机构签约，69 家机构成为正式 P2P 行业委员会会员。

资料来源：http://finance.chinanews.com/fortune/2014/11-06/6757096.shtml

请思考：成立中国小额信贷联盟的目的是什么，为什么要进行行业自律？

活动一　掌握我国小额信贷市场现状

自 20 世纪 80 年代我国引入小额信贷在小范围内试点以来，尤其是 2005 年以来，在推动农村信贷市场开放、促进农村金融组织和产品创新、培育多种形式小额信贷政策的背景下，经过几十年的不断发展，我国已初步形成多种所有制和多种法人属性小额信贷组织共同发展的基本格局。我国小额信贷市场的放贷主体按照组织性质可以分为：正规金融机构、准金融机构和非政府小额信贷组织三类。

一、正规金融机构的现状

当前我国开展小额信贷业务的正规金融机构主要有：中国农业银行、中国邮政储蓄银行、农村信用社、城市商业银行、中国农业发展银行、村镇银行等。这些金融机构虽然开办小额信贷业务比较晚，但是覆盖面却很广，影响也较深远。

（一）中国农业银行

中国农业银行的前身最早可追溯至 1951 年成立的农业合作银行。20 世纪 70 年代末以来,该行相继经历了国家专业银行、国有独资商业银行和国有控股商业银行等不同发展阶段。2010年7月,本行分别在上海证券交易所和香港联合交易所挂牌上市。截至2016年年末,该行境内分支机构共计23 682个,境外分支机构包括10家境外分行和3家境外代表处。为解决农民"贷款难"问题,农业银行研发了"金穗惠农卡"和农户小额贷款产品,除此之外,中国农业银行还发放城市下岗工人再就业贷款、学生的助学贷款等小额贷款。

(二)中国邮政储蓄银行

中国邮政储蓄银行(以下简称"邮储银行")是中国领先的大型零售银行,定位于服务社区、服务中小企业、服务"三农",致力于为中国经济转型中最具活力的客户群体提供服务。邮储银行拥有营业网点近4万个,服务个人客户超过5亿人。2016年,邮储银行在香港联交所主板上市,在"2016年全球银行1 000强排名"中,邮储银行总资产位居第22位。目前中国邮政储蓄银行小额贷款业务有农户联保贷款、农户保证贷款、商户联保贷款、商户保证贷款等产品。

(三)农村信用社

农村信用社作为我国农村地区的主要金融机构,是服务农民的主力军。从1999年起,在人民银行支农再贷款的推动下,各地农村信用社开始逐步推广小额贷款业务,特别是农户小额信用贷款和联保贷款。

(四)城市商业银行

城市商业银行是中国银行业的重要组成和特殊群体,其前身是20世纪80年代设立的城市信用社,当时的业务定位是:为中小企业提供金融支持,为地方经济搭桥铺路。在城市商业银行中较早开展小额信贷业务的有包头商业银行、哈尔滨银行、台州银行、浙江民泰商业银行和浙江泰隆商业银行。不同的城市商业银行服务的具体对象和经营的产品会略有不同。哈尔滨银行小额信贷产品多样,包括小企业贷款、微小企业贷款、下岗再就业小额担保贷款、农户贷款等一系列产品。台州银行,从创业之初就坚持小微企业金融服务的市场定位,推出了以小微企业、个体工商户、家庭作坊及农户为主要服务对象的特色贷款产品——小本贷款。

(五)中国农业发展银行

中国农业发展银行的主要业务是办理粮、棉、油收购资金贷款以及农产品生产和加工方面的贷款,受制于其职能限制,其对我国小额信贷业务支持力度一直不足。

(六)村镇银行

村镇银行主要面向专业的农、商贸市场,主要服务地域为贫困地区和乡村。它的建立有效地填补了农村地区金融服务的空白,增加了农村地区的金融支持力度,提升了农村金融的服务水平,近些年也成长为农村地区小额信贷放贷的主体,多采取多户联保的方式贷款。截止到2016年年末全国已组建村镇银行1 519家。

二、准金融机构的现状

准金融机构是从事金融活动,但是并未获得金融许可证,非由国家金融监管部门直接监管的企业。准金融机构包括:小额贷款公司、融资担保公司、典当行、部分融资租赁公司、私募股权投资和风险投资等股权投资基金或创业投资基金等,还包括近些年发展迅速的网络金融 P2P 平台。根据我国政策，这些公司虽从事金融相关业务，但并不允许开展存款业务，只能开展相关贷款业务。

（一）小额贷款公司

小额贷款公司是由自然人、企业法人与其他社会组织投资设立，不吸收公众存款，经营小额贷款业务的有限责任公司或股份有限公司。小额贷款公司的经营特点是只贷不存，贷款额度小，利率水平相对较高，以自身的资金作为资本，对客户进行小额的放贷业务。它们的客户主要是普通居民以及一些急缺资金的中小企业，活跃地区主要在农村。目前我国小额贷款公司发展非常迅猛，从 2005 年 12 月 27 日平遥县晋源泰、日升隆两家小额贷款有限公司正式成立以后，截至 2016 年年末，全国共有小额贷款公司 8 673 家，贷款余额 9 273 亿元。根据中国银监会印发的《小额贷款公司改制设立村镇银行暂行规定》，满足村镇银行市场准入的基本条件的小额贷款公司是可以改制为村镇银行的。由于小额贷款公司数量较多，公司状况良莠不齐，为了防止大规模风险的发展，我国对于小额贷款公司的限制一直都比较严格。这些限制主要包括注册资本方面的要求、开展业务种类和地区的限定、贷款利率浮动范围的规定等。

（二）担保公司

担保公司是指政府出资设立或政府与其他出资人共同出资设立，以及企事业法人出资设立或企事业法人与其他出资人共同出资设立的，以对中小企业融资行为提供保证责任为主要业务的中介服务机构。担保公司在法律上是不允许从事直接放贷业务的，它只能作为贷款业务的中介，为贷款者提供担保服务。担保公司的经营范围：为中小企业提供贷款、融资租赁及其他经济合同的担保；提供个人消费贷款担保、个人经营性贷款担保、汽车消费信贷担保、项目投资、融资管理等。然而由于小额信贷需求旺盛，一些信用较低的资金需求者在正规渠道取得贷款相对困难，在我国金融监管不到位的情况下，很多担保公司铤而走险，从事放贷业务，并以高存款利率来吸收资金用于放贷，并从中赚取利息差。

中国担保行业规模在经历了 2010—2011 年的快速增长后，2013 年开始增速明显放缓。2014 年年末中国担保行业在保余额 2.74 万亿元，同比增长 6.39%，增速下降 12.28 个百分点。整体来看，近年来在中国宏观经济下行压力下，担保行业发展速度明显放缓。

除了以上几种小额信贷机构，还有现在发展得如火如荼的互联网金融。互联网金融（ITFIN）是指传统金融机构与互联网企业利用互联网技术和信息通信技术实现资金融通、支付、投资和信息中介服务的新型金融业务模式。互联网金融中的一个发展模式是 P2P 网贷，P2P，即点对点信贷，是比较重要的小额信贷融资平台，是指通过第三方互联网平台进行资金借、贷双方的匹配，需要借贷的人群可以通过网站平台寻找到有出借能力并且愿意基于一定条件出借的人群，帮助贷款人通过和其他贷款人一起分担一笔借款额度来分散风险，也帮助借款人在充分比较的信息中选择有吸引力的利率条件。P2P 网贷只是作为一种中介的方式存在，满足了大量小微企业的融资需求。截至 2016 年年底，纳入中国 P2P 网贷指数统计的正常经营 P2P 网贷平台为 2 307 家（2016 年 12 月 P2P 网贷交易数据），比 2015 年年底增加了 63 家，增长 2.81%；全国主动关闭、提现困难、失联跑路等问题平台累计 2 456 家。另外，未纳入指数、作为观察的 P2P 网贷平台为 1 872 家，其成交额占总成交额近 6%。三者合计共 6 635 家 P2P 网贷平台。

三、非政府小额信贷组织的现状

非政府组织是小额信贷的先锋和开拓者，我国小额信贷正是从非政府组织小额信贷实验项目开始的。非政府组织小额信贷在我国小额信贷行业中的份额较小，但其在我国小额信贷理念推广和体制创新中的意义重大。非政府小额信贷组织与其他机构相比更注重社会公益性和扶贫效果，目标群体主要是贫困人群，特别是贫困妇女。目前，我国比较典型的非政府小额信贷组织有：中国扶贫基金会、扶贫经济合作社、宁夏盐池县妇女发展协会小额信贷服务中心和山西临县龙水头小额信贷基金会。

活动二　明确我国小额信贷监管框架

随着我国小额信贷市场的不断发展和演变，我国小额信贷市场的监管措施和政策环境也在不断变化，市场监管措施和政策环境的不断变化也反过来不断促进着市场的发展和演变，两者之间相互促进，使得我国小额信贷市场的发展及其相关监管政策不断深入和完善。

一、我国小额信贷监管制度的基本特征

我国小额信贷监管制度的基本特征：监管主体按照机构划分且监管主体并不与机构法律属性保持一致，而是遵循"谁审批，谁监管"的原则，整体上具有明显的过渡属性。

二、对正规金融机构小额信贷的监管

（一）对农村信用社的监管

在现有监管政策下，农村信用社的监管部门既有国家级别的中国人民银行和银监会，也有地市级的省政府和省联社。对农村信用社的相关监管依据的主要政策法规由《关于明确对农村信用社监督管理职责分工指导意见的通知》（国发〔2004〕48号）、《农村信用社省（自治区、直辖市）联合社管理规定》（银监发〔2003〕14号）、《农村信用社省（自治区、直辖市）联合社监管工作意见（试行）》（银监发〔2005〕75号）、《中国银监会办公厅关于农村信用社省级联社规范履职行为防范风险的通知》（银监发〔2007〕130号）等。在市场准入监管方面，农村信用社的数量和规模受到了严格的限制。而在市场退出监管方面，目前我国没有相关的法律和条例，因为我国政府大力支持农村信用社的发展，若农村信用社出现问题，政府会代替农村信用社向储户支付存款，农村信用社几乎没有市场退出风险。

（二）对商业银行等一般金融机构的监管

对于像中国农业银行、中国邮政储蓄银行等商业银行的监管，主要由银监会依据《商业银行法》《中国银行业监督管理法》等法律规范对业务进行监管，监管方式主要是通过各级银行业监督管理部门开展日常监测和检查，监管内容主要包括业务资格资质审批、业务运作规范性监督管理（如银监会发布了多项规范性和政策性文件，规定了各个金融机构在"三农"贷款方面的业务操作规范）和金融风险防范（如银监会出台加强小企业贷款风险监管的规章制度）等。

（三）对村镇银行的监管

村镇银行是独立的营利性的企业法人，受到法律确认，除了要遵守我国相关部门（如

全国人大）制定的银行业基本法律法规外，还要遵守银监会出台的相关政策，如《关于加强村镇银行的监管意见》《村镇银行管理暂行规定》等。关于注册资本规模的规定：按照"低门槛"标准，放宽对投资资本性质与注册资本额度的要求，在县（市）设立村镇银行，注册资本不得低于人民币 300 万元，在乡（镇）设立的，注册资本不得低于人民币 100 万元。关于村镇银行的发起、设立和股权安排的规定：出资主体一般是商业银行或其他金融机构，根据股权适度分散的原则，最大银行业金融机构持股比例不低于 20%，同时也允许非金融机构法人作为村镇银行的出资主体，不过持股比例不得高于 10%。村镇银行可开展一般的信贷业务，但无法异地存款，此规定还要求村镇银行开展的金融业务应该首先满足扶贫攻坚的需要。

三、对准正规金融机构的小额信贷监管

（一）对小额贷款公司的监管

我国的小额贷款公司发展速度非常迅猛，一方面促进了经济的发展，但同时也因为这些公司良莠不齐，带来了非常高的市场风险，加强对小额贷款公司的监管是势在必行的。现阶段，我国针对小额贷款公司制定的监管条文主要有中国银监会和中国人民银行于 2008 年 5 月联合发布的《关于小额贷款公司试点的指导意见》（银监发〔2008〕23 号，下称《指导意见》）以及一些管理办法。《指导意见》明确了全国试点政策中有关小额贷款公司监管的政策框架。

首先在《指导意见》中，银监会将监管权下放给了省级地方政府，由省级相关部门对小额贷款公司实行监管，从而导致了我国各个地方对小额贷款公司的监管政策不尽相同。大部分省份将小额贷款公司的主管部门规定为省级金融办，有些地区则是成立工作小组进行管理。

其次在监管内容上，主要有以下几方面的规定：

（1）对组织形式不同的机构设定了不同的注册资本下限，而在上限上并没有做出规定。

（2）对资金的来源作出了严格的监管规定，限定了资金的来源渠道，容易造成资金不足。

（3）小额贷款公司所开展的业务基本限定为小额贷款业务和一些咨询服务，不准进行揽储。

（4）在市场退出方面基本上只规定了小额贷款公司解散和破产两种方式。另外《指导意见》规定一些符合相关规定的小额贷款公司可以转型为村镇银行，之后银监会推出了"《关于小额贷款公司改制设立村镇银行暂行规定》，允许小额贷款公司发展成为银行类金融机构。

（5）在处罚方面，《指导意见》主要关注的是非法集资方面，根据违规额度的不同，会有相应的处罚措施，包括一般罚款、行政处罚甚至吊销营业执照，到达犯罪程度的，会移交司法部门。此外，我国相关法律还缺少行业自律以及社会监督方面的法律法规。

（二）对其他小额信贷服务机构的监管

我国相关机构对开展放贷业务的担保公司、P2P 网络金融平台等并没有出台相关政策。不过在 2015 年 3 月 12 日，中国人民银行行长周小川在十二届全国人民代表大会三次会议记者会上指出，有关互联网金融的相关文件正在起草讨论之中，不久就会出台。

作为"互联网+"的时代产物、吹响新金融号角的探路者，互联网金融无疑会是未来提高实体经济运行效率的重要工具。2015年7月《关于促进互联网金融健康发展的指导意见》面世，首次明确了互联网金融的边界、业务规则和监管责任，让行业看到了监管的取向；2015年8月最高人民法院发布了《审理民间借贷案件适用法律若干问题的规定》；2015年12月28日银监会会同国家相关部门发布《网络借贷信息中介机构业务活动管理暂行办法（征求意见稿）》，盼了多年的P2P网络借贷的"监管靴子"终于落地；2016年10月13日，国务院办公厅发布《互联网金融风险专项整治工作实施方案的通知》。国家对于互联网金融的监管越来越重视。

四、对非政府小额信贷组织的小额信贷监管

尽管所有从事小额信贷业务的非政府组织小额信贷机构都在当地民政部门登记，有些甚至获得了中国人民银行有关部门同意开展小额信贷扶贫试验的批件，但目前仍主要由其试点单位牵头，以试点项目的形式存在，没有统一的监管机构（其中，贫困村村级互助资金主要由国务院扶贫办、财政部等部门管理，还有许多贫困村互助资金由地方政府直接主导），没有相关的监管法律，也没有相应的市场准入标准。由于其业务主管部门主要是地方政府部门，缺少监管能力、动力和意识，导致相当一部分公益性小额信贷业务操作不规范、贷款质量低、资金用途乱。为促进我国小额信贷业务的健康发展，我国公益性小额信贷组织积极进行行业自律，成立了中国小额信贷发展促进网络，但只能成为非正式的合作组织。

【延伸阅读】 **中国小额贷款公司的监管逻辑与未来**

小额贷款公司这个定义，在进入中国后，出现了四种异化。这四种异化，完全模糊了机构的属性，混乱了监管的思维，导致了一系列矛盾的出现，严重阻碍了机构的正常发展基于对国际、国内小额信贷发展概念、历史理解的不同，同时受中国金融监管格局的限制，中国小额贷款公司的顶层设计存在诸多矛盾之处。

中国小额贷款公司的性质

探讨小额贷款公司的监管，首先必须先明确中国小额贷款公司的性质。

国际上通行的小额贷款公司，是作为对社会底层还没有享受到金融服务的微型企业、个体工商户、农户、个人提供有效信贷服务的机构形式存在的，这类机构在强调社会效益、公益为先的同时，适当考量经济效益，以保持机构本身的可持续性。尽管大都存在双重考核机制，但本质上是一种社会企业（社会企业不是纯粹的企业，也不是一般的社会服务，社会企业透过商业手法运作，赚取利润以贡献社会。它们所得盈余用于扶助弱势社群、促进小区发展及社会企业本身的投资。它们重视社会价值多于追求最大的企业盈利）。

小额贷款的历史沿革与四种异化

20世纪70年代以来，小额信贷在孟加拉、玻利维亚、印尼等发展中国家与地区取得了成功。在国际资金捐赠的前提下，我国尝试把孟加拉的格莱珉模式引入进来，由民间机构运作，通过项目形式发放小额信用贷款，这是中国小额信贷的正式发端。我国的小额信贷开始于20世纪80年代，由非政府组织向贫困人群提供小额贷款。以江西省民政厅提出的创办村

级"农村救灾扶贫互助会储金会"为起点，虽未明确"小额贷款"名称，但已经具备小额信贷扶贫的一些特征。现在业界对中国小额信贷发展历史的划分有多种，最典型、最为大家接受的是从 1994 年开始，共划分为四个阶段：①试点的初期阶段（1994—1996 年）。这一阶段以项目为主，没有政府介入；②项目的拓展阶段（1996.10—2000 年）。政府开始介入，把扶贫政策与小额信贷项目相结合；③农村正规金融机构进入及项目制度化建设阶段（2000—2005 年）。农村正规金融机构逐渐成为小额信贷的主要力量。④商业性小额贷款组织试点（2005 年至今）。

从政策目标来看，以 2005 年为分界线，即 2005 年前以扶贫为主，2005 年后商业性小额信贷概念开始大面积出现。至此我国的小额信贷从表面上看已经从福利主义向制度主义转变了。

就在这个历史发展过程中，国际上的"小额信贷"概念在中国出现了四种异化。

第一种异化，是类公益的社会企业属性从字面上消失。现在相对普遍的说法，"小额信贷"这个名词在中国最早是由社科院提出的。1992 年，国务院扶贫办组织了一次对孟加拉尤努斯教授创立的格莱珉银行的考察，当时正在中国社科院工作的杜晓山先生即在其中。杜晓山先生回国后通过与福特基金会合作，将乡村银行的 microcredit 模式引入中国，1994 年在河北易县以社团注册的名义，成立了扶贫经济合作社，开始了小额贷款的实验。当时杜晓山先生将 microcredit 翻译为"小额信贷"，与此同时，联合国开发计划署也通过商务部交流中心在扶贫项目中探索扶贫信贷的模式，当接触到孟加拉乡村银行模式后，决定将该模式运用到其扶贫项目中，后来在全国 48 个县和部分大中城市开展试点，建立了多家小额信贷机构（引自中国小额信贷历史亲历者白澄宇先生）。不管这种历史沿革的描述是否完全准确，但当为穷人、弱势群体提供信贷服务的 microcredit 或类似 NGO 组织被翻译为中文的"小额信贷"后，其扶贫济困的社会属性便从中文的字面消失了，剩下来只有"小额信贷"这个仅仅描述放贷规模的表象。这一变化使得当下众多发放小金额贷款的机构甚至高利贷都披上了"小额信贷"的外衣，与其类公益属性出现了背离。

第二种异化，是政府及金融监管部门错误地把国际通行的社会企业属性的"小额信贷"错配给了中国的商业性金融资本。无论是国际惯例，还是政府当下主流的小额信贷投放主体，对其资本的属性定义均以追求社会效益为主，商业可持续只是次要目标或手段。目前我国从事小额信贷的机构包括：农业银行、农村信用合作社、农业发展银行、邮政储蓄银行、村镇银行、城商行、贷款公司、农村资金互助社、小额贷款公司、非政府组织十类机构。主要力量仍是国家层面通过强制性制度设计要求其投放小额信贷的正规金融机构。

对 2005 年试点启动的全国性小额贷款公司而言，绝大部分发起方均是追逐利润最大化的商业性资本，接受被异化后的"小额信贷"牌照，只是试图突破金融国有垄断、获得合法放贷资质、向民营银行方向发展的无奈之举。正是因为中国的金融国有垄断且不存在银行以外的合法放贷组织这两个特殊的历史条件，才出现了这种巨大的资本错配。这两者之间有着天壤之别，唯一相同的只是"贷款"这两个字。这好比孩子要打游戏，家长就让他玩英语单词对对碰，貌似都为 GAME，实质天壤之别。尤其是监管部门又给出了"有条件的情况下可以转为村镇银行"这一未来之路，更加剧了这种异化。至此，中国小额贷款公司的机构属性被进一步模糊。

第三种异化，是中央《关于小额贷款公司试点的指导意见》中的监管思想及规则被地方政府所异化。典型的表现有：①机构的准入门槛被明显提高，使得通过小额贷款公司来优化社会金融资源配置的最原始制度设计功能被严重减弱，包括注册资本金的下限、对股东的资质要求等，都大幅度超过了《指导意见》；②地方金融办不了解顶层设计的目标及国际惯例，出于管控金融机构的本能，把加强金融风险控制的规制进行了急剧放大，小额贷款公司的监管成本迅速增加，各种不合理的制度设计使小额贷款公司背上了沉重的包袱；③支农、支小的类公益导向被严重放大，绝大部分地方金融办更是严格规定了小额贷款公司应当服务"三农"的各类指标比例与贷款余额限制，忽视了中国小额贷款公司的资本属性，最终使监管部门与小额贷款公司形成"猫鼠之争"；④监管部门对小额贷款公司的业务指导功能被错误地加强，很多规定已跨越了监管政策的范围，沦为外行的信贷技术指导；⑤地方政府的利己主义思想、权力意识仍在监管细则中频繁出现等。

第四种异化，是监管部门片面理解了"小额信贷"的"小额"字样。"小额信贷"或"小额贷款"，仅指投放金额小的贷款，一与扶贫、帮小的功能并不直接对应，二与分散风险、盈利模式可持续也无多少因果关系。金额小的贷款，既有支农、扶贫性质的贷款，更有追逐商业利润的单笔小金额贷款，甚至有极高利贷（如年化80%~600%的现金贷）、危害社会的小金额学生贷（如"裸条贷"）和次级类消费信贷等。发放小金额的贷款本身是没有任何社会救助属性的，不能将小金额贷款等同于扶贫、支小的贷款。如果对机构没有准入标准或信贷利率过高，即使是对"三农"等弱势群体投放，其结果仍是掠夺性的。

给弱势群体发放贷款本身不是扶贫，"普惠金融"一词最早在南非出现也仅指给底层民众提供多元的金融服务，贷款往往处于次要地位。商业性金融机构发放小额信贷，一般都会大幅度提高其信贷利率，以消除其效率低、经营成本高、不良率高的负面影响，如果国际社会及政府不介入相应的救助行为，不让机构获得更低成本的资金或给予对应的经济补偿，则机构信贷利率的掠夺性与弱势群体自身盈利能力的矛盾，只会形成互相伤害的结果。（关于对小微救助信贷的逻辑分析，大家可查阅我的新浪财经专栏文章——《小微企业融资难的另类解读：社会信贷救助成本太高》）

当下监管部门对"小额"的另一种理解是小额分散、商业可持续、资金安全的万能模式。从监管者的角度看，在微观技术上指挥甚至限制被监管机构显然是乱指挥，违背了监管的原则。从技术层面讲，这种对小额分散的理解本身也是不准确的。当下银行业小微信贷不良率远超大中型公司类贷款就能说明问题。对追求利润最大化的商业银行而言，高交易成本、高信息采集成本导致其不愿意进入小额信贷市场，中国银监会甚至动用各种严厉的监管手段和补贴措施，才能使一部分商业银行勉强实现投放目标。小额信贷在分散风险的同时，管理及操作成本大幅度上升，收益也被分散了。行业交流学习一些微贷机构的先进案例时，往往过度聚焦其小额分散的特点，而忽视了其成功的本质是专业的技术、优秀的管理与良好的企业文化，并不是"小额分散"起到的决定性作用，因为同样专业的信贷机构在中、小型企业信贷投放中的成功案例也比比皆是。我们要鼓励百花齐放、百家争鸣，鼓励小贷公司因地制宜，发挥各自的特长。当然，微贷在当前经济下行期，是一种非常不错的防御性产品，笔者也鼓励广大机构，特别是身处金融资源不发达地区的机构去研究、发展微贷业务，发挥其信息对称成本低、市场拓展空间大、有效利差合理的区位优势。但政府过分曲解小额概念，倾向绝对的小额，其本能仍是潜意识中理想化的社会福利主义与商业资本的完美结合，这在逻辑上是基本行不通的。

中国小额贷款公司监管目标设计的矛盾

上述四种异化发生的最根本原因,在于中央与地方监管部门对小额贷款公司的监管设计,给予了多重且矛盾的监管目标设定。当前两级监管部门,对小额贷款公司的制度设计主要存在四个方面的监管诉求。

一、在我国银行业信贷组织结构落后于民间融资需求的状态下,引导小型、微型的金融组织满足民营经济的融资需求,部分实现矫正失衡的二元制金融体系的目标;中国的银行业为国有金融所主导,部分所谓股东民营化的城商行、农商行管理权基本也为政府所控制,因此这个体系满足国有、政府主导经济体的信贷需求是没有问题的,但服务民营经济就力不从心了。民营为主的小额贷款公司可以在一定程度上弥补这一短板。

二、小额贷款公司准入有利于民间借贷阳光化,防范低效、盲目、欺诈、暴力等民间放贷风险行为的发生,积极引导民间金融规范化发展。

三、地方金融监管部门严格限制机构准入,抑制民间金融资本监管套利,严格审慎监管,控制其经营行为,防范有可能出现的金融风险。即使牺牲信贷效率及配置金融资源的作用,也在所不惜。

四、强调国际惯例的类公益"社会福利主义"色彩,使其作为国家对"三农"、小微救助扶持的社会救助机制的补充。

这四种功能设计显然是相互矛盾的,但竟然同时出现在我们各级监管部门的监管政策里。

如果说我国对小额贷款公司的准入主要出于发挥其"支农、支小"的普惠功能,在这种情况下,制度安排是应该放宽其准入条件,设置激励性规则吸引更多民间资本的参与,增加市场的资金供给,提高信贷资源配置效率;然而,各省对小额贷款公司的准入条件上却非常严格审慎,显示其准入管理的目的在对小额贷款公司的安全"严防死守",强调机构的安全价值。究其原因是宏观政策未能给小额贷款公司进行准确定位,导致实际工作中无法有效平衡市场发展效率与金融安全的尺度,从而导致了监管失能。

从目前《指导意见》及各省金融办对小额贷款公司的管理办法来看,对小额贷款公司进入市场的指向均试图实现放贷的公益性,即希望通过小额贷款公司起到对三农、小微的"扶贫"作用,具有"社会福利主义"的色彩。而商业性小额贷款公司出于提高效率、增加收益的实际需要,出现与"社会福利主义"完全背离的态势,这种现象是根本无法避免的,本身是制度设计与机构属性定义错误的产物。这一设计显然又与引导民间借贷阳光化、矫正失衡的二元制金融体系的目标不相吻合。监管当局本能地认为,可以通过监管达到既帮助了小微又让商业性信贷机构实现相对不高的良心利润的双重目标,这显然是违背了市场规律,犯了"幼稚病"。

这四种矛盾诉求又被中央与地方的不平衡监管利益所强化。中央监管主体与地方政府在如何对小贷公司实行监管上存在着明显的风险博弈。从表面看,中央将小额贷款公司的监管权进行了下放,但实际上这也意味着市场监管风险进行了转移。在这种情况下,地方政府当然会采取相应的手段去规避监管风险。例如,提高小额贷款公司的准入条件、大幅提高机构违规成本等,最终出现中央的监管预期与地方监管实效之间的严重背离。

客观地讲,地方政府的上述举动,也是可以理解的。在中央与地方金融监管的分权制度没有建立的前提下,一纸文件就将监管的责任与义务交给了地方政府。出于对金融风险的恐惧感及监管能力、监管权力的缺失,省、市金融办对小额贷款公司的监管层层加码;中央对小额贷款公司性质的错误定义及顶层设计的模糊,又让全国不同省份出现了多重不同的理解,各省份监管政策千差万别。

对中国小额贷款公司的重新定义

为了解决上述矛盾,对中国的小额贷款公司进行重新定义是迫在眉睫的,也是监管部门必然的选择。

第一种选择是,按照国际惯例,让中国的小额贷款公司回归真正国际意义的"社会企业"性质,努力实现扶贫救困的目标。从目前中国小贷公司的资本组成看,10%~15%是央企、国企,80%左右是民营企业或民营企业主。从机构设立的初衷看,包括国企、央企设立的小贷公司在内,95%以上都是为了盈利或希望成为未来的商业性金融机构,真正公益性或不以商业利润为主要目标、偏重社会效益的小额信贷机构比例不足5%。如果采取这种监管选择,其结果会让中国小额贷款公司在数量上急剧减少,最终从近万家退到数百家,从而彻底放弃引导民间金融规范化发展、实现矫正失衡的二元制金融体系的制度设计目标。

强迫让中国的小额贷款公司走向"社会福利主义"或让这类机构盈利能力不如民间借贷市场,那么监管引导的结果就是使其产生逆向选择,让民间借贷组织回归原来的"地下"经营状况——不依法纳税,也不接受监管约束。

当下已出现了明显的迹象,大面积的死亡及看不清制度引导的方向,让相当多的小额贷款公司退出了这个市场或持牌观望、名存实亡。除了市场风险加大、小额贷款公司经营能力缺失外,监管部门对小额贷款公司的监管目标定位不明也是非常重要的原因。小额贷款公司逃离监管、重归"地下",将会对当下极其混乱的民间金融市场火上浇油。对地方金融监管部门而言,让一部分民间金融的"好孩子"离开政府部门的视野重回"地下",显然是不经济、不明智的做法。明确其独立商业组织的法律地位,并强调发挥其对民间借贷的疏导、对失衡信贷市场有效补充的制度功能,才是正确的选择。在这种情况下,强加"社会福利主义"公益性贷款义务于小额贷款公司,虽然是出于善意,但终违背资本及机构的本质属性,也与当前的机构现状不符。

第二种选择是,承认中国小额贷款公司与国际上小额贷款公司的本质区别,主动接受历史的误会,放弃对其"社会福利主义"的诉求,认可其营利性、经营性的市场属性,将其视为独立性的市场主体,保护其交易行为不受外界的非合理性或者是非法干预。对应其监管与资本属性,中国的小额贷款公司显然属于国际惯例中的"非吸收存款类放贷机构"(NDTL)。事实上,中央曾出台《非存款类放贷组织条例》(征求意见稿),也基本明确了对中国小额贷款公司组织性质的倾向性认定。非吸收存款类放贷机构是指不吸收公众存款、发放贷款的机构(国内也称为非存款类放贷机构)。20世纪以来,非吸收存款类放贷机构大量涌现,已成为各国金融体系发展的一个重要趋势,有效填补了银行体系的市场空白。由于其不吸收公众存款,金融风险的外部性影响较小,因此所受管制较少,业务也更加灵活,展现出越来越强的竞争力和创新力。各国对非吸收存款类放贷机构多采取非审慎监管,实行许可制度,到法定机构注册或获得相应许可即可开展相关业务。在中国,NDTL的规模化发展对我国失衡的二元制信贷体系而言更为重要。

两种选择分析下来其实只有一种选择,即认同中国小额贷款公司的 NDTL 属性,第一种选择显然是不符合中国国情的,也不存在其他居中的选择。

因此,我们基本可以明确监管的以下几个基本原则:

一、中国的小额贷款公司本身的属性是 NDTL,不是国际上普遍定义的"microcredit"社会企业,即中国的小额贷款公司不是国际上的"小额贷款公司"。我们千万不要再拿国际上的"小额贷款公司"的做法作为依据。

中国还存在一部分类公益的小额信贷机构,因此监管部门对社会企业性质的小额贷款公司与商业性质的非存款类放贷机构,要区别对待,设定不同的监管规则。千万不要强求后者承担前者的社会责任与考核目标。与此同时,建议监管部门将前者加上"公益"字样,并给其更多的政策扶持与社会救助。

二、明确发展 NDTL 对重构我国多元金融体系、拓宽民营企业融资渠道的重要作用。地方政府应将其规划为推动地方经济、金融发展中的一个极其重要的方向,千万不要形成防控风险、抑制发展的懒政思想。与其不思进取被动处置社会上频发的民间金融乱象,不如主动设计、引导、规范民间金融的发展。教训"好孩子"、放纵"坏孩子"的事不能屡屡发生。与吸纳民间资本参与银行业或设立民营银行相比,非存款类放贷机构的市场准入对疏导民间借贷更具有替代性与制度优势。民间借贷相比于正规信贷机构而言,具有非常明显的关系型信用基础、灵活的私企契约治理机制以及较低的信息对称成本,在民营企业信贷市场中具有一定的竞争优势。以小额贷款公司为典型代表的非存款类放款机构,如果在准入条件、监管目标上合理设定,将会发挥出最有效的信贷补充作用。在制度的安排上,应以市场的可持续与健康发展为主导,要符合企业发展需求与市场的运行规律,同时合理限制政府的监管权限,努力降低监管成本。

三、对 NDTL 的准入管理与打击社会非法放贷人要双管齐下,防止出现制度失灵。非存款类放贷机构的设立需要经过前置性审查许可与登记注册的程序。为了确保非存款类放贷市场的稳定性,防止不具备经营金融业务能力及不良动机的主体进入,监管部门必须对申请者的背景及运营团队进行审慎审查,而不仅仅是一味提升资本金门槛。我国对大量民间理财公司、投资公司等注册法人的放贷行为并未进行限制,这从根本上动摇了 NDTL 的监管基础。

目前国家层面尚未制定出清晰的 NDTL 监管规则,省级监管部门应充分认识到顶层设计的体制缺陷与不足,尽量用区域性制度建设与监管手段予以修正与指导,要有务实与纠偏的意识。制度设计的原则应该是,上位法有则无须加码,上位法无则尽量接近国际惯例、尊重市场规律。对民间金融组织没有获得放贷"牌照"而进行放贷业务的,要在法律层面或行政手段可以实施的最大范围内对其进行限制与打击。在中央未出台具体管理办法的时候,地方金融监管部门应该有所作为,否则将成为非存款类放贷机构可持续发展的巨大障碍。

四、中国的法制环境不健全,市场环境不成熟,NDTL 尚处于初级发展阶段,如何监管并引导其健康发展,的确需要政府投入更多的精力。在监管制度的设计中注重贯彻非审慎原则的同时,要充分引导各级小额贷款协会发挥行业自律的作用,在引导小额贷款公司规范、健康发展中多做文章。少一些行政命令,多一些行业引领,轻监管、重引导才真正符合中国 NDTL 机构的发展方向。

作者曾在人民银行、银监会系统从事金融监管工作16年，现为江苏兀峰信息科技有限公司董事长、南京金东小额贷款公司董事总经理。

资料来源：http：//opinion.caixin.com/2017-04-21/101081403.html

项目小结

认知小额信贷监管
- 小额信贷监管的基本原理
  - 小额信贷监管的必要性
  - 小额信贷的监管方式：审慎性监管和非审慎性监管
  - 小额信贷监管原则
- 我国小额信贷监管的基本情况
  - 我国小额信贷市场现状
  - 我国小额信贷监管框架

任务实战演练

1. 分析我国目前对小额信贷机构进行监管的部门。
2. 结合实际，分析我国小额信贷公司的监管现状。
3. 认知小额信贷监管，对所在地小额信贷监管开展调研，撰写调研报告。

参 考 文 献

[1] 叶慧敏，李明贤. 普惠金融与小额信贷的比较研究［J］. 农业经济问题，2012.
[2] 王冬吾. 我国小额信贷社会绩效管理研究——基于普惠金融视角［J］. 浙江金融，2011.
[3] 谢玉梅. 小额信贷发展比较研究［M］. 北京：高等教育出版社，2012.
[4] 中国银行业协会. 小额信贷［M］. 北京：中国金融出版社，2016.
[5] 宜信、北京联办财经研究院. 小额信贷［M］. 北京：中信出版社，2014.
[6] 刘文璞. 小额信贷管理［M］. 北京：社会科学文献出版社，2011.
[7] 邱俊如. 小额信贷实务［M］. 北京：中国金融出版社，2012.
[8] 黄武. 小额贷款评估技术与风险控制［M］. 北京：中国金融出版社，2013.
[9] 刘梅. 小额信贷产品设计研究［D］. 西南财经大学，2004.
[10] 赵绪国. 中国邮政储蓄银行小额贷款产品开发探析［D］. 西南财经大学，2008.
[11] 韩天然. 完善我国小额信贷监管研究［D］. 首都经济贸易大学，2015.
[12] 武翔宇，董运来. 中国小额信贷监管研究［J］. 经济纵横，2007.
[13] 罗平，陈颖. 小额信贷机构的监管［J］. 中国金融，2005.
[14] 孙未来. 小额贷款公司存在的问题及建议［J］. 西部大开发，2013.